高中家长会主题活动设计

王松壮　王慧珍　主编

主要编写人员

贺彩霞　王丽萍　王清华　王铁军　王学勇

刘　彦　邱少萍　宗健康　姜欢珍　栾聪胜

吉林大学出版社

图书在版编目（CIP）数据

高中家长会主题活动设计 / 王松壮，王慧珍主编 . ——长春：吉林大学出版社，2019. 3

ISBN 978-7-5692-4448-9

Ⅰ. ①高… Ⅱ. ①王… ②王… Ⅲ. ①高中－家长 Ⅳ. ① G636

中国版本图书馆 CIP 数据核字（2019）049549 号

书　　名：高中家长会主题活动设计

作　　者：王松壮　王慧珍　主编
策划编辑：朱　进
责任编辑：朱　进
责任校对：高桂芬
装帧设计：王文玉
出版发行：吉林大学出版社
社　　址：长春市人民大街 4059 号
邮政编码：130021
发行电话：0431-89580028/29/21
网　　址：http ：//www.jlup.com.cn
电子邮箱：jdcbs@jlu.edu.cn
印　　刷：三河市嵩川印刷有限公司
开　　本：787mm×1092mm　　1/16
印　　张：16.25
字　　数：300 千字
版　　次：2019 年 3 月第 1 版
印　　次：2023 年 5 月第 3 次
书　　号：ISBN　978-7-5692-4448-9
定　　价：55.00 元

编写说明

近些年来，家庭教育出现了重智轻德的倾向，很多家长只重视孩子的智力开发、学业成绩，而忽视了孩子心理健康、品德修养和健全人格的培养，造成很多孩子缺乏责任心、独立精神和自立能力，不少孩子沉迷于网络游戏，还有些孩子心理脆弱，动不动就离家出走，甚至自杀等。人们抱怨现在的孩子难管，甚至把这些问题的出现归责于学校，从而引发大家对教育的不满。其实，孩子身上出现的问题往往是家长的问题，是家庭教育的问题，要解决这些问题仅靠学校教育是不够的，必须从家庭教育入手，必须家校联手。

家庭教育、学校教育和社会教育并称为教育的三大支柱。现代学校教育、社会教育都有法律规范、科学的指导和技术的支持，而家庭教育依然处于自然原始状态。不少家长的教育理念是从祖辈、父辈那里沿袭下来的，观念陈旧，有些甚至是错误的。他们教育孩子主要靠经验，有的甚至全凭自己的心情。爱孩子是父母的一种本能，但是如何去爱，却是一门学问。当人们开始把家庭教育作为一门学科来进行研究时，学校就有必要担负起指导家庭教育的重任，家长会就是承担这一重任的有效载体。

2015 年底，烟台市教科院成立了家庭教育研究室，并对全市中小学的家庭教育情况进行了调研，结果发现很多学校每学期都能召开两次以上家长会，但是家长会的内容却更多地集中在通报学习成绩、班级存在的问题等方面，家长的参与度虽然很高，但是多数家长兴趣不大，收获不多，尤其是孩子学习成绩不太好的家长，参加家长会变成了一件很尴尬的事情。

对家长会进行改革势在必行，即把家长会就是表扬会、批评会、成绩通报会转变为教师与家长能够进行良好沟通交流的主题家长会。让家长能够了解各个学段孩子基本的心理发展特点，继而转变他们的教育理念，让家长学会尊重、赏识、鼓励孩子；学会倾听孩子心声、做好沟通交流；学会与青春期的孩子相处，做智慧父母；指导家长培养孩子的责任感、自理自立能力、良好习惯、意志力、抗挫折能力等，让孩子快乐健康成长。希望家长在主题家长会上学到教育的新理念，了解和掌握教育的新方法，有兴趣来，感兴趣听，有收获走。让家长会切实担负起指导家庭教育的重任。

为了指导全市中小学班主任开好这样的主题家长会，我们组建了一支由小学、初中、高中三个学段 90 名优秀班主任组成的全市中小学家庭教育兼职教研员队伍，并向他们征集了家长会主题活动设计达三百多个，经过多次精心筛选和反复修改，最终形成了《小学家长会主题活动设计》《初中家长会主题活动设计》和《高中家长会主题活动设计》三本书（试用稿），内容包括习惯养成、感恩教育、安全意识、自理自立、责任意识培养，抗挫折教育，意志力培养，网络教育，亲子阅读，有效陪伴，亲子沟通，青春期教育，兴趣培养，家庭氛围，异性交往，生涯规划，合作与竞争，自信心培养，赏识教育，幼小衔接、考前心理疏导等 20 多个专题。

从 2016 年秋季开始，我们在全市范围内选择了 88 所学校试用《家长会主题活动设计》，围绕着试用期间我们对试点学校班主任进行了培训，举办了一系列研讨活动，开展了优质课的评选，召开座谈会征求大家在使用过程中的意见和建议。试用一年之后，我们再次对《家长会主题活动设计（试用稿）》进行了认真地修改：让活动背景更有针对性；活动目标更简洁、更明确；精减了同一主题的活动设计；对链接材料做了整理修订，使其更具借鉴意义；进一步提升了主题家长会活动设计的理论水平，充实了不同年龄段孩子身心发展的特点，让家长对自己的孩子有一个更科学的认识，使其更有指导性；进一步丰富了设计稿的内容，添加了来自现实生活中的众多案例，使其更加贴近生活，更易引发家长的共情与思考；进一步梳理了活动设计的思路，使其思路更清晰，更有操作性。

虽然几经修改，肯定还存在这样或那样的问题，需要我们在使用的过程中进一步加以完善。中小学《家长会主题活动设计》主要是为班主任召开家长会提供了范式和素材，在使用的过程中，请大家注意以下几方面的问题：

一是家长会有模式，切忌模式化。活动设计更多的是给班主任召开主题家长会提供一个范式，无须像学科教材那样严格使用，照本宣科，可以根据学校或班级的实际情况灵活作出调整，做到有模式但不模式化。

二是案例可以替换或添加。在使用的过程中，可以添加发生在身边的贴近生活的案例，让家长会的内容更丰富，更接地气。如果你的班上或学校里有更好的例子，也可以替换设计中的案例，毕竟来自本校或者是本班的例子给家长的冲击更大，影响更深刻。

三是适用年级可以灵活调整。在设计这些主题活动时，我们根据活动的内容对使用年级提出了建议，比如“幼小衔接”“小初衔接”等，建议在各学段一年级开学之初的家长会上使用。有些专题如小学段的“阅读专题”，建议一、二年级家长会都可以使用。还有些专题没有使用年级的建议，大家可以根据本校或本班的实际情况灵活选用。

四是主题的归类可以灵活处理。为了便于使用，我们把同类主题的活动设计做了归纳，但是有个别活动设计也可以跨主题使用。比如“阅读专题”里有些内容涉及了阅读习惯的养成，也可以放在“习惯养成专题”使用，请大家不必拘泥于主题的归类，灵活处理。

本书主编王松壮、王慧珍，主要编写人员有贺彩霞、孙春、陈燕、张翠丽、王伟伟、王英哲、姜爱梅、高飞、谭艳丽、卜繁平、宋晓楠、周少霞、王彩芝、潘丽华、王选、张淑芬、孙彦华等。在编写的过程中得到了烟台市各县市区家庭教育联络员、全市家庭教育兼职教研员和众多热心家庭教育工作老师的大力支持，其中邹建、马丽、梁宏、滕开娟、刁青洁、王言娜、姜蕾、王利等老师为本书的编写做了大量工作，在此一并向他们表示衷心感谢！

编者

2019 年 3 月

目 录

初高中衔接专题

初高中衔接期家长的应对……1

实现“初升高”的华丽蜕变……10

和孩子一起适应高中生活……20

如何帮孩子迈好高中生活的第一步……29

习惯养成专题

好习惯成就好人生……38

好习惯受益终生……44

生涯规划专题

和孩子一起畅谈理想规划未来……55

生涯规划从现在做起……66

做好生涯规划　成就幸福人生……76

备战高考专题

为孩子高考备战助力……88

如何陪孩子从容应对高考……98

陪孩子走过高考前的日子……106

做孩子高考前的心理疏导师……112

体验教育专题

放手孩子　在体验中成长……119

如何让孩子在体验中成长……127

青春期教育专题

陪伴孩子顺利度过青春期…… 142

如何正确对待孩子的“异性交往”…… 155

亲子关系专题

了解孩子发展特点　营造良好亲子关系…… 164

如何建立良好的亲子关系…… 175

其他专题

成长比成绩更重要…… 185

陪伴孩子走过高二…… 198

竞争合作　实现双赢…… 208

家校携手培养高中生的意志力…… 214

建设书香家庭…… 221

挫折是孩子成长的养分…… 230

家校凝聚合力　从有效沟通开始…… 242

建议高一家长会用

初高中衔接期家长的应对

【活动背景】

初中生中考结束，成功升入高中，距正式开始的高中生活有很长一段学校管理的空白期。经历了紧张的中考，学生在取得阶段性的成功之后，可能会出现过度的放松。通过本次家长会，让家长们对已经开始的假期有新的认识，预防孩子假期出现问题，引导家长对孩子即将开始的高中生活有所准备，提出合理化建议并推荐一些阅读书目。

【活动目标】

1. 通过真实事例，引导家长重视孩子初高中衔接期的家庭教育；

2. 让家长了解初、高中生活的差异，对这一阶段的家庭教育提出合理的建议。

【活动准备】

1. 事先进行问卷调查；

2. 推荐阅读书目；

3. 制作 PPT。

【活动过程】

环节一：您的孩子怎么度过中考后的长假？（问卷见附录）

1. 问卷调查显示：假期有完整计划安排的家庭几乎为零，约有 20% 的家庭有外出活动的计划，约 30% 的家庭计划假期参加学习班，约 45% 的家庭完全没有计划安排；在读书项目上，有家庭读书计划的不足 10%。

2. 问卷调查情况统计带来的思考：这些调查数据显示，面对这个初、高中过渡的假期，大多数家庭有较大的随意性与盲目性，家长对孩子在这个假期里应该做什么没有清楚的认识，对家庭教育可能存在的隐患没有防范意识，对孩子上高中没有做好思想上的准备。那么，孩子快要上高中了，这个假期我们应该做什么呢？让孩子痛痛快快地玩儿玩儿不好吗？

环节二：假期让孩子放松不意味着放纵

中考是紧张的，孩子顺利通过中考，即将进入自己理想的高中，开启一段更加紧张的学习生活，中考后的长假，无论是家长还是学生都存在好好放松一下的思想，这完全可以理解。但凡事皆须有度，在孩子放假放松的时候，家长还需要有一些防范意识，希望通过以下事例，给家长们提个醒，做好孩子的家庭教育和管理工作。

事例1：2010级一名女生，初中读书时特别勤奋，常被老师作为典型表扬。她衣着朴素，说话文雅，安静守时。然而仅仅中考结束的三个月后，走进高中校园时，她却像完全变了一个人：烫染的头发，前卫的服装，浓妆艳抹，与学校的要求格格不入。仅仅三个月，在她身上发生了什么？家长是否察觉到了孩子的变化？原来，这一切都源于网络交友。中考后的暑假她好好放松了一把，天天沉溺于网络，还在网上认识了一个社会青年。在其引诱下，一步步走向了和以往完全相反的方向，而家长对此却一无所知，毫无防范。等家长发现孩子的问题时已经晚了，教育方法又不得当，三年后，她与父母的关系恶化到离家出走的地步。

听完这件事大家是怎样的感受？

事例2：这是一位检察官给在校生讲的一个故事。在KTV包间里，几个学生为了庆祝紧张的中考胜利，在一起聚餐唱歌。其中三名学生，觉得唱歌不够刺激，在没有任何戒备的情况下，禁不住别人的蛊惑喝下了特殊的饮料，感觉到了狂欢的刺激和发泄的痛快。结果当别人开始高中生活的时候，他们却走进了戒毒所。

不知道听完这件事，大家又有着怎样的感受。

请大家说说你的想法。

一、合理安排上网时间，约定上网内容

中考结束，孩子成绩不错，假期很长，让孩子好好放松一下，这种想法无可厚非。但是我们很多家长忘记了孩子的年龄，这个时期的孩子还不能完全控制自己的行为，家长完全的放任可能会让他们迷失了自己。有不少孩子开始玩网络游戏，没有了家长的诸多限制，孩子玩得痛快，开学后收不回心；还有的就像那个女孩开始网上交友，甚至是网恋。现在的00后，在一个信息社会出生长大，你绝对禁止孩子接触网络资源的做法是不可取的，也不可能做到。“在某种意义上，游戏是培养学生思维的重要载体，游戏有攻略、有方案，不仅凭运气，还要靠技术，很多家长自己就是游戏发烧友。”有位中学校长曾这样说。家长应该抱着理解的态度，倾听孩子的见解，和孩子一起商量并制订上网计划，比如，上网可以，但是什么内容，多长时间，是否有益，这些都需要事先沟通约定。

二、关注孩子和什么样的人交朋友

到了初、高中阶段，和同龄人交朋友是孩子的情感需要，我们支持，但是要关注他和什么样的同龄人在交往，他的朋友是什么样的孩子。这个长假，也要关注孩子们的出行动向。他与朋友在一起都去了哪里？他独自行动的出去回来的时间，与你有怎样的约定？

防毒拒毒，警钟长鸣，切不可大意，孩子的健康成长需要我们的监督与正确引导，远离黄赌毒，什么时候都要有这根弦。

真正高中生活的开始不是从进入高中校门开始的，而是中考结束后就已经开始了。家长必须帮助孩子在心理上、行动上为新的开始做好准备工作才行，要了解高中学习的特点、课程结构特点、高中阶段需要完成哪些方面的成长等。

环节三：了解高中阶段的孩子

高中阶段的孩子具有很多属于这个阶段的特点，比如说，身体基本发育成熟，思维由“经验型”向“理论型”转化，意志行为具有自觉性，学习兴趣会明显分化，自我意识开始成熟，价值观念增强等，在这里不一一探讨这些问题，这些问题也需要家长们用心去读一些书籍，在孩子经历的过程中逐步解决，下面单就其理性成长特征给大家一些建议。

高中是理性成长与个性觉醒的关键时期。人的成长过程是逐渐从感性走向理性的。初中之前的年龄特点，让他们主要以感性的方式生活与学习，而到了高中之后，他们则开始了理性的成长过程。理性成长就是不只是凭经验、凭语言就简单感知某件事情，而是会进行某些合理的推理与判断。不是看到新闻、看到微信，就简单地跟着别人的评论跑了，每天都好似发现许多重大新闻一样。而个性的觉醒其实从初中就已经开始了，但还未完全确定，高中三年下来，一个人的心性就会基本确定下来。这个觉醒过程需要正确地引导、合理地沟通。

中考结束后，许多家长明显感觉到，以前能天天掌握孩子的行踪，现在不行了。在中考的过程中，很多决策孩子都听从家长的，现在也不行了。孩子去哪儿，做什么，都不再告诉家长，这就是个性意识的觉醒。这时候的家长就需要换一种交流的方式，把以往的主导地位改变为陪伴的位置，与孩子平等对话，共同参与话题，给孩子发表意见的机会，对合理的要求予以肯定。在较长的假期里，家长对孩子感兴趣的事物，应仅作为参与者进行讨论，而不是说教，有时候稍微点拨即可，切不可强加自己的意愿。不要用经验之谈居高临下，交流方式若不改变，交流会越来越困难。家长要利用好假期相处时间较长的时机，让自己在一些事情的分析上主动退出说教状态，让孩子感受到自己“地位”的提升也是不错的选择。

主动退出机制会让孩子感觉得到独立与重视，掌握了主动权。另外，家长可以通过作计划的方式，让孩子去独立面对一些问题，解决一些问题，有意识地利用日常生活中的某些事件培养孩子的这方面能力，比如让孩子独立做一个出行计划，或者独立为全家做家庭晚餐（从采购到制作）等。

孩子已经长大，家长要学会放手，让孩子得到一些锻炼，这是有利于孩子健康成长的。

每一级学生都会遇到这样一些男孩，到了高三还常常需要妈妈陪睡（单亲家庭多一些），稍稍遇到困难就无法解决，回家哭，妈妈就会安慰。这种家长有些“温情”的介入方式，让孩子失去了独立成长的机会。还有一些跟着爷爷奶奶长大的学生，其在独立成长上更需要有特别的计划、特别的帮助。当然，也有的女孩受家长过度呵护，以至于出现严重的心理问题。曾经有位女生，到了高三居然没有独自去过超市，这样的情况，给她后来的成长带来极大的困扰。同时也给家长们提个醒，关爱孩子的成长还必须学会适时放手，以培养孩子健全独立的人格。

环节四：了解高中的课程特点，帮孩子适应高中的学习生活

事例 3：初中生在整个中考的过程中不断受到老师的激励，若干受到老师特别关照、激励的孩子进入高中后，他们发现原来被特殊照顾的优越感不复存在，会在一段时间内找不到自己的位置。

还有些孩子在初中时学习成绩在班里或者在自己学校里是拔尖的，可是到了高中这个尖子生聚集的地方，他们会发现自己的成绩不再是班里或学校的前几名了，有些同学还可能成了班里的倒数几名，他们的心理会有巨大的落差，受到很大打击，个别学生会在后续的学习中信心全失。

孩子们这是怎么了？我想这两种情况可能会在我们众多孩子身上存在着，需要我们家长在假期里就要做好孩子的心理建设。新开始就是一个全新的起点，人在转折的时候要学会及时清零，让自己在新的规划中开始新的历程，而不是永远站在自己原来建立起的优越感上。家长要学会让孩子从成功的中考中冷静下来，引导他们理性地看待问题，也要认识到高中课程与初中课程的不同。

高中的课程与初中相比，不仅在于难度和深度上提高了，还对抽象思维和逻辑思维等能力提出了更高的要求。高中的课程结构与特点是：

1. 课程的容量大。高一一年的课程量相当初中四年课程的总容量。一些在学习上自我感觉良好的学生，初中阶段稍加努力就会取得较好的成绩，但到了高中却难有这种情况出现。因为容量大，基础性强，所以高中是一个慢切入、渐渐加速起来的学习过程，开始的时候若忽视了，学生到后面会感觉跟不上课程，有心无力。

2. 课程的理论性增强。初中教材除了语言类之外，其他的课程大多定位于定性地学习，没有深入地研究。而到了高中其抽象性增大，包括运算、推理都大大增强。尤其是数学与物理的学习更是如此。思维要求从初中到高中可以说是一种跳跃式的变化，而这种思维的变化也正是他们的理性成长的过程。

3. 课程的综合能力要求较高。阅读能力、写作能力、实验能力、动手能力等在大多的学科中都有综合的要求。在许多能力的要求上，各学科交叉性较突出，因而学科之间常常产生干扰。而且高中毕业的学分要求明确，是十个学科均要求过关，这其实并不容易。现在取消了文理分科，毕业会考更需要重视所有学科的学习，在此基础上选择擅长的学科高考。

针对高中课程的这几个特点，要求家长们做好下面这几个工作。

（1）引导孩子了解高中课程体系。不能有等的想法，要从自己初中喜欢的课程，或是自己感觉困难的课程入手，去浏览高中课程内容体系，对自己进入高中的学习内容有一个初步了解，在学习方法上有一个初步规划。

（2）培养孩子自主学习的意识。进入高中，家长要做的不再是手把手地辅导孩子学习——事实上，随着学习内容的加深，许多家长也已经心有余而力不足了。这时，家长该做的，是教孩子掌握高中三年的基本学习规律，培养他们自主学习的意识。

高一是最容易拉开差距的时候，学生要从被动地接受转为有意识地建构，从机械地学习转为主动地探究。因此，家长首先要督促孩子养成课前预习和课后归纳的习惯。

高中老师没有时间像初中老师那样，通过反复操练，把知识“喂”给学生，这就要求学生在课前预习的时候，自主构建基本概念；同时，学生在课后也不能像初中那样，完成作业就万事大吉，而是要对学习的内容进行归纳，系统性地搭建起知识的架构。造成高中学习差距的原因，常常不在于对单个知识点的掌握，而是对整体知识的架构，对知识点进行迁移和运用的能力。

（3）家长要引导孩子学会自我分析。为每一次测验做一份“化验报告单”，这个活儿只能由学生自己完成。做题固然重要，分析错题更加重要。常见的错误分两种类型，一类是知识型错误，即对知识点的原理没有搞懂，或者虽然理解但是不能迁移和运用；还有一类是非知识型错误，比如审题不清、计算有误、解题不规范等，这些不能用粗心等理由一言以蔽之，而是要让孩子诊断出思维上的漏洞，以免下次再犯。坚持对每次考试做分析的学生会发现，如果能够克服非知识型的错误，那么一个学科提高十分八分是完全可能做到的。

环节五：给家长的几个建议

一、这个假期要不要让孩子参加学习班

要不要参加假期里的学习班，的确是因人而异。有些学生在家里缺少自我管理能力，连起码的有规律作息都难以做到。这种情况参加集体活动至少会让其生活变得有规律，而同时因为有同伴，事情会变得简单而又有趣。同行者，对于这个年龄的孩子是有益的。提醒大家弄清一个概念，即学习班并非单指先学高中的课程，而是指各方面的集体活动，体育的、艺术的、文化的都好。

那要不要去学习班学习高中课程呢？可以根据自己对各学科的学习情况进行选择，有些孩子偏科严重，应对当前的高考要求会有困难，那这个长假可能就是实现弱科转化的关键时期。参加学习班，主动出击常常会有意外的收获。还得特别提醒大家，送孩子参加学习班需要用心调查一下学习班的质量。

学习是无处不在的，不是说只有去参加学习班才是学习，包括阅读在内的更多的学习可以自学完成，协助孩子做一个假期学习计划，督促孩子认真执行自己的计划。这种学习学到的不仅是知识，还有各种能力，意义更大。

二、提供足够多的机会让孩子参与家庭劳动

让孩子做点儿家庭劳动，实际上是培养孩子的责任担当意识。孩子在不同年龄阶段可承担的家庭劳动会有差别，承担同样的家庭劳动要求标准也会有差别。请大家记住，承担这些劳动是义务，家长不应有待遇方面的承诺。很多家长们关心孩子的文化课学习，或者不舍得让孩子劳动，可是你不知道的是，劳动不仅培养孩子的责任感，还会培养孩子的动手能力，同时也让孩子大脑得到了锻炼。比如打扫卫生，其中对于先做什么后做什么的安排就能体现一个人的简单规划能力，能培养一个人把握细节的能力。

三、提供机会让孩子参与家庭集体活动

可以去参观科技馆，或者去大学校园走走。曾经有个学生，暑假去了清华大学，在清华园里跺了跺脚，说这就是自己梦中想去的地方，三年后他真的就考进了清华。也可以和孩子一起去旅游，“读万卷书，行万里路”，旅游也是一种学习。到风景区游玩，领略祖国的大好河山；到具有较深历史沉淀的地方游玩，去感受历史的厚重。感受不同地方的风土人情和地方文化，既可以锻炼意志，开阔视野，也可以陶冶心性。

在外出活动中要有明确的分工，让孩子有明确的角色担当，家长不能因为怕孩子做不好就什么都不让孩子管，要给他成长的机会。

四、寻找机会让孩子参加一些社会公益活动

人受教育的目的最终是走向社会。每个人都希望自己能很好地融入社会，融入社会的起点应是从责任意识开始的，让孩子做社会公益活动就是有责任的活动。这个假期很长，切不可在假期里让抱怨等负面的力量影响孩子的成长，理性对待问题，乐观对待未来应是最基本的要求。正心态、正能量才能演绎出正人生，这一点对于高中的学生而言是极为重要的。而这个没有老师影响的长假期，家长的身体力行、所做所言对孩子的影响是很大的。

（烟台市开发区高级中学　王学勇）

【相关链接】

一、问卷调查

1. 对于这个假期您有没有较为系统的家庭教育计划？

   A. 有明确的系统的计划

   B. 有几个方面的内容安排，但谈不上系统性

   C. 活动随机安排，会有但事先没有计划

   D. 完全没有计划

2. 您准备将孩子送到高中课程学习班吗？

   A. 安排学习三门学科以上的学习班，时间约 40 天

   B. 安排参加学习班，时间大约 20 天左右

C. 安排参加小规模的学习，但有老师专门指导

D. 没有任何安排，孩子完全自由控制时间

3. 您有外出旅行的打算吗，旅行有明确的目标计划吗？

A. 有到国外的家庭旅行计划

B. 有在国内，时间较长距离较远的旅行计划

C. 有在周边旅行的计划

D. 完全没有安排

4. 对于孩子玩游戏，您有适度的控制计划吗？若有，您采用了什么方法？

5. 您对孩子初中学习有哪些方面是满意的？哪些方面是不满意的？

6. 您对孩子在高中的生活中有哪些方面的成长期望？

二、推荐一些阅读书目

1.《追风筝的人》	卡勒德 · 胡赛尼
2.《爱的教育》	玛格丽特 · 米切尔
3.《野性的呼唤》	杰克 · 伦敦
4.《名人传》	罗曼 · 罗兰
5.《红楼梦》	曹雪芹
6.《古文观止》	吴楚材、吴调侯编选
7.《苏东坡传》	林语堂
8.《撒哈拉的故事》	三毛
9.《明朝那些事儿》	当年明月
10.《目送》	龙应台
11.《愿有人陪你颠沛流离》	笛福
12.《看见》	柴静
13.《狼图腾》	姜戎
14.《心灵处方》	毕淑敏
15.《清凉菩提》	林清玄

建议高一家长会用

实现“初升高”的华丽蜕变

【活动背景】

学生进入高中，就登上了一个新台阶。高中阶段是学生人生面临的一个新考验，不管是客观环境，要承担的学习任务，还是高考的压力，较之初中阶段都有很大的变化，尽快适应高中生活对学生未来三年的发展至关重要。对学生的发展来说，家庭教育、学校教育相辅相成，缺一不可，因此，与家长一起帮助孩子过好初、高中衔接关，是家校携手凝聚合力的重要一步。

【活动目标】

1. 让家长了解高中学校生活，了解高中孩子身心发展的特点；

2. 让家长树立正确的育人观念；

3. 家校携手为孩子营造良好的成长环境，帮助孩子实现初升高的华丽蜕变。

【活动准备】

1. 小调查资料；

2. 主题活动 PPT；

3. 拓展阅读材料。

【活动过程】

环节一：了解我们的高中生

一、情境对比，了解变化

老师忘带备课本了，在校园遇一新生：“同学，请帮我上办公室拿点东西吧？”

70后，不假思索："好的。老师。在哪？"

80后，犹豫片刻："好吧，老师。在哪？"

90后，直截了当："您找别人吧，老师，我不知道您的办公室在哪。"

00后，不置可否，扭头就走。

二、分析解读，分享交流

亲爱的家长朋友们，这个事例不一定全面概括现在高中孩子的特点，但还是有些客观性的。同样是高一新生，对同一事件的反应却迥然不同，原因是什么？大家能总结一下吗？

当然，原因很复杂，个体、时代、观念等因素都有，举出这个情境也不是要肯定谁或者否定谁，主要是我们一起来认识一下当下的高中生群体。

当下的高中生都是"00"后了，他们身心发展的特征一般可概括为"四性""四高峰"。

"四性"即敏感性、社会性、动荡性、闭锁性。敏感性是指对人、对事具有较强的敏感性，思想活跃，易接受新事物、新信息。社会性是指对人生的意义、升学等社会问题越来越感兴趣，对很多事物都有自己独立的见解。动荡性是指情绪容易激动，对事既积极热情，又焦虑不安。闭锁性是指开始有了自己的"小秘密"，不再轻易地表露自己的内心世界，有些内敛。这群孩子的个性更加鲜明突出。

"四高峰"即生理变化高峰、智力发展高峰、社会需求高峰、创造性高峰。生理变化高峰是指学生生理发育迅速变化，性发育成熟。智力发展高峰是指此时的孩子智力发展、记忆力、判断力和动作反应力及速度都已接近成人。社会需求高峰是指孩子对爱情的向往等精神方面的需求以及衣、食、住、行等物质方面的需求都有所上升。创造性高峰是指这个阶段是孩子一生中最具有活力和创造性的时期。孩子会有较强的自尊心、自信心和渴求独立的愿望，其独立思考能力大大提高，不轻易相信别人的意见，常持分析和批判态度，很反感家长把他们看成小孩子。

他们自小就成长在互联网时代，知识面宽，视野开阔，接受新事物快，文化多元，总体来说，现在的高中生，就是"矛盾"的综合体。

环节二：了解高中生活特点

一、案例展示，思考问题

我班曾有一个学生，初中时学习成绩很好，担任班长，各方面都很突出，是学校里的风云人物。上了高中，第一次月考后他就受不了了，因为他的名次一下子就到了班里30多。而且在学校里，尽管他还是班干部，可是因为是高一新生，很多活动他都无缘组织，变得一下子似乎没人在乎他了。甚至他感觉连打饭、洗刷、抢厕所等生活琐事，他仿佛都争不过别人。所以他心里特别不平衡，以前的优越感荡然无存，开始对自己的能力产生了怀疑，觉得自己各方面都不好，情绪很低落，学习也没劲头了。但他明白：父母、亲戚朋友都对他期望特别高，希望他三年后考一个名牌大学，他对自己的现状很不满意，但也没有好的解决办法，不敢想高中三年这样下去怎么办？

二、分析问题，解读高中生活特点

上述这个同学，显然遭遇了初高中过渡期的种种不适应，从学习、生活、心理三方面都出现了适应的问题。那么，真实的高中到底是怎样的呢？

（一）高中学习方面的特点

1. 知识量增大。高中与初中的学科门类基本一致，但高中每门学科都涉及多个分支，各学科在知识广度、内容深度上有明显的提高。知识点比初中多很多，比如中考要求掌握的英语词汇量是1600，而高考大纲要求掌握的英语词汇量是3500左右。

2. 理论性、系统性、综合性增强。高中教材的概念、原理、公式等明显增多，抽象性和概括性大大加强；知识结构化升级，需要掌握知识间的内在联系与区别；学科间知识相互渗透，往往解决一个问题，需要应用其他方面或者其他学科的相关知识。

3. 学习进度快。由于知识量大，还要预留高三的复习备考时间，因此学习节奏比较快；课堂内容密集呈现，需要学生课堂上聚精会神。

4. 能力要求提高。高中阶段，阅读能力、表达能力、运算能力、实验能力、思辨能力及学科综合能力等都需要进一步的提高与培养，考试考的不是死知识，而是能力。举一个最简单的例子，我们学习语文，高中三年学生要学习古今中外的无数文章，可是高考时大量的阅读理解，没有一段文字出自课本，那我们平时的语文学习的是什么？是语文的阅读能力、理解能力、分析能力、表达能力。老师借助课本里的文章，讲给学生更多的是阅读、理解、分析、表达的方法。

5. 理解能力要求提高。在整个高中阶段的学习过程中，不仅要求学生牢记所学知识，更重要的是独立思考问题，研究和解决问题，这些都要求以理解为基础，需要理解力有较大发展。

（二）高中生活方面的特点

学习时间紧、节奏快；学习的内容相对单一、枯燥，高三时要不断复习，但不是简单的重复；学习环境封闭性强。

（三）高中学生心理方面的特点

学习紧张；学生承受的压力大，不少孩子会有焦虑等情况；孩子交友热情高；对人对事都比较容易敏感，容易出现逆反情绪。

高一的新生只有适应了新身份、新环境、新集体、新规范、新要求、新变化，才能为高中三年的学习生活打下良好的基础，反之，易进入恶性循环，从而掉队。作为新生家长，我们需要在关键时刻扶孩子一把。

环节三：给大家的几点建议

一、家长要更新教育观念

简要介绍学校的办学历史和办学现状，学校的办学文化理念、培养目标及取得的成绩。介绍学校的办学特色，如：选课、走班、课程建设、制度要求、作息时间表等。

上了高中，我们的孩子就是奔着考大学来的，学习当然是主要内容，学校也会抓得比较紧、比较严。在家里，希望家长不要只盯着孩子的学习成绩，有的孩子住校，一周才回家一次，回到家，父母不要只关心孩子考试了吗、成绩如何，请多关心孩子的生活、心情，让孩子做做家务，换换心情，回家后让紧张的大脑轻松一下。

我们家长要树立全面发展观，要走出“只要考好就可以”的误区。请大家记住：孩子的健康成长是第一位的。请大家多与孩子沟通，多关注孩子的思想动态、心理状况、情绪、行为表现等。

二、帮助孩子摆正心态，合理定位孩子的学习目标

首先，我来做个调查，请家长们回答我几个问题：

1. 您的孩子在初中时的学习成绩如何？排名是否靠前？

2. 您对孩子在高中的学习抱有什么期望？是否希望至少跟在初中时差不多？

3. 您有没有跟孩子谈过进入高中后会面临的学习压力和困难？

4. 孩子考试情况不理想，您会怎么办？是安慰、训斥还是其他？

与家长交流。

通过以上的调查，可以看出大部分的家长对孩子的学习期望还是很高的，家长的这种心态可以理解，但是却不利于孩子很好地适应高中学习的。

能上高中的学生，大多数在初中时都是学习成绩很优秀的。到了高中，可以说学习上高手云集，在高手如林的情况下，第一名永远只有一个，这就意味着每个学生又都回归到同一起跑线上同场竞技，人人都名列前茅是不可能的，金字塔尖只能容一人。这就要求学生和家长面对现实，重新审视自己，给自己一个准确的定位，适时做好心态调整。因此，这一阶段需要做的是孩子、家长都要准确定位，制订符合实际的预期目标。期望值过高，孩子达到了还可以，达不到就会造成期望越大失望越大的状况，长期下去会挫伤孩子的自信心。

从长远来看，学生只有把学习目标定位准确，才能更好地悦纳自己，为不断地改进与完善自己提供一个平稳的身心基础。作为家长，要认清学生年龄特点，了解教育形势和学校状况，密切关注孩子在校表现，加强与孩子的有效交流，与孩子共同制订一个有一定挑战性的目标，在这个基础上给予孩子合理的期望，让孩子对进入高中后的生活有一个挫折预期，将更有利于孩子的适应和学习。

当然家长也要走出“孩子都交给学校，我就不管了”“必须考第几，考不上就……”或“不管成绩如何，只要不变坏就可以”等误区。

三、学会对孩子进行适当指导

初高中过渡，不仅仅是身份从初中生变成高中生，更要经历知识的转换、习惯的转换、心理上的转换。这个转换不但需要教师们的努力，也需要

家长多多配合老师，从以下几个方面来帮助孩子做好这个衔接。

（一）帮助孩子转变学习方式

孩子在进入高中后，高一是学习习惯形成的关键一年。在高一如果孩子没有形成良好的、正确的学习习惯，一方面，学习会受到影响，孩子会感觉到自己付出了很多，成绩却不如意。另一方面，随着学习内容的加深，孩子会发现对知识的掌握越来越困难，而且越来越不会学习，慢慢地就会对学习失去信心，导致成绩越来越差。

高中教学更加注重自主探究，对学生的学习开放度大，不像初中那么具体要求每个环节怎样做，而是要求学生能独立完成各个环节的任务，如预习、听讲、记笔记、课后复习、独立作业、单元小结、考后分析等，孩子的自理能力、学习能力很重要，家长应该指导孩子建立良好的学习习惯，掌握科学的学习方法：

1. 预习。在浏览教材的总体内容后再细读，充分发挥自己的自学能力，理清哪些内容已经了解，哪些内容有疑问或是看不明白（即找重点、难点）分别标出并记下来。这样既提高了自学能力，又为听课“铺”平了道路，形成期待老师解析的心理定式，有利于调动孩子的学习热情和高度集中的注意力。

2. 听课。听老师讲课是获取知识的最佳途径，老师传授的是经过历史验证的真理，是老师长期学习和教学实践的精华，因此提高听课效率是尤为重要的，那么，听课效率如何提高呢？

（1）做好课前准备。精神上的准备十分重要。保持课内精力旺盛，头脑清醒，是学好知识的前提条件。

（2）集中注意力。思想开小差会分心，这一切都要孩子靠理智强制自己专心听讲，靠意志来排除干扰。

（3）认真观察、积极思考。不要做一个被动的信息接收者，孩子要充分调动自己的积极性，紧跟老师讲课的思路，对老师的讲解积极思考。结论由学生自己的观察分析和推理而得，会比先听现成结论的学习效果好。

3. 善于总结归纳，形成知识体系。高中的学习不仅仅要求学生掌握所学的知识，更要把所学的知识融会贯通，形成知识体系。这样才能更好地应对竞争激烈的高考。

（二）帮助孩子处理好生活变化

我们每一个人在进入一个新环境的时候，都会出现不适感，会有各种各样的反应，孩子更是如此。比如情绪特别容易波动，常给家里打电话，诉说自己在这里一切都不如意。跟同学的关系难以处理，动不动就想回家，或者让父母来看他等。其实这些反应都是很正常的。

高中一般实行住校制，孩子到了一个陌生的地方上学，远离了原来的朋友，远离了家人，远离了家的亲切熟悉的感觉。这时孩子面临的是关系的剥夺和文化的剥夺。作为家长应该采取正确的措施，来帮助孩子度过这样一个阶段。

第一，家长在孩子入学之前，要跟孩子说明，他这次独自在外上学，离开了家，住在学校里，肯定会遇到一些问题，有一个适应的过程，这都很正常。要让孩子对其要面对的问题有一个心理准备。

第二，当孩子出现生活方面的各种不适应时，家长应该在心理上和情感上给以理解与支持。告诉孩子，他现在的想法很正常，而且就应该出现这样的感觉，但相信他一定会有解决的办法。

第三，要鼓励孩子尽快地融入班级中去，结交新的朋友，用朋友之间的友情来冲淡这种焦虑，而且因为大家都是一样的，还可以从朋友那里获得情感的支持。当然，家长也可以采取一定的措施，比如经常给孩子打电话，关心一下，偶尔去看看孩子。但是家长的这些措施一定要慎重，否则可能起到相反的作用。也就是说，主要靠孩子自己度过这个过渡时期。

（三）对孩子既要信任，又要做好督促

高一是一个不稳定的时期，大多数学生会有一个相对较长的调整期——结识新的朋友、摸索新的学习方法、养成新的学习习惯、培养新的爱好、进行新的定位。在这一过程中，孩子的各方面表现有可能出现大的波动。所以需要家长多关注。

高中学生，已经有了很强的独立性，他们希望父母能把自己当成一个大人来看，而不是跟以前一样，处处管着自己。因此，孩子进入高中后，家长应该信任孩子，学会放手，给孩子一个相对宽松的环境。在他们遇到困难时，要适时地给以鼓励和帮助。当然，信任并不是对孩子不闻不问，在他们放纵懈怠时，家长要给以必要的提醒与督促。比如，孩子沉迷于武打、言情、玄幻小说里，沉溺于网络游戏、网上聊天里，沉浸于谈情说爱里难以自拔，这就需要家长制订一张可以执行的时间表和善意的监督、提醒。

四、及时做好家校沟通

要善于与老师沟通。高中大多数孩子是住校的，大部分时间都在学校度过；就是不住校，孩子与父母的交流也明显减少。因此，家长要及时与班主任联系，了解孩子的动态，了解学校的重大活动安排，与学校配合，做好孩子的教育工作。当然，这里面一定要把握个度，不可太过频繁地打听孩子的情况，而且方法要适当，否则会起到反作用。家长要与学校形成合力，共同做好对孩子的教育工作。

教师小结：阿基米德说："给我一个支点，我可以撬动整个地球"。我想说，我们的家长帮助孩子做好初高中衔接，让孩子迈好高中学习和生活的第一步，就是为孩子支起了一个支点。有了这样一个支点，就为孩子三年后的辉煌奠定了基础。

（山东省莱山第一中学　栾聪胜）

【相关链接】

一、家长会评议表

姓　名		学生姓名	
与学生关系		联系方式	
您对本次家长会的评价			

续表

您对我们今后工作的建议	

签名：__________

日期：____年____月____日

二、手把手教你如何毁掉你自己的孩子！

首先应该做的是摧毁孩子的自尊，将孩子贬到卑微的地位上。具体方法有这样几条：

1. 让孩子觉得自己什么都不行，没人赏识他。

例如学习不行，长相不行，交际不行，干家务不行，马虎，粗心，让家人为他受累……总之，他没有行的地方。

2. 经常拿比他“行”的人刺激他。

例如这种话要时常挂在嘴边：“看人家××，从不让父母操心！”这类话最具打击力和摧毁力，是摧毁孩子的王牌语录。

3. 父母把自己塑造成为家庭牺牲者的形象，这样会使孩子产生罪恶感。而一个有罪恶感的人往往采用自暴自弃的方法度过一生。

具体方法举例如下：经常告诉孩子，自从有了他，你连电影也没看过，你为他操碎了心，都累出病来了，最好再具体说出你身上的哪种病是由于他造成的。或者说，如果不是为了照顾他，自己早就在事业上有大发展了。

4. 和孩子说话时口气决不能和蔼，切不可使用商量的口吻，一定要使音量达到70分贝以上，一定要使用命令式的口吻。

如果还能配合一些挖苦讽刺的汉语词组，则效果更佳。如“你真蠢”“你浑”“没见过你这么傻的”“怎么生了你这么个东西”等。

5. 孩子的一切要由你来决定，切不可给他一点儿自由，他的行踪你要密切注视。

他如果有日记，一定要设法查看；他如果有信件，一定要审查。这样做能给他造成他不是人的感觉，造成他是一个受人操纵的木偶的感觉。一个怀疑自己不是人的人是绝不可能奋发上进的。

6. 要学会迁怒的本事。

单位上遇到不顺心的事，回来后要想方设法找理由给孩子泼狗血。无论什么事都归功于孩子的过错然后教训他，并制止他流眼泪。这样做可以有效地打击孩子的自尊心，增强孩子的自卑感，同样可以造成他不是人的感觉。

7. 当众出孩子的丑。

前 6 条都是在家庭里的"单练"。真正要彻底毁掉他，这第 7 条才是杀手锏。

你一定要当着外人（或同学或亲友或邻居）损他，贬他，让他无地自容。从心理学角度讲，这样做能使一个人产生惧怕社会的心理，产生自惭形秽的念头。而一个惧怕社会和自惭形秽的人是很难立足于社会的。

您掌握了以上 7 条，就基本上可以毁掉自己的孩子了。当然，还得在实践中不断总结经验，做到运用自如，这样才能将你的孩子彻底毁掉，使他终身一事无成。

三、寄语家长

如果一个孩子生活在责骂中，他将学会逆反；
如果一个孩子生活在批评中，他将学会谴责；
如果一个孩子生活在嘲笑中，他将学会畏缩；
如果一个孩子生活在讽刺中，他将学会自卑；
如果一个孩子生活在羞辱中，他将学会懦弱；
如果一个孩子生活在宽容中，他将学会耐心；
如果一个孩子生活在鼓励中，他将学会自信；
如果一个孩子生活在认可中，他将拥有目标；
如果一个孩子生活在理解中，他将给你奇迹！

建议高一家长会用

和孩子一起适应高中生活

【活动背景】

随着时代的变化，学生的情况也大不一样。就拿高一新生来说吧，近年来发现，很多学生一踏进高中的大门，或多或少地会出现这样的状况：贪玩，自我控制能力差，缺乏良好的学习习惯，不适应高中的住校生活，找不到适合自己的学习方法，心理上存在落差，给自己定位不准，不能尽快建立良好和谐的师生关系等。那么，如何引导孩子适应高中生活，就成为高一家长会的必备主题。通过本次家长会，正确引导家长帮助孩子适应高中生活。

【活动目标】

1. 让家长了解初中生活与高中生活的差别；

2. 分享经验，提供建议，引导家长帮助孩子尽快地适应高中生活。

【活动准备】

1. 高一新生适应性调查问卷；

2. PPT 材料。

【活动过程】

环节一：了解学生对高一生活的适应情况

我带的班里有这样一名女生，她在初中时曾是父母及老师心中的骄傲，升入高中后在强手如林的考试中，依然能保持班级前四名的成绩，但这么优秀的成绩却带给她极大的压力，她害怕被别人追上，就放弃了许多娱乐时间，一心扑在学习上。为了完成作业，她在厕所里写作业，趴在被窝里写作业，清晨4点早起。但由于过分关注自己的成绩，导致孩子出现焦虑、过度紧张、性格急躁、睡眠不好、心跳过速等情况。这种情况下的学习效率往往事倍功半，甚至适得其反，孩子的学习成绩不但没有提高，反而一落千丈。

这个孩子就是不适应高中生活，没有做好自己的心理调适，以至于给了自己太大压力。

你了解自家孩子初上高中的情况吗？（调查问卷见相关链接）

环节二：了解高中生活与初中生活的差别

高中生活与初中生活是有较大区别的。就学校而言，从初中到高中，学生所处的环境有哪些变化呢？相对初中来说，高中课程多、作业多、考试多，同学之间的学习竞争也要比初中时激烈。整个高中阶段紧紧围绕高考展开，老师、家长和学生都把能否升入大学看得十分重要，一跨入高中的门槛，学生会不由自主地感受到紧张和忙碌的学习氛围。

有些学生难以很快适应高中的学习生活，这些不适应主要表现在：

一、对教师教学方法的不适应

他们一方面不能很快适应具有新的知识结构的教学安排，高中的学习量大，开设的课程多，很多学生不能很好地完成老师的作业，没有时间把学过的知识系统化；另一方面难以适应新的任课老师新的授课方式、方法，而且，各科的学习要求与过去不同，每个老师的教学风格各有不同，所以，对于高中生来说，需要适应不同老师的教学方法，如果这一点做不好，就无法保证课堂的听课效率，自然无法保证学习效果。

二、对课程的深度和难度的不适应

初中时只要上课认真听讲，课后不用花太多时间就能轻松应付考试；但是高中就不同了，不仅需要上课认真听讲，课后更需要拿出大量的时间来巩固、复习，很需要有一套适合自己的学习方法。高中的课程难度大，知识点多，要在相同的时间内接受这些内容，要付出更多的努力，这就要求学生能合理安排自己的时间，掌握科学的学习方法。对课程难度的把握可能需要一段时间的尝试和了解。

三、对学习方法的不适应

虽然初中和高中上课一样都是教师讲学生听，但是，进入高中以后，学生自觉、独立、合理地安排自己的学习更为重要。要不要记笔记，如何记笔记，记哪些笔记都由学生自己处理。同时，高中的记忆方法和初中记忆方法也有所不同，高中的很多课程更侧重于理解记忆，而不同的学生理解的快慢有很大的差别。

四、不能正视进入新环境后角色转变的巨大反差

升入高中的学生有相当一部分在初中是班干部、团干部，是班级、学校的“明星”人物。但是进入新学校、新班级后，笼罩在头顶上的光环一下子黯淡了，他们在新的班集体中变得默默无闻，成为一名普通的新生，扮演起“被领导的”的角色。一些学生对这种成员角色转变的巨大落差没有心理准备，不可避免地自信心不足、寂寞、孤独，总是怀念以前的班集体，这种心理上的失衡会使学生产生相当强烈的不适应感。

五、对生活变化的不适应，想家恋家心理难以排遣

有些高中实行寄宿制，寄宿生两周才能回家一次，特别是初次住校的寄宿生普遍想家。学校生活和家庭生活有很大的差别，学生不适应学校的作息时间，对于上下课以及作息时间不习惯。同样，由原来在家里一人一房间，到学校要跟几个同学住在一起，难免出现摩擦。面对新环境中一张张陌生的面孔不知所措，因怀念亲人和初中旧友，而导致和同学关系不融洽，甚至是冷淡。由于作业时间增多，学习任务加重，如何安排学习和睡眠的时间，如何安排娱乐的时间等都需要高中新生不断去适应。

六、人际交往引起烦恼

“人与人不同”，新学校里新班主任的治班风格，各位任课老师的教学方法很可能让新入学的同学感到陌生。在新的环境下，新生与人相处时日尚短，和老师、同学的交流不够充分和及时，也可能导致新同学产生不适应感。更有甚者，有的学生不能正确处理正常的学习竞争，将学习成绩看作一个“角力”与“较劲”的标尺，从而产生焦虑、嫉妒或自卑等不良心理，造成同学关系紧张，感到适应困难。

环节三：探讨解决问题的办法

不适应就说明我们与周围环境之间出现了不平衡。其实，在新的环境中出现不平衡是难免的，有时还是必要的。高中阶段是人生的一个转折点，走好第一步非常关键。可以说高一是一个“坎儿”，高中三年能否取得好成绩，高一是关键。

下面我们就来具体分析如何引领孩子尽快适应高中生活。

一、家长要引导孩子做好吃苦的准备

升入高一，学生要面对更概括、更抽象、更难于理解的课程学习，面对更激烈、更紧张的竞争环境，面对更长的在校时间和更远的往返路程，家长应引导孩子树立起一种学习意识、高考意识，做好承受压力、经受挫折、忍耐寂寞的心理准备。

二、家长要引导孩子对高中生活充满自信，切勿自负，也不要自卑

高中是“精英”荟萃的地方，在初中时你的孩子可能是老师心里手里的“宝”，但到了高手云集的高中，你的孩子可能就变成了一棵普通的“草”。没有了优越感，孩子会感到失落甚至焦躁不安，出现失落、压抑、自卑、恋旧等情绪，十分苦恼，在这种消极情绪影响下学习也不能发挥出正常水平。

作为家长，应引导孩子改变“以自我为中心”的想法，调整心态，降低对自己的期望，相信大家处在同一个起跑线上，付出多少努力，就会有多少收获。与其背着过去的包袱，不如放下以往的辉煌成绩，轻松上阵；未来还不确定，应该珍惜现在，把握当下。

三、适应学校的作息时间

家有家训，校有校规。家长应引导孩子牢记学校的上下课以及休息时间，以免由此带来种种烦恼或因此受到惩罚；学会和同宿舍同学友好相处；学会理解和尊重同学，事事要考虑自己的言行对他人可能带来的影响，做事之前要尽量听取其他同学的意见。

为了能尽快适应住校生活，家长可以做如下的准备：

1. 在进寄宿制学校前，你可以有意识地锻炼孩子每天起床及时整理房间，动手洗衣服、洗碗等，让孩子做到自己的事自己做。

2. 告诉孩子：进了寄宿制学校后，要与同宿舍同学搞好关系。不要斤

斤计较，要努力做到严于律己、宽以待人。

四、引导孩子积极主动参与集体活动，主动帮助和关心他人

做事民主又为他人着想的同学总是受人欢迎的。青少年的可塑性是很大的，并且离家住校的生活可以锻炼学生的生活自理能力和独立处理问题的能力，这对他们以后的生活和成长都是很好的锻炼。家长应引导孩子主动帮助和关心他人，这是既利人又利己的事情。

五、引导孩子主动与同学交往，建立新的友谊

任何人离开熟悉的环境，来到另一个陌生的场所，都免不了会有失落和惊恐感。这时候，家长要引导孩子具备接纳新同学的积极心态，主动与新同学交往。如果暂时还没有交上新朋友，觉得孤独，那就敞开心扉，勇敢地去和新同学交流，拥有一颗真诚善良的心，就会建立新的友谊。告诉孩子一些与新同学相处的技巧，比如微笑、尽快记住别人的名字、做一个好的倾听者、寻找一些共同的话题等。

六、家长要引导孩子学会自主学习

孩子能考上一所理想的高中，本身就说明他们有 些基本的适合自己的学习方法。孩子原先好的学习方法成了学习习惯，要继续坚持。而高中的学习，特别要求学生多提问、多质疑和多交流。因为学生能提出问题，一定是对学习有思考；敢于质疑，一定是思维活跃，敢于创新；乐于交流，一定可以开阔视野、打开思路。这样一来，孩子对学习的兴趣会越来越浓。

七、家长要坚持引导和陪伴

进入高中，教学容量大、进度快，要求孩子有较强的阅读能力及理解力。作为家长，要做好孩子的坚强后盾，平时多观察孩子心理和学习上的变化，并且及时进行指导和纠正，以便让孩子更好地度过高中三年。一旦孩子出现成绩异常的情况，家长一定要重视，及时和孩子与老师交流。“相近思想相吸，相反思想相斥。”家长观点如果离孩子很远，就不容易被孩子接受。我建议家长主动阅读相关书籍，缩小“代沟”。只有当孩子感觉到你理解他，尊重他，能为他保密，他才能对你讲出心里话。家长应该学会与孩子平等相处，善于倾听，发现优点和及时鼓励、遇事多商量不独断等，这样孩子才能更加亲近和尊敬父母，进而更加尊敬师长。

八、在孩子的学习上，家长要帮助孩子建立终身学习的观念

有些学生进入高中以后，在学习上有一种缓口气的感觉。针对这种想法，我们家长应指导孩子：

1. 高中的知识难度，不可能像初三、初四一样搞突击，只有具备三年如一日的勤奋、扎实的基本功，才能应对颇有难度的高考。

2. 云集了初中优秀学生的高中生涯竞争只会更加激烈，鼓励孩子要想赢得竞争、确立优势，只有从思想、学习、身体、意志品质等方面做好充分的准备，才能迎接更大的挑战。

3. 如果孩子产生焦虑，家长应及时帮助孩子正确调整自己的考试心态，尽力享受学习的过程。面对不如意的成绩，有更清醒的认识，真正认识到考试的目的在于发现自己的不足之处，从而更有针对性地学习，做到有的放矢，以此提升学习的愉悦与成就感。家长不要处处拿孩子的分数来衡量一切，培养孩子的平常心，胜不骄败不馁，经常站在孩子的立场上考虑问题，有问题可以平等地沟通。

（莱阳市第九中学　刘彦）

【相关链接】

一、高一新生适应性调查问卷

亲爱的同学们：

为了解你们目前对学校生活的适应状况，帮助你们更好地投入高一的学习与生活当中，也便于学校有针对性地开展活动，我们设计了这份问卷，希望同学们能够认真如实地回答，谢谢配合！

性别：（男）/（女）　　学校住宿生：（是）/（否）

1. 哪些科目让你学起来很吃力？（可多选）______

A. 语文　B. 数学　C. 英语　D. 政治　E. 历史

F. 地理　G. 物理　H. 化学　I. 生物

2. 与初中相比高中学习的压力主要来自哪些方面？（可多选）______

A. 学习成绩明显下滑而产生的心理落差　B. 人际关系的不如意

C. 父母的期望　D. 老师的期望　E. 同学之间的竞争

3. 在新环境里，你的学习兴趣有何变化？______

A. 兴趣更加浓厚　B. 没什么变化　C. 厌学情绪加重

4. 在学习上，你觉得与初中相比发生了哪些变化？（可多选）______

A. 难度加大　B. 节奏加快　C. 任务增多

D. 竞争更加激烈　E. 比以前吃力　F. 学习方法不适应

G. 没什么变化

5. 你是否会因为高中学习内容不同而改变学习方法？______

A. 有很大改变　B. 改变不大　C. 没有改变

选 A 的同学请问你学习方法的改变主要体现在哪些方面？______

A. 学习时间的分配　B. 制订学习目标　C. 思维转化

6. 开学以来，在学校你总体感觉如何？______

A. 精力充沛　B. 未感到疲劳，但也没有多余的精力

C. 有点儿疲劳　D. 很容易疲劳

选 C/D 的同学请问你为什么感到疲劳？______

A. 学习任务太重　B. 作息时间不合理

C. 压力大导致失眠　D. 其他______

7. 在考试时是否会紧张？______

A. 经常会　B. 偶尔会　C. 一般不会　D. 从来不会

8. 你是否会因为月考不理想而影响以后的学习？______

A. 会　B. 有点儿　C. 不会

9. 你对学好高中知识有无信心？______

A. 非常自信　B. 应该可以　C. 说不好　D. 没信心

10. 你和班里大多数同学的关系如何？______

A. 好　B. 一般　C. 不是很好　D. 很不好

11. 当你碰到难以解决的问题时（非学习方面）你愿意向谁倾诉？______

A. 家人　B. 好朋友　C. 有关老师　D. 同学

E. 自我调节　F. 陌生人或网友　G. 其他

12. 学习之余，你的休息时间有多长（包括午休）？______

A. 8 小时以上　B. 7～8 小时　C. 6～7 小时　D. 6 小时以下

13. 你对现在的班集体是否满意？______

A. 很满意　B. 一般　C. 不太满意　D. 很不满意

14. 上课时你能否融入课堂中来？______

A. 能　B. 大部分课堂能　C. 大部分课堂不能　D. 不能

15. 老师讲解知识时，你最看重哪一方面？______

A. 生动有趣　B. 拓展思维　C. 知识深入　D. 指出考点

16. 当你在课堂上回答错误时，你更希望老师如何对待你？______

A. 直接指出错误　B. 善意鼓励

C. 严厉批评　D. 不作任何评价

17. 你是否适应现在老师的上课方式？______

A. 全部都适应　B. 大部分适应

C. 不太适应　D. 一点儿都不适应

18. 高中老师上课，让你最不习惯的是什么？______

A. 没有板书　B. 上课内容太多

C. 没有详细的讲解　D. 难度太大

19. 你现在的成绩和初中相比怎样？造成这种情况的原因是什么？(主观题)

根据学生的答题情况，我们进行了汇总。

1. 学习起来吃力的科目：数学、英语、化学、生物。

2. 高中学习的压力主要来自：学习成绩明显下滑产生的心理落差、父母的期望。

3. 在新的环境，学习兴趣：没什么变化。

4. 初高中学习对比：难度大、节奏快、任务重、学习方法不适应。

5. 学习方法：改变不大。

6. 感到疲劳的原因：学习任务太重、作息时间不合理。

7. 考试时：偶尔会紧张。

8. 碰到难以解决的问题（非学习方面）时愿意向朋友倾诉。

9. 老师讲解知识时，你最看重哪一方面：生动有趣、拓展思维。

10. 在课堂上回答错误时，更希望老师善意鼓励。

11. 上高中以来，造成成绩下滑的原因：不适应高中学习、比较自卑、不会自主学习、压力大、不用心学、偏科严重、不能及时调整学习方法。

二、推荐书籍

《家有孩子上高一——陪孩子走过高一关键期的66个细节》

作者：星昊妈　北京现代大学出版社

《高中生心理适应能力训练教程——育心之路学校心理辅导》

编者：李慧生　天津教育出版社

建议高一家长会用

如何帮孩子迈好高中生活的第一步

【活动背景】

随着中考落下帷幕，一群优秀的初中生跨进了高中的大门，开启他们人生又一个新的阶段。那么初入高中的学生该如何顺利度过初升高这一时期，开启新的旅程呢？很多学生彷徨迷惘，可是家长却不知所措。为帮助家长了解孩子的需要，帮助孩子迈好高中生活的第一步，召开本次家长会。

【活动目标】

1. 使家长了解高一阶段孩子可能存在的问题；
2. 帮助家长找到解决这些问题的办法；
3. 让家长帮助学生树立立志成才的信心和目标，调动学习的积极性。

【活动准备】

1. PPT 课件
2. 推荐书目
3. 阅读材料

【活动过程】

导入：收获季节，您的孩子载着父母和老师的期望，带着对新生活的新奇和憧憬，步入了学习的重要阶段——高中。但是，高中的生活真的如想象中那么容易吗？理想真的近在咫尺吗？家长们，您的孩子有没有遇到一些问题，您有没有发现孩子因无法适应高中生活而困惑？

环节一：我的孩子跟同学“合不来”怎么办？

出示案例：高一新生吴刚在入学不到两个月的时间里，多次和同学打架，但原因却往往只是一两句不投机的话，或同学间无意的碰撞。每次打架之后，老师找他谈话他都表示十分后悔，要彻底改正。可过不了一两天，又会出现一起新的打架事件。除此之外，他还多次不交作业，不是说自己不会，就是说时间不够没写完，或是忘了带作业本。课间或自习课上，他常常一个人坐着发呆，若有所思；有时还紧握双拳表现出一副“英雄无用武之地”的痛苦状……

问题分析：其实吴刚同学的种种异常表现源于对新环境的“适应不良”。入学适应不良是新生中常见的一种适应性障碍，尤其在高一新生中最为普遍。从初中到高中，面对突然变得紧张的生活和学习，相当一部分孩子没有充分的心理准备，他们有的一时间没有了精神支柱，甚至失去信心，产生自我怀疑的消极情绪，变得心情抑郁；有的遇事难以自控，便采取种种激烈的方式来发泄。

另外，据心理学家研究发现，到了高中阶段，如果孩子的学习能力不够强，学习成绩不够好，也会导致孩子的人际交往问题，与老师、同学处不好关系，还会出现抽烟、网瘾、打架等问题行为。

如何帮助遇到这类问题的孩子呢？

一、做好沟通，了解原因。这种情况下，先别忙着批评孩子，先静下心来好好和孩子沟通，了解分析孩子出问题的原因。若是学习的原因，先引领孩子认识自己的不足，努力提高自己的学习水平，找准自己在学习上的合适位置。

二、多发现别人的优点。家长要教育孩子在新学校多参加集体活动，多去发现同学的优点，多结识好朋友。参加集体活动一方面能够让同学发现自己的闪光点，让大家很快认识自己，接纳自己。另一方面也是多认识同学、了解同学的机会。高中时期的友谊很珍贵，是值得一辈子好好珍惜的。

三、教育孩子以积极的心态面对高中新生活。勇敢地面对新的变化、新的问题，主动去适应新环境，自己解决不了的可以向父母或老师求助。家长要教育孩子常给自己积极的暗示，每天可以不定时地对自己说“我很快乐”“我很幸福”“我又进步了”之类的积极话语。保持愉快的心态，不仅可以减轻孩子自己对新环境的“适应不良”，并且可在学习生活中给孩子自己带来正面的影响。

环节二：需要学会适应不同老师的教学风格

案例：高一学生许帅为人特别直率，有时候也显得有些桀骜不驯。刚上高一的时候，课堂上的他常常不能控制自己在课堂上说话，有时候跟老师意见不一样就大声喧哗，甚至与老师胡搅蛮缠，有时导致一堂课有一半时间都在争论。按许帅的观点来说，是老师们不能接受意见。最后所有的老师都不愿意上这个班的课，因为大家都觉得许帅同学实在是个“难剃的刺儿头”。班主任多次对家长提出这个问题，许帅的家长也极为苦恼，不知道该怎么对待孩子这样的行为，批评他吧，他说他就是对的，不批评吧，这样下去迟早没老师愿意教他。

问题分析：学生和老师之间的关系是孩子人际关系中非常重要的一种关系。小学生往往对教师充满了敬畏和敬仰，而到了中学以后，很多孩子都以为自己长大了，他们逐步学会了自己独立思考，独立寻找解决问题的办法，不再像小学生那样对老师言听计从，甚至开始挑战老师的权威。还有一些孩子对老师越来越挑剔了，甚至会因为和老师产生一点儿小误解而怨恨老师，与老师产生抵触情绪。

对于如何处理好师生关系，家长可以从以下几个方面对孩子进行开导：

一、要孩子客观、全面地看待老师

老师也是一个独立的个体，有自己的长处和短处，由于情绪、能力的原因，也会犯各种各样的错误。所以作为学生，要客观、全面地评价教师，不要将老师完美化。但是同时要介绍老师的优点，俗话说“亲其师，信其道”。

二、家长不要冲动地干涉孩子与老师的关系

孩子与老师之间产生矛盾，开始可能也只是发发牢骚，并没有想真的与老师对抗下去。家长如果轻易地较起真来，非要在老师和孩子之间分出个谁是谁非，甚至一味地袒护孩子，就可能会使孩子觉得找到了联盟，干脆大胆起来，与老师越来越不合作。所以家长向孩子问清楚事情的经过后，让孩子想一想是否自己也有责任，不要让孩子觉得老师只是故意为难自己。

三、要教育孩子尊敬老师，学会与老师沟通

家长要告诉孩子，可以挑战老师的观点，也可以指出老师的错误，但是一定以尊敬老师为前提。无论你是否适应老师的讲课方法，都要尊敬老师，尊重老师的辛勤劳动。对老师有意见、有看法，或者对老师所讲的内容有不同的见解，你可以在下课后私下里与老师沟通，甚至辩论，但是不能在课堂上辩论或顶撞老师。像许帅同学这样的做法一定是错的，你和老师辩论导致老师无法进行正常教学，这样做既不尊重老师，也不尊重同学，因为老师不止教你一个人，你不能因为自己耽误了其他同学的听讲。

请大家记住，一个老师给全班几十个孩子上课，你不能要求老师来适应学生，只能学生去适应老师。随着时间的推移，学生会慢慢适应老师的讲课方法。

环节三：如何帮助学习成绩在“滑坡”的孩子

案例：学生李栋初中阶段一直是班长，学习成绩也很优秀，每次考试在班上都是名列前茅，家长对他抱有很高的期望，他也很幸运地考上了重点高中。但是进入高中以后的第一次考试，李栋却大受打击，他在班上的排名竟在中下水平！此后，他一直闷闷不乐，感到自己不是别人的对手，学习的兴趣大不如从前，家长紧张得不得了，频频追问：我的孩子怎么了？到底出了什么问题？

问题分析：高中新生入学后，有三个阶段的变化。第一阶段，叫作兴奋期阶段。刚开学，同学们来自各个不同的学校，有一个相互认识、相互了解的过程，这时候，同学们对任何事情都充满了好奇心。然而到了第二阶段问题就来了，学校把这个阶段称为低迷阶段。因为学习一个月后，就得进行一次考试，学生发现，摆在自己面前的题目有难度，考试成绩也远远低于了自己的预期。尤其是一些成绩比较好的学生，他们原本都是各个学校的佼佼者，没想到，高中的第一次考试竟然落在许多人的后面，心理上无法接受。第三个阶段是学生要面临期中考试，这个阶段家长和学生也将会承受一次心理压力。家长和学生如何正确看待头一两次考试的成绩排名，非常关键。

一、引导孩子学会进行自我分析，了解原因。这一点不仅仅对高一的学生有用，它适合高中的每一个年级，每一次考试。每一次测验结束，都对自己的考试情况做出分析，这个活儿只能由学生自己完成。一般常见的错误分两种类型，一类是知识型错误，即对知识点的原理没有搞懂，或者虽然理解但是不能迁移和运用；还有一类是非知识型错误，比如审题不清、计算有误、解题不规范等，这些不能用粗心的理由一言以蔽之，而是要让孩子诊断出思维上的漏洞，以免下次再犯。坚持对每次考试做分析的学生会发现，如果能够克服非知识型的错误，那么一个学科提高十分八分是完全可能做到的。

二、家长要引导孩子把自己放在正确的位置，走出初中的“光环”。高中不像初中，高中招生范围广，所以汇集了诸多高手。不少孩子尽管在初中是班里的第一第二，或者是全校、全镇的学习尖子，可是到了高中未必还是。所以需要我们同学正视这个问题，勇于面对自己，走出这种落差，找到属于自己的合适的位置，每次考试多和自己比进步。

三、引导孩子制定适合自己情况的学习目标。可根据孩子的能力、实力和学习要求，引领孩子制订通过努力能够达到的目标。进入高中以后，老师的教学方式与初中相比有较大差异，再加上学习的课程多、学习内容深，部分同学一时尚未适应很正常，在考试中成绩不占优势，就感到压力大，产生自卑感，认为自己不行了，其实大可不必。可以积极发挥自己在某一方面或某一门学科上的特长，积极在教师、同学们面前展示出来，从而得到老师、同学的肯定与鼓励，增强自己的自信。

四、引导孩子找赶超目标。以班上比自己学习稍好的同学为赶超目标，暗中和他较量，向他学习，一步步追上，这同样能增强孩子的信心与前进的力量。高中课程对刚从初中走出来的孩子来说有点儿难，所以只要孩子有提高，家长就应鼓励表扬。也可以引领孩子学会自我激励。以自己过去的经历和成就来激励自己，相信别人能做到的，自己也一定能做到。这时家长和学生有一个平和的心态是很重要的。

环节四：怎么越学越偏科

案例：高一年级女生苏雯语文成绩特别棒，读初中时常有一些小文章在报纸上发表，进入高中以后，作文经常被老师作为范文在班上朗读，同学们都称她为“小作家”，苏雯非常高兴。然而，一年下来，几乎与作文一样“闻名”的是她的数学成绩，一直在全年级倒数几位，数学差也连累了物理。每次考试成绩下来，她的语文成绩几乎是全年级最高分，可是数学、物理成绩都很差，总成绩就落到了后面，这令她十分伤心。更为严重的问题是，苏雯一提上学，只想上语文，想到理科甚至想“逃跑”。

问题分析：苏雯的问题就是出现了严重的“偏科”现象。孩子的学习形成偏科主要有以下原因：

一是对学科的好恶或能力不同。喜欢某一门学科，学生就会勤奋努力学习。相反，对某门学科没有兴趣，其主动性、积极性也会大打折扣。另外每个人都会有自己擅长的领域，也一定会有自己的薄弱学科或领域，正视它，尽量去学好最基础的知识。

二是老师的影响。如果某一学科的教师对待孩子态度过于粗暴、简单，孩子就会对老师心生反感，进而将这种情绪迁移到该老师所教的学科上，厌恶该门学科而不愿学习。

三是错误观念的影响。有的孩子由于受一些错误观念的影响，比如“学好数理化，走遍天下都不怕”，而忽视一些偏文学科。

应对方法：

1. 让孩子体验成就感。许多孩子对某门学科怕学、厌学是由于遭受了学习上的失败。父母应该和孩子一起分析，把该门学科的学习目标从易到难进行分解，一旦孩子达到制订的学习目标，学习有了进步，家长就要及时给予鼓励、表扬，这样孩子对“薄弱学科”的信心就会随之增强。

2. 帮助孩子做好积极的心理准备。父母可以用积极的语言暗示孩子，以帮助孩子形成积极的心理准备，这对培养孩子的兴趣，提高孩子的学习效果十分有效。

3. 协助孩子改变与任课老师的关系，特别是不要当着孩子的面议论某位老师的不是。

4. 引导孩子全面发展，在不妨碍孩子整体学习的基础上，孩子对某一学科有所偏爱是可以允许的。

环节五：孩子恋爱了，家长怎么办

典型案例：崔宇和张美（化名）平时都是成绩比较优秀的孩子，在高一时两人谈起了恋爱，这让老师和家长都很头疼。老师多次劝阻，让其以学业为重，双方家长也极力反对，但是他们俩还是偷偷在一起，学习时也老是凑在一块儿。可是在暑假期间，双方父母都达成共识，严密控制两人，不让他们见面，而且在暑假里家长不停地向他们灌输谈恋爱会影响学习的观点。崔宇觉得最近张美对他开始疏远了，开学在即，两个人又要回到学校，终于可以经常见面了。但是崔宇很担心，张美会不会远离自己了。

问题分析："早恋"是指未成年学生把对异性的好感用恋爱的方式来表现的一种心理活动形式。有些学校和家长谈早恋色变是没有必要的。在一般人的概念中，早恋的孩子都不是好孩子，不过事实上成绩和"恋爱"并没有直接的关系，成绩好的学生也有感情需要，问题的关键是如何把握好这样的方式和尺度。

应对方法：过分反对早恋，孩子们的逆反心理亦会变得更加强烈。结果不仅不能消除早恋的现象，成长中对交往的需求与性压抑之间的冲突，会给许多中学生带来负罪感和焦虑感，对他们的心理健康带来较大的消极影响。其实，任何事情都具有两面性，学校与家庭若能以此为教育的契机，引导学生正确认识自己的情感变化，为他们的成长创造宽容与和谐的氛围，相信他们对自己是负责任的。这并非反对家长过问孩子青春期的情感变化，而是强调过问应该讲究方式，要尊重学生的人格，要立足于促进学生心理的成熟。因为回避绝对自然的东西，就意味着加强，而且是以最病态的形式加强对它的兴趣。

有的学生明知道中学生不能谈恋爱，但无法控制自己；有的学生经教育后很想与对方分开却总忍不住偷偷去想他（她）；有的学生在分手后因为感觉空虚、无聊，又会重新开始。所以处理早恋问题不能一蹴而就，而要经过持久的、细心的工作，才能达到教育的效果。但也忌把学生的早恋问题天天挂在嘴边，引起学生的反感。

各位家长，孩子进入一个新环境，面对新的老师同学，学习更有难度的功课，出现这样那样的不适应在所难免，也无须恐慌，只要我们冷静分析，认真面对，恰当引导，相信我们的孩子都会适应的。

（蓬莱市第四中学　尹传杰）

【相关链接】

一、一位母亲与家长会

第一次参加家长会，幼儿园的老师说："你的儿子有多动症，在板凳上连三分钟都坐不了。您最好带他去医院看一看。"

回家的路上，儿子问他老师都说了些什么？她鼻子一酸，差点儿流下泪来。因为全班三十位小朋友，唯有他表现最差；唯有对他，老师表现出不屑。然而，她还是告诉了她的儿子。

"老师表扬你了，说宝宝原来在板凳上坐不了一分钟，现在能坐三分钟了，其他的妈妈都非常羡慕妈妈，因为全班只有宝宝进步了。"

那天晚上，她儿子破天荒地吃了两碗米饭，并且没让她喂。

儿子上小学了。家长会上，老师说："全班 50 名同学，这次数学考试，你儿子排第 49 名。我们怀疑他智力上有些障碍，您最好能带他到医院去看一看。"

回去的路上，她流下了眼泪。然而，当她回到家里，却对坐在桌前的儿子说："老师对你充满信心，他说了，你并不是一个笨孩子，只要能细心些，会超过你的同桌，这次你的同桌排在第 21 名。"

说这话时，她发现，儿子黯淡的眼神一下子充满了光彩，沮丧的脸也一下子舒展开来。她甚至发现，儿子温顺得让她吃惊，好像长大了许多。第二天上学时，儿子去得比平时都要早。

孩子上初中又一次家长会。她坐在儿子的座位上，等着老师点她儿子的名字，因为每次家长会，她儿子的名字在差生行列中总是被点到。然而，这次却出乎她的预料，直到结束，都没有听到。她有些不习惯。临别，去问老师，老师告诉她："按你儿子现在的成绩，考重点高中有些危险。"

她怀着惊喜的心情走出校门，此时，她发现儿子在等她。路上她扶着儿子的肩膀，心里有一种说不出的甜蜜，她告诉儿子："班主任对你非常满意，他说了，只要你努力，很有希望考上重点高中。"

高中毕业了。一个第一批大学录取通知书下达的日子，学校打电话让她儿子到学校去一趟。她有一种预感，她儿子已被清华大学录取了，因为在报考时，她跟儿子说过，她相信他能考取这所学校。

她儿子从学校回来，把一封印有清华大学招生办公室的特快专递交到她的手里，突然转身跑到自己房间里大哭起来。儿子边哭边说："妈妈，我一直都知道我不是个聪明的孩子，是您……"

二、推荐书籍

《学习如何做一个合格的父母》 周弘 家庭教育光盘

《高中三年早知道》 丁晓山 电子工业出版社

建议高一家长会用

好习惯成就好人生

【活动背景】

习惯是一个人存放在神经系统的资本，一个人养成好的习惯，一辈子都用不完它的利息；而养成坏习惯，就像是一辈子还不完的贷款。目前有的学生正在为坏习惯偿还贷款，对学习不感兴趣，热衷于上网、习惯玩儿游戏，上课不认真听讲，不遵守规则，不守纪律等。改变坏习惯，要比养成好习惯困难得多，要改变坏习惯，就要培养好习惯，正如要想不长荒草，就要种上庄稼一样。面对有些高中生存在的坏习惯，该如何帮助他们改变，并帮助他们养成好的学习习惯呢？这需要家校携手，共同完成。

【活动目标】

1. 让家长体验习惯的影响，认识习惯的力量；

2. 让家长了解帮助孩子改变坏习惯，养成好习惯的方法。

【活动准备】

1. PPT 活动课件；

2. 收集、整理目前高一学生的不良学习习惯。

【活动过程】

环节一：故事分享，交流感悟

给大家讲个故事：

一根小小的柱子，一截细细的链子，拴得住一头千斤重的大象，你相信吗？

在印度和泰国，驯象人在大象还是小象的时候，就用一条铁链将它绑在水泥柱或钢柱上，无论小象怎么挣扎都无法挣脱。小象渐渐地习惯了，不再挣扎，直到长成了大象，可以轻而易举地挣脱链子时，也不挣扎。

这件事是真实的，大家不妨思考一下，小象是被链子绑住，而大象则是被什么绑住的呢？对，是习惯！习惯就有这样的力量。

环节二：案例分享，交流互动

习惯对孩子学习生活影响的案例：

两名学生都在找上课用的参考书，一个学生悄无声息地就拿出来了，只因他养成了有序放书的习惯，毫不费力，就能从书包里摸出自己需要的书。而另一名学生则东翻西找，老师要讲课了，他还没找到需要的书，结果被老师批评了一顿，弄得心情沮丧。只因他整理书包时草草了事，书放得毫无规律，乱七八糟。

这虽是看起来不起眼的小事，但是对孩子的学习、甚至做人、做事的影响却很大，久而久之，两个孩子之间的差距就会拉大。

两个孩子的两种做法对家长有什么启发？交流分享。

这两则故事让我们惊觉习惯的力量原来如此巨大，在不知不觉中，我们的命运就隐藏在其中了。性格决定命运，而习惯塑造性格，养成良好的学习习惯对孩子来说是一笔终身的财富。

环节三：学习习惯巧测试

我们结合孩子平时的表现，根据自己对孩子的了解，先来做一份孩子学习习惯测试题，通过测试，我们看看自己孩子在学习方面有哪些坏习惯？

分享交流。

归纳总结：

1. 注意力不够集中，教室里或教室外一有动静，就会东张西望。不能专心做作业，做一会儿，玩一会儿。

2. 不独立完成作业，抄袭他人作业时有发生。

3. 缺乏学习目标，学习上不主动，导致学习成绩徘徊不前，有时还会出现学习成绩倒退。

4. 考试不理想，开始下定决心好好努力，但过几天又放松了。

5. 自制力差，学习效率低；时间安排不合理，晚上不想睡，早上不想起。

6. 原谅自己，为自己找各种各样放弃的理由。

这些陋习看起来也许只是小缺点，但它们的存在，犹如毒瘤，日复一日，在身体内成长、腐烂，直到最后病入膏肓，无药可救。我们得趁早根除掉这些坏习惯，帮助孩子扫清成长路上的障碍。

好的学习习惯直接关系学生学习成绩的提高以及人格的完善，高一入学是各种习惯诸如生活习惯、卫生习惯，尤其是学习习惯养成的最佳时期。良好的习惯一旦形成，就会变成人生道路上前进的巨大力量，终身受益；反之，若是进校忽视良好习惯的培养，而让不良习惯发展形成恶习，将贻误终生。人生仿佛就是一场好习惯和坏习惯的拉锯战，要让自己的思考习惯、行为习惯、情绪习惯、学习习惯等好的方面的比例逐渐增加，坏的习惯逐渐减少。

环节四：如何帮助孩子培养好习惯

教家长们做一个小游戏。操作如下：十指交叉，无须考虑，根据你平日里的习惯交叉就行，看看是你的哪个大拇指在上；放开手指，再做一遍这个动作，这一次特意换另外一个大拇指在上。大家有什么感受？

家长们交流。教师总结：是的，改变一个这么小的习惯，也会感到别扭。那我们如何帮助孩子改掉坏习惯，培养他们良好的学习习惯？

1. 充分认识到坏习惯对自身成长的影响。

我国教育家陈鹤琴先生说过："习惯养得好，终生受其益；习惯养不好，终生受其累。"假设我们的惯性中有一些阻碍成功的因素，而我们又不去改变，那岂不是注定要失败？其实，每天坚持进步一点点，有意识地改掉我们的坏习惯，那么我们就会离成功越来越近。要让学生养成一种良好的习惯，首先要让学生了解为什么要这么做，只有明白了其中的意义，学生才会自觉去做，发自内心地想要改掉坏习惯，有意识地在反复训练中养成好习惯。

2. 制订计划。"凡事预则立，不预则废"。学生应该从自己的实际出发，做好时间管理，按月、周、天制订学习计划。长期的可以订纲要；短期如周和天的计划就要订得具体可行。计划中要有明确的学习要求和具体的时间安排，便于家长督促计划落实情况。

3. 确立奋斗目标。奋斗目标是培养好习惯的驱动力，有人生理想，有职业理想，有奋斗目标，有执着追求，是学生学习、成长的内驱力。

4. 父母要以身作则。想让孩子养成怎样的习惯，父母要首先做到，身教重于言教。若父母督促孩子要努力学习，而自己却常常通宵达旦地打麻将，那么孩子感兴趣的恐怕不是如何搞好学习，而是如何玩儿好牌；学习的恐怕不是科学知识而是玩牌窍门了。若父母饭后捧一本书，伴一杯清茶，端坐书桌前，伏案写作，孩子耳濡目染，也会养成经常看书、学习的好习惯。

5. 坚持不懈，运用积极的心理暗示。好习惯的养成不在一朝一夕，贵在长久坚持。有了长远的规划，有近期可实现的目标，能促进孩子自觉地坚持不懈。要经常鼓励自己，如：写名言名句贴在桌上鞭策、鼓励自己，不断强化意志，战胜自己的惰性。家长给予监督，给予督促。

环节五：高中生最需要养成哪些良好的学习习惯

1. 主动学习的习惯。别人不督促能主动学习，一学习就要求自己尽快进入状态，力求高效率地利用每一分钟学习时间。要有意识地集中自己的注意力用于学习，并能坚持始终。

2. 合理规划自己时间的习惯。把规定的学习时间分成若干时间段，根据学习内容，为每个时间段规定具体的学习任务，并要求自己必须在一个时间段内完成一个具体的学习任务。这样做，可以减少或者避免学习时走神或注意力不集中的情况，有效地提高学习效率。还可以在完成每个具体学习任务后，产生一种成功的喜悦，使自己愉快地投入下一时间段的学习中去。

3. 阅读和自学习惯。自学是获取知识的主要途径。就学习过程而言，教师只是引路人，学生是学习的真正主体，学习中的大量问题，主要依靠自己去解决。阅读是自学的一种主要形式，通过阅读教科书，可以独立领会知识，把握概念本质内涵，分析知识前后联系，反复推敲，理解教材，深化知识，形成能力。学习层次越高，自学的意义越重要，目前我国的高考为选拔有学习潜能的学生，对考生的自学能力有较高的要求。

4. 认真听课的习惯。上课时，老师不仅用语言传递信息，还会用动作、表情传递信息，用眼神与学生交流。因此，中学生上课必须盯着老师听，跟着老师想，调动所有感觉器官参与学习。能否调动所有感觉器官学习，是学习效率高低的关键性因素。上课要做到情绪饱满，精力集中；抓住重点，弄清关键；主动参与，思考分析；大胆发言，展示思维。

5. 多思、善问、大胆质疑的习惯。学习要严肃认真、多思善问。“多思”就是把知识要点、思路、方法、知识间的联系、与生活实际的联系等认真思考，形成体系。“善问”不仅要多问自己几个为什么，还要虚心向老师、同学及他人询问，这样才能提高自己。而且，还要在学习的过程中，注意发现问题，研究问题，有所创造，敢于合理质疑已有的结论、说法，在尊重科学的前提下，敢于挑战权威，要做到决不轻易放过任何一个问题。要知道“最愚蠢的问题是不问问题”，应该养成向别人请教的习惯。

6. 上课记笔记的习惯。在专心听讲的同时，要动笔做简单记录或记号。对重点内容、疑难问题、关键语句进行“圈、点、勾、画”，把一些关键性的词句记下来。有实验表明：上课光听不记，仅能掌握当堂内容的 30%，一字不落地记也只能掌握 50%，而上课时在书上勾画重要内容，在书上记有关要点的关键的语句，课下再去整理，则能掌握所学内容的 80%。

7. 课后及时复习、给知识做归纳的习惯。课后不要急于做作业，一定要先对每一节课所学内容进行认真的复习，归纳知识要点，找出知识之间的联系，明确新旧知识之间的联系，形成知识结构或提要步骤式知识结构。主动询问，补上没有学好的内容。对不同的学习内容要注意进行交替复习。按时完成老师布置的作业和自己选做的作业，认真思考，认真书写，一丝不苟，对作业中存在的问题，认真寻找解决的办法。作业写完后，要想一下它的主要特征和要点，以收到举一反三的效果。作业错了，要及时改过来。

（莱州市第五中学　邱少萍）

【相关链接】

学习习惯巧测试

本测试共 16 道题目，每题都有三个备选答案：

A. 是　　B. 有时如此（或不一定）　　C. 否

请认真阅读每一道问题并如实回答。

1. 在固定的时间进行学习吗？
2. 学习时周围必须很安静吗？
3. 是否经常查用辞典、字典等工具书？
4. 学习时有下意识动作吗？
5. 是否在按自己制订的计划学习？
6. 在学习中有经常沉迷于空想的时候吗？
7. 学习结束后，收拾书桌吗？
8. 有一边听广播或看电视一边学习的时候吗？
9. 发回的试卷，自己能认真总结、分析缺陷吗？
10. 是否平时不烧香，考前抱佛脚？
11. 你认为自己的预习效果不错吗？
12. 不感兴趣的课程就不愿下大力气去学吗？
13. 对所学的知识能够立即复习吗？
14. 即使有不明白的问题，也不愿去办公室向老师请教吗？
15. 即使有你喜爱的电视节目，是否也要坚持完成当天的学习任务再去看？
16. 是否经常有对书本毫无兴趣而浪费时间的现象？

评分方法：奇数题选 A 记 2 分，B 记 1 分，C 记 0 分；偶数题选择 A 记 0 分，B 记 1 分，C 记 2 分。将各题分数相加，得出总分。总分在 27 分以上，表明你的学习习惯非常好；22～26 分，学习习惯较好；16～21 分，学习习惯一般；15 分以下，你的学习习惯很差，需要改正。

建议高一家长会用

好习惯受益终生

【活动背景】

美国心理学家曾说："播下一个行动，收获一种习惯；播下一种习惯，收获一种性格；播下一种性格，收获一种命运。"教育家叶圣陶也指出："教育就是培养习惯。"由此可见习惯养成教育的重要性。我们从小学就强调孩子要养成良好的学习习惯，但是在高一依然发现很多孩子学习习惯并不好，所以我们依然需要强调孩子的习惯养成教育。

【活动目标】

1. 通过家长会，使家长认识到孩子养成好习惯的重要性；
2. 通过本次家长会，指导家长与老师一起培养孩子良好的学习习惯。

【活动准备】

1. 典型案例；
2. 活动课件。

【活动过程】

导入：班主任致欢迎辞，说明本次家长会的内容。

环节一：什么是习惯

所谓习惯，是一种自动化的行为，不需要特别受思想和意志的努力，也不需要别人的监控，是在什么情况下，就按什么规则（或规律）去做。

习惯一旦养成，就会成为支配人生的一种力量。生而为人，都要踏踏实实做人，而良好的习惯正是帮助我们构建成功人生所必需的。好习惯，是一个人终生的财富；好习惯，会帮助我们成就完美人生。世界上最可怕的力量是习惯，世界上最宝贵的财富也是习惯。一个企业，一个国家，一个民族是如此，对于人的一生，更是如此。

1961 年 4 月 12 日上午，加加林驾驶“东方”1 号飞船完成了世界上首次载人太空飞行。本来世界首位宇航员安排的不是加加林，而是邦达连科，为什么邦达连科没有执行人类首次太空飞行的神圣使命呢？因为一个细节毁了他的前程。飞船即将升空前的一天，邦达连科在充满纯氧的船舱接受训练，结束时他随手将擦拭传感器的酒精棉团扔到一块电极板上，顿时引发大火。邦达连科被烧伤，后来不治身亡。

当时，苏联方面召开紧急会议，重新研究上天人选。加加林原来被安排为三号人选，也就是“板凳”队员，为什么最后却成为了世界上第一位上天的宇航员呢？还是因为一个细节。在研究二号季托夫和三号加加林到底谁上天时，领导们意见出现分歧，争执不下。飞船的总设计师科罗廖夫最后拍板加加林上天，理由是参加训练的 20 多个宇航员每次进入飞船训练，只有加加林不怕麻烦，脱下靴子，只穿袜子进入舱内。

这个故事告诉人们：细节决定成败，细节也决定命运，决定人生的走向。可是细节的成败在于什么呢？在于有没有严谨的学习、生活和工作习惯。邦达连科因棉团随手扔引起大火导致人生失败，加加林因不怕脱鞋麻烦最终取得人生辉煌，成为航天英雄。可见，好习惯决定好人生。

一些有成就的革命家、科学家、文学家都有着严谨治学、刻苦钻研的好习惯。大英博物馆的一个座位下，留下了伟大的革命家马克思长期来此学习的两个脚印，由于他有着勤奋学习、善于钻研的习惯，才能有巨著《资本论》的问世；艺术家达·芬奇有着坚强的毅力，养成刻苦磨炼的习惯，几百次画蛋，才有了后来《蒙娜丽莎》的诞生。伟人和巨匠如此，那么平凡的人呢？答案是肯定的。李宁原是一位普通的体操运动员。但他有个好习惯：每天坚持训练 10 多个小时，每次训练一定要突破一个动作难度，不然就不离开训练馆。他终于成功了，在洛杉矶奥运会上，一人独得 3 枚金牌，退役后做运动品牌也取得了巨大成功。

良好的习惯，对于每个人来说，都是一块事业成功的重要基石。

环节二：高中生需要养成哪些好习惯

习惯的养成教育包括培养孩子良好的学习习惯、行为习惯、卫生习惯等等。今天我们着重谈的是良好的学习习惯。我们的孩子从进入小学起，学校就开始强调养成良好的学习习惯，但是到了高中，依然有不少孩子的学习习惯不好，需要好好改正不好的习惯，培养好的习惯。

高中学习是一个系统的工程，它不像初中的课程，可以凭借小聪明在考试前突击一下就把成绩提上去，对于难度更大、覆盖面更广的高中内容来说，预习、听课、复习、作业、笔记等等都是必不可少的环节，不但这样，还有一些习惯性的做法需要培养。那么高中生需要养成哪些良好的学习习惯？

一、认真预习的习惯

很多同学只重视课堂上认真听讲，课后完成作业，而忽视课前预习，有的同学根本没有预习。其中最主要的原因不是因为没有时间，而是因为没有认识到预习的重要性。那么预习有什么样好处呢？课前预习也是学习的重要环节，预习可以扫除课堂学习的知识障碍，提高听课效果，最重要的是能发展学生的自学能力，减少对老师的依赖，增强独立性，预习可以加强课堂听讲、记课堂笔记的针对性，改变学习的被动局面。

在预习时，要做到：了解教材的大概内容与前面已学的知识框架；找出本章或本课内容与前面已学知识的联系，找出所需的旧知识，并补习此时的知识；找出自己学习本课的难点和重点，作为听课的重点；对重点问题和自己不理解的问题，用笔画出或记入预习笔记。

二、专心听课的习惯

如果课前没有一个“必须当堂掌握”的决心，会直接影响到听讲的效果，如果在每节课前，学生都能自觉要求自己“必须当堂掌握”，那么上课的效率一定会大大提高。实际上，有相当多的学生认为，上课听不懂没有关系，反正有书，课下可以看书。抱有这种想法的学生，听课时往往不求甚解，或者稍遇听课障碍，就不想听了，结果浪费了上课的宝贵时间，增加了课下的学习负担，这大概正是一部分学生学习负担重的重要原因。

集中注意力听课是非常重要的，心理学告诉我们，注意是心理活动对一定对象的指向和集中，它是心理过程的动力特征。注意的指向性，可使人的心理活动在每一瞬间都能有选择的反映事物；注意的集中性，可使事物在人脑中获得清晰和深刻的反映。

上课听讲一定要理清老师的思路。思路就是思考问题的线索，要把老师在讲课时运用的思维形式、思维规律和思维方法理解清楚。目的是向老师学习如何科学地思考问题，以便使自己思维能力的发展建立在科学的基础上，使知识的领会进入更高级的境界。

三、及时复习的习惯

及时复习可以加深和巩固对学习内容的理解，完善知识体系，让新旧知识建立联系。古人说“温故而知新”，就是说，复习过去的知识能得到很多新的收获。这个“新”主要指的是知识达到了系统化的水平，达到了融会贯通的新水平。把知识系统化，就能把多而杂的知识变得少而精，从而完成书本知识由“厚”到“薄”的转化过程。系统化的知识，容量大，既好记又好用。最后，系统化的知识有利于记忆。道理很简单，孤立的事物容易忘记，而联系着的事物就不容易忘记。

四、独立完成作业的习惯

明确做作业是为了及时检查学习的效果，经过预习、上课、课后复习，知识究竟有没有领会？有没有记住？记到什么程度？知识能否应用？应用的能力有多强？这些学习效果问题，单凭自我感受是不准确的。真正懂没懂，记住没记住，会不会应用，要在做作业时通过对知识的应用才能得到及时的检验。做作业可以加深对知识的理解和记忆，实际上，不少学生正是通过做作业，把容易混淆的概念区别开来，对事物之间的关系了解得更清楚，公式的变换更灵活。可以说做作业促进了知识的“消化”过程，使知识的掌握进入应用的高级阶段。做作业可以为复习积累资料，作业题一般都是经过精选的，有很强的代表性、典型性。因此就是做过的习题也不应一扔了事，而应当定期进行分类整理，作为复习时的参考资料。

五、积极应考的习惯

从学生的角度讲，考试的结果直接关系对自己的评价，也关系自己的切身利益。从学校的角度讲，老师为了检查教和学的近期效果，以便对教学进行及时的调整，为了推动学生的系统复习，提高学生自学能力，也把考试作为学校的一项重要工作来抓。学校在考试复习前进行动员，考试时讲考场要求，设置考场，安排监考老师等，形成了一定的紧张气氛。

为什么有的同学在考试时考不出应有的水平呢？这涉及临考准备、临考发挥、考后分析等一系列问题，其中决定性的因素一般有三个：一个是学习因素，即掌握知识能力的水平；一个是心理因素，即情绪、意志、心态等状况；一个是方法因素，即会不会应考的问题。

应该如何应考呢？首先，对参加考试要有一种积极的态度，不要给自己施加压力。临考前，不要去想考试成败将会给自己带来什么后果，尤其不夸大考试成败的影响，要想好万一考不好的“对策”，对自己的期望要实事求是，正确对待外来的压力。其次，考试前要休息好。临考前要减轻学习负担，要保证充足的睡眠，要适当进行文体活动，要保证身体健康。再次，在考试过程中，注意答卷顺序，按先易后难的答卷法，审题要认真，3 分钟没有做这道题的思路，先放一放，做其他会做的题，最后做难题。题做好后要仔细检查，及时更正错误。

六、练习后或考试后及时总结反思的习惯

在读书和学习过程中，尤其是复习备考过程中，每个同学都进行过强度较大的练习，但做完题目并非大功告成，重要的在于将知识引申、扩展、深化，因此，反思是解题之后的重要环节。一般说来，习题做完之后，要从五个层次进行反思：

一是怎样做出来的？想解题采用的方法；二是为什么这样做？想解题依据的原理；三是为什么想到这种方法？想解题的思路；四是有无其他方法？哪种方法更好？想多种途径，培养求异思维；五是能否变通一下而变成另一习题？想一题多变，促使思维发散。

当然，如果发生错解，更应进行反思：错解根源是什么？解答同类试题应注意哪些事项？如何克服常犯错误？“吃一堑，长一智”，不断完善自己。

七、阅读自学的习惯

自学是获取知识的主要途径。就学习过程而言，教师只是引路人，学生是学习的真正主体，学习中的大量问题，主要靠自己去解决。阅读是自学的一种主要形式，通过阅读教科书，可以独立领会知识，把握概念本质内涵，分析知识前后联系，反复推敲，理解教材，深化知识，形成能力。学习层次越高，自学的意义越重要，目前我国的高考为选拔有学习潜能的学生，对考生的自学能力有较高的要求。

八、总结归纳的习惯

每章每节的知识是分散的、孤立的，要想形成知识体系，课后必须有小结。对所学知识进行概括，抓住应掌握的重点和关键。对比理解易混淆的概念。每学习一个专题，要把分散在各章中的知识点连成线、辅以面、结成网，使学到的知识系统化、规律化、结构化，这样运用起来才能联想畅通，思维活跃。

应当培养的良好学习习惯还有许多，诸如有疑必问的习惯，有错必改的习惯，动手实验习惯，查找工具书的习惯，健康上网、积极探究的习惯等。

以上所说的学习习惯并不是绝对不变的教条，我们在这里只是希望抛砖引玉，让高中同学的家长们得以借鉴，来帮助自己的孩子改善学习习惯。

环节三：如何培养好习惯

一、学做计划，善做计划

由于高中学科知识量大、难度大、学习进度快、综合性强、系统性强、能力要求高、理解要求高等特点，所以进入高中，学生如果继续沿用在初中的学习方法是远远不够的，成绩可能还会有所下降。更为严重的是，等学生进入高三后，甚至会忽然发现自己不会学习了。因此面对复杂的高中学科知识，做好学习计划就显得非常重要了。

在高中有明显的文理学科区分，所以学生在制订学习计划的时候，可以适当将文理学科学习时间进行穿插规划，例如可以一个小时学习英语，一个小时学习数学，然后在利用一个小时学习语文。这样就可以适度的调节大脑的疲劳感，务必保证每科每天均有一定量的复习时间。这样，各科就能有比较全面系统的复习，不能像一些同学那样，把整个晚上的时间都花在钻研难题偏题之上，这样做往往得不偿失。

另外，在做学习规划的时候，不是仅做一天的学习规划，而是要做一周、一个月、一个季度、一年的学习规划。规划的形式可以采用表格，长短期兼顾，既要有长期的固定计划，又要有短期临时计划空间。学习规划不等于课程表，切忌把学习规划变为高中课程的附庸品。

二、认真听课，勤做笔记

集中注意力听课是非常重要的，而且在认真听课的基础上一定要理清思路。要把老师在讲课时运用的思维形式、思维规律和思维方法理解清楚。有很多学生认为，上课听不懂没有关系，反正有书，课下可以看书。抱有这种想法的学生，听课时往往不容易集中注意力，结果浪费了上课的宝贵时间，增加了课下的学习负担。

在高中时记笔记是非常重要的，但是这里说的记笔记并不是说要学生将老师课堂讲的所有话都记录下来，这样的笔记是价值不高的，而且往往会造成学生为了记笔记而记笔记，忽略了老师的讲课内容。

高中生记笔记可以包括课堂笔记用于记录习题中的重点题型，也可以包括我们常说的错题本，专门记录自己常错的题型。特别提醒学生注意的是，不要将错题本记过了就不再去看了，这样是完全没有意义的，而且还耽误了学习的时间。错题本记录的应该是错题，也应该是这种错题题型的解题思路。每隔一段时间，学生就应该把错题本拿出来将上面的错题再做一遍，看看自己是不是已经将上面的错题都掌握了。另外，针对语文和英语这些文科学科，学生也可以专门准备一个笔记本作为搜集素材的资料本，平时看到好的句子和事例就记录下来，这样长期如此，当再写作文时就不怕没有素材可写了。

三、做好沟通，及时督促

很多高中的孩子是寄宿的，对于培养孩子的学习习惯可能更多是老师、学校的任务，但也不是说家长在培养孩子学习习惯上一点儿作用没有。家长要做的就是与孩子做好沟通，在周末、节假日及时督促孩子的学习习惯。

不少孩子到了高中依然没有养成好的学习习惯，这些孩子的自我控制力会相对弱一些，而且习惯意识稍差，还没有从好习惯里尝到甜头。所以需要家长的沟通与督促，培养孩子的习惯意识，督促他们养成良好的学习习惯。家校凝聚合力，防止再像以往那样，学校养成的习惯，过个周六周日就忘了，就又恢复原形了。

培养习惯宛如登山，攀登成功，人生就达到圆满境界了，创造美好人生。但是习惯不是一天、两天养成的，需要不断重复，一个好习惯大约需要21天72次行动才能养成，坚持的时间越长，习惯的力量就越强。希望我们的学生都能养成良好的学习习惯。

（莱阳市第一中学　马世福）

【相关链接】

高中家长需要注意的几个问题

一、心理教育方面

高中阶段，意味着孩子们将从少年时代往青年时期转折，短短三年，对许多孩子而言，将经历一场生理和心理上最重大而深刻的变化。这一阶段，有很多孩子变得更懂事，爱思考，并需要发表自己的想法和观点，急于表明自己已长大成人，不再需要过多的保护和呵护。因此，家长应善于诱导孩子发言，逐步提醒和表扬他们趋向成人化的一些积极变化，接纳有道理的要求和想法，这是继续保持从小到大亲情交流的良好方式。如果缺少说话或一味粗暴或整天唠叨，都有可能与孩子造成代沟，使以后的教育无法展开。给孩子充分的发言权，并善于看到其优点和进步，及时给予表扬与鼓励，这是他们成长进程中所需要的一个很重要的内在动力。沟通和交流并不需要整块儿的时间，只要家长有心、有意识，它就可以在每一天零碎的时间中完成这种心灵的接触。

但同时，它不意味着放松与纵容，并不能因为长大了而放弃对孩子的一定要求，对一切事情做出决定的仍然是家长。“恩威并重”仍然是较可靠的教育方法。所谓恩，就是爱，所谓威，即让孩子在内心对父母保持必要的敬畏感。父母必须设置一条底线，什么是对的好的，什么是错的和不能做的，心里要清楚。高中时期，孩子会不断提出一些新要求，比如买东西、吃穿用等，我们坚持的是：能用、够用、吃饱、穿暖，你不能比别人更具优越感，不能虚荣、浮华，也不要攀比，不要讲究吃穿。孩子有一个健康朴素的心态最重要，生活中的一切细节都会反映到他们的心理上，这将对之产生不可磨灭、不可逆转的影响。

步入青年时期，男孩子顽皮、好玩儿、逞能的心依然，女孩子，则沉溺于幻想和欲招人注目的心理更多。当条件得不到满足或遇事不能解决，孩子们的情绪常常会大起大落，周期性地波动，这是青春期正常的心理反应。要鼓励他们通过一定的方式来发泄，心情不好时可以找朋友聊天、倾诉、睡觉、痛哭、写日记、听音乐等，并告诉他们，这样的心情和日子会过去的，你照样会迎来快乐的情绪。

要教育孩子大度对人，不能常因小事而怄气，长大了要用宽厚高远的眼光来看现实，有事不能捂在心里烦恼和苦闷。心理无障碍很重要，一颗快乐的心表现在脸上常常是充满阳光的笑容，这是健康心理的外化表现。

二、生理方面

我们的孩子将在这一时期迎来生理上的诸多细微变化，他们发育了，长高了，生理系统发生了一系列改变。家长需要做两件事：一是照顾他们的饮食，增加必要的营养，但别太刻意，切忌暴吃暴饮，或一碗好菜吃到底。蛋、菜、鱼、奶、肉及其他，合理地调配，营养是够的，而三天两头地肯德基、牛排、酒席大宴，反而会损害孩子的消化系统。一定量的运动和合理的饮食习惯，会造就他们健康的身体和良好的精神状态。不要服用营养保健药，保证一定的睡眠时间，孩子就会健康、有精神。

青春期的性教育也是摆在家长面前的难题。青春萌动期未知的彷徨与迷惑，对家庭、婚姻、爱情、性生理等方面的好奇和了解的欲望，都有可能对孩子的学习、生活等方面造成影响。现在社会信息资源较丰富，但若缺少正面引导，孩子就有可能受到错误信息的侵袭。因此家庭的参与是必要的。

高中阶段比较容易出现男女生交往上的问题。这时期的孩子情窦初开，对异性常怀有向往与幻想，一旦早恋就可能影响到学习和生活。特别对女孩来说，情绪上的影响会特别大；男孩子也一样，家长不要以孩子能交到女朋友为荣，过早的恋爱将损害学业，造成心理上的动荡。因为在高考制度下，三年时光将对于每一个青少年的一生都是绝对宝贵的。

那么，家长平常就可注意和孩子于有意无意间，闲聊这方面的内容，让孩子明白大人的正确看法，让他们明白中学时代的爱情通常是幻梦一场，醒来时却荒废了时光，尽早地采用引导与预防的办法。

三、学习方面

对绝大多数家长而言，孩子的高中课程是我们爱莫能助的。如何合理地安排学习，制订学习计划和作息时间等，家长通常主要以关心、过问和提醒为主。有必要时家庭应与老师沟通，针对自家孩子的各科成绩和学习特点，尽可能协助并督促他们制订和落实学习计划。话虽这么说，这是比较难办的事。需要家长常常过问、关心以及必要的提醒。

家长还可以做的，就是帮助孩子树立远大的目标和保持充分的学习热情，有目标才有动力，有热情才能投入；督促其学习有条理、高速度、高效率。

高中考试十有八九并不如意，失败是常有的。我们有必要提醒孩子从自己身上找原因，不抱怨，不泄气。要有特别不怕苦的精神和坚持不懈的毅力，从不断失败中站起来。

有不少家长倾向让孩子到处补课，这是比较消极的做法。未能形成自学的积极性，不能自找弱点和薄弱环节，补课的效果不见得会好。高中阶段，若如小学初中一样，疲于奔命地补课，其结果往往事倍功半。重要的是，应该帮助孩子确立一个目标，短期和长期的。每前进一步，都要给予鼓励，并告诉他们不吃苦就不能有所成。

我们还应鼓励孩子利用零碎的时间进行课外阅读，这是令其提高觉悟和更快明了人生事理的一条渠道。对于课外练习册等，学生还是要遵从学校老师的安排，切忌多而乱，切忌漫无目的地窒息在题海里。

四、生活方面

良好的生活习惯在高中阶段依然要保持，甚至要开始形成独立的生活意识。高中三年后将走向大学、社会，如果没有较强的生活能力和处理事务的能力，那么父母的操心将没完没了。因此，不能借口学习要紧而放弃一切家务劳动和必要的能力训练。

适当地从事家务活是必须的。比如，擦地板、洗碗、整理房间等，至少每周都要求做几回，这是保持勤快习惯的基本方式，将为孩子日后个人生活带来益处。对外事务和社会工作也一样，孩子能处理时就让他处理，不要不重视他们的个人能力。

我们大多数父母都管得太多，无论大小事情全包办，无论孩子做什么事都不放心，都认为他们做不好。其实他们也能做得很好，不仅可以很好地做家务，还能处理外头大大小小的事，如果肯放手实践的话。做不好是暂时的，一旦做好了，就算具备了一种能力，就能省去我们日后的诸多担忧。

总的来说，我们认为对孩子的教育，要着眼于他们综合素质的培养上，既能念书又能生活，还有很好地参与社会工作。现在高考变数很多，保持良好的心态和潜力的不断挖掘，就是进步。不能要求孩子总是名列前茅，家庭应该缓解他们的压力。干家务活、体育运动、学校工作、同学相处、家庭交流、假期适当的旅行等都应该成为他们生活的一部分。

最后再强调一句：家庭教育当从对习惯与细节的重视做起，这是最终的认识。

和孩子一起畅谈理想规划未来

【活动背景】

学生从初中步入高中，身体和思想都趋于成熟，他们有理想有干劲儿，但是对社会和专业的了解还不够充足，这时候，他们非常需要在老师和家长的帮助下对自己的人生进行规划，有了自己的理想和合理的规划，高中三年的学习生活才更有动力。本次家长会，引导家长主动和孩子沟通，帮助孩子对未来进行规划。

【活动目标】

1. 让家长了解高中生人生规划的重要性；

2. 让家长真正了解孩子，从实际出发，帮助孩子树立理想，规划未来。

【活动准备】

1. 活动课件；

2. 相关视频资料；

3. 调查问卷。

【活动过程】

环节一：向家长阐述人生规划的重要性

导入：前几天我们做了一个调查（问卷见附表），结果显示，80% 的孩子没有清晰明确的理想，对自己的未来没有明确的规划。70% 的家长没有认识到规划的重要性，没有考虑过帮助孩子规划未来，83% 的家长没有帮助孩子规划未来，75% 的家长不清楚孩子的理想和需求。（PPT 展示问卷调查部分结果）

由此可见，很多家长只是关注孩子目前的学习成绩，对于孩子的未来以及长远发展考虑很少。今天我们就和大家谈谈高中生的人生规划问题。先请大家看几个案例。

案例一：这是哈佛大学一个非常著名的关于目标规划对人生影响的调查。调查对象是一群智力、学历、生活环境等条件都差不多的年轻人。结果发现：

3% 的人有清晰且长期的目标规划；10% 的人有清晰但比较短期的目标规划；60% 的人目标规划模糊；27% 的人没有目标规划。

25 年以后，结果却是如此清晰：

占 3% 的有清晰且长期目标规划的人，在 25 年来从来不曾动摇过自己的人生目标，并朝着同一个方向努力，几乎都成为社会各界的顶尖成功人士、行业领袖、社会精英。

占 10% 的有短期目标规划的人，大都生活在社会的中上层，成为各行各业的不可或缺的专业人士，如医生、律师、工程师、高级主管。

占 60%的有模糊目标者，几乎都生活在社会的中下层面，他们能安稳地生活与工作，但都没有什么特别的成绩。

剩下的 27% 是那些 25 年来都没有明确而清晰的人生目标的人，他们几乎都生活在社会的最底层，生活不如意，常常失业，靠社会救济，且常常抱怨他人、抱怨社会。

案例二：学生小李在高中的时候就树立目标做一位优秀的企业家，因此他涉猎的读物很多都是企业管理的。考大学的时候他毅然报了管理专业，大学毕业以后，开始自己创业，两年的时间他的厂子在烟台已经小有规模。每当特别困难的时候他就会来到高中校园，寻找力量和温暖，用他自己的话说：高中是我梦想产生的地方，我一定会坚持，坚持做好。

有很多孩子就是这样的，少年时的梦想会引领他执着地做下去，直到成功，成为这个行业的精英。

大家看了这两个案例有什么感想呢？

我们每个家长都望子成龙，望女成凤，都希望自己的孩子有一个美好的未来，孩子进入高中，我们都把关注点放在了孩子的学习成绩上，可是，让孩子好好地规划未来，会更好地促进孩子成长、成才。我们有些孩子对自己的未来有一个很好的规划，但是更多的孩子还没有，他们有理想，有追求，但是对社会了解不多，对自己认识不足，对自己的未来还没有一个明确的规划，他们需要我们老师和家长的指点、帮助。

环节二：如何帮助孩子制订人生规划

1. 中学生是人生规划的最佳阶段（抓住时机制订规划）

中学生憧憬未来，有梦想，有责任。高中阶段是一个人世界观、人生观、价值观的形成期，个性发展的定型期。这时进行人生规划，可以理清人生的基本脉络，在人生起步之前、之初，做好充分的心理、能力等诸多方面的准备，在未来走上人生之路时少走弯路，最大限度地接近自己的理想与目标。

2. 展示部分高一学生的人生目标（问卷调查）

高中毕业以后：

（1）进入理想的大学，全心攻读自己值得为之奋斗一生的专业。

（2）①当兵，海军陆战队士兵；②出海，远洋货轮或渔船水手，最后当船长；③于股市奋斗，十年一千万；④上一所大学。

（3）考上理想的大学，在大学中做一些突破性的活动，好好谈一场恋爱。

（4）考上一个好大学，能和以前的好朋友联系上。

大学毕业以后：

（1）自主创业，走向成功，成为个年轻的 CEO；能有一定的号召力，自己创立一个 IT 品牌。

（2）出国，最好是英国或德国，自己已经有能卖的作品。

（3）找到一份好工作，足以养家糊口，更有余力用工资的一部分孝敬父母，给父母买一套房子。

（4）读的大学好点儿的，能直接找到工作的就工作，要是大学差点儿，或者不好的工作，就玩儿命考研。

（5）赚钱 + 深造，争取三十岁之前银行存款成为七位数。

三十岁以后：

（1）设计一系列类似于贝津明设计的中银大厦及卢浮宫的金字塔的标志性建筑。

（2）自己的事业要有一定的成就，成为一个女强人。

（3）结婚，生育七个子女，在挪威或美国或德国或冰岛定居；超越我爸爸，使我的亲人们过上幸福的生活；捐款≥￥10000,0000；去非洲援助；创造一个正义的世界；见到自己崇拜的伟人。

四十岁以后：

（1）凭借自己的力量拿到建筑大奖，有1～2座世界知名建筑是由我们事务所设计。

（2）获得诺贝尔和平奖，成为人类的领袖与楷模，太空旅行，捐出所有的财产，引退，过安静的生活。

启示：这些同学的规划是多么的现实和实际：考大学，买房子，赚钱，孝敬父母，实现职业理想，这都没有错。但是，很多都是一种模糊的想法，有的甚至是调侃的，没有经过深思熟虑的。有的是不需怎么努力就能实现的，有些则大而空洞不切实际。没有经过严肃思考的规划是经不起时间考验的，最容易流于空谈和妄想。

这是一个男青年高中毕业后的梦想和现实：

▼ 18 岁在高中毕业典礼上说：我要当世界首富！

▼ 22 岁在春节同学聚会上说：30 岁前要有 2000 万。

▼ 25 岁开始炒股说：计划 3 年内有 300 万储蓄。

▼ 28 岁炒股失败：两年后有 100 万元买个房子结婚。

▼ 30 岁在结婚典礼上对新娘许诺：两年内买一辆车。

▼ 32 岁时老婆对他说：等你还上房贷再买车吧。

这位男青年的失败在于，他只有以金钱为中心的梦想，而没有实现目标的具体措施和行动。

各位家长注意，在引导孩子规划人生的时候，不要以金钱为中心，金钱只是衡量一个人为社会创造财富的能力和社会价值的体现，而不应该是一个人的人生理想。

3. 科学的人生规划具有的特点：可行性，清晰性，适时性，持续性，长

远性，挑战性

美国前财务顾问协会总裁刘易斯·沃克接受采访时，记者问道："到底是什么因素使人无法成功？"沃克回答："模糊不清的目标。"记者请沃克进一步解释，沃克说："我在几分钟前就问你，你的目标是什么？你说希望有一天可以拥有一栋山上的小屋，这就是一个模糊不清的目标。问题是'有一天'不够明确，成功的机会也就不大。"

"如果你希望在山上买一间小屋，你必须先找到那座山，找出你想要的小屋的现值，然后考虑通货膨胀，算出5年后这栋房子值多少钱；接着你必须决定，为了达到这个目标每个月要赚多少钱，存多少钱。如果你真的这么做了，你可能在不久的将来就会拥有一栋山上的小屋，但如果你只是说说，梦想就可能不会实现。梦想是愉快的，但没有实际计划的模糊梦想，则只是妄想而已。"

我曾经教过一位学生，他的目标就是当一名优秀的生物老师，因为他喜欢生物，又热爱老师这一行业，在高中的时候，他妈妈就引导他争取当生物课代表，并且让他观察各位任课老师的职业闪光点，定期母子交流。理所当然，他报考了一所很好的师范院校，大学毕业以后回到了烟台。现在他不仅是一名优秀的生物老师，而且年纪轻轻就成了学校的中层管理人员。

所以，请各位家长现在开始帮助孩子分析：想进入什么大学？学什么专业？为什么要选择这个专业？这所大学的录取分数是多少？目前能达到什么分数？哪几科还有差距？现在应该怎么努力？

这才是高中三年规划的一个思路，一个方面，也是人生规划的开始。循着这个思路，才能找到明确的目标，并勇敢扎实地向着目标迈进！

环节三：帮助孩子制订实现规划的策略

1. 分解长远目标，让你的目标能够实现

为了不让规划夭折，比较可行的办法就是进行目标分解，把长远目标分解成一个一个短期目标，然后逐个实现你的短期目标。或者说，把一个大目标分解成几个小目标，逐个完成小目标。

在世界马拉松赛史上，曾经有一位日本选手山田本一赢得了人们的瞩目，他的个人条件并不出色，但是却赢得了冠军，记者采访他，他说了一句简单的话："因为我具有一个个明确的目标。"很多人不明白他说的目标是什么，马拉松的目标只有一个，那就是发挥最高的水平，取得最后的胜利。那一个个具体的目标又是从何而起呢？

他说：每次比赛之前，我都要乘车把比赛的线路仔细地看一遍，并把沿途比较醒目的标志画下来，比如第一个标志是银行；第二个标志是一棵大树；第三个标志是一座红房子……这样一直画到赛程的终点。比赛开始后，我就以百米的速度奋力地向第一目标冲去，等到达第一个目标后，我又以同样的速度向第二个目标冲去。40 多里的赛程，就被我分解成这么几个小目标轻松地跑完了。

他又说，起初，并不懂这样的道理，他把目标定在 40 多公里外终点线上的那面旗帜上，结果跑到十几公里时就疲惫不堪了，他被前面那段遥远的路程给吓倒了。

在实际生活中，我们做事之所以会半途而废，这其中的原因，往往不是因为难度大，而是觉得成功离我们较远，确切地说，我们不是因为失败而放弃，而是因为倦怠而失败。在人生的旅途中，我们稍微具有一点儿山田本一的智慧，一生中也许会少许多懊悔和惋惜。

2. 牢记成功的法宝

成功学上有这样一个公式：成功 = 明确目标 + 详细计划 + 马上行动 + 检查修正 + 坚持到底

一个人在实现人生规划过程中做到这些，想不成功都难！

3. 实现人生规划的六大步骤

第一步：帮助孩子确定人生的目的地在哪里。

第二步：帮助孩子分析通过什么样的方式能达到目的地，资源在哪里。

第三步：孩子要如何行动，做出计划。

第四步：和孩子一起找出在计划中哪些事情最难做到。

第五步：鼓励孩子付出努力，并定期检讨什么地方做得不好，为什么。

第六步：定期和孩子一起修正计划，鼓励孩子坚持目标走下去。

环节四：行动起来，成功不难

1965年，一位韩国学生到剑桥大学主修心理学。他常到学校的咖啡厅听一些成功人士聊天。这些成功人士包括诺贝尔奖获得者、某一领域的学术权威和一些创造了经济神话的人，这些人幽默风趣，举重若轻，把自己的成功都看得非常自然和顺理成章。时间长了，他发现，在国内时，他被一些成功人士欺骗了。那些人为了让正在创业的人知难而退，普遍把自己的创业艰辛夸大了，也就是说，他们在用自己的片面的经历吓唬那些还没有取得成功的人。1970年，他把《成功并不像你想象得那么难》作为毕业论文，提交给现代经济心理学的创始人威尔·布雷登教授。布雷登教授读后，写信给他的剑桥校友——当时的韩国总统朴正熙。他在信中说，我不敢说这部著作对你有多大的帮助，但我敢肯定它比你的任何一个政令都能产生震动。

后来这本书果然伴随着韩国的经济起飞了。这本书鼓舞了许多人，因为它从一个新的角度告诉人们，只要你对某一事业感兴趣，并有一个清晰的目标和规划，然后长久地坚持下去就会成功，因为上帝赋予你的时间和智慧够你圆满做完一件事情。后来，这位青年也获得了成功，他成了韩国泛亚汽车公司的总裁。

有一个实验，科学家把一只鲨鱼和一群小鱼放到同一个池子里边，但是把池子用透明的钢化玻璃隔开了。开始的时候，鲨鱼每天都试图冲破玻璃，到对面品尝小鱼的美味。但是每次它拼足了全力去撞玻璃都没有任何成效，相反，自己却被弄得伤痕累累。鲨鱼放弃了小鱼。后来科学家把玻璃取走，鲨鱼却仍然不再尝试到对面去，原来，一次次的失败，已经让它彻底失去了信心。

凡是目标，总是目前达不到的一种状态，也就因为一时达不到，才激励着我们不断去努力，寻找达到目标的方法。有时候目标看似遥不可及，但是千万不能就此丧失信心，只要目标是对的，就没有理由放弃。成功没有想象得那么难！

人生中的许多事，只要想做，都能做到；该克服的困难，也都能自己克服。用不着什么技巧或谋略，更没有捷径和窍门，甚至不必“三更灯火五更鸡”“头悬梁，锥刺股”。

帮助孩子树立一个切实可行的明确目标，一个分步骤的规划，然后鼓励孩子坚持不懈地朝着正确的方向努力，成功就属于你的孩子！

（烟台第二中学　王清华）

【相关链接】

一、建议家长和孩子一起完成的规划表

姓名		学号		年龄	
我的最终理想是					
1. 2.					
为此，我将人生分为个阶段，分步计划如下：					

步骤	分步目标	实现年龄
一		
二		
三		

综上，我高中三年的努力重心如下：

任务学期	学习成绩	各种活动	人际交往	个性爱好	性格修养	各种能力	其他
高一第一学期							
高一第二学期							
高二第一学期							
高二第二学期							
高三第一学期							
高三第二学期							
目前我最急需解决的问题是							

目前最需采取的措施	1.	2.	3.

二、学生问卷调查表

1. 你所在的年级：（ ）

A. 高一　B. 高二　C. 高三

2. 你父母的职业：（ ）

A. 务农　B. 经商　C. 公司员工　D. 打工

E. 政府机关　F. 事业单位　G. 其他

3. 你对自己的个性：（ ）

A. 非常了解　B. 了解　C. 不是很了解

D. 一点儿也不了解　E. 没有考虑过

4. 你对自己的兴趣：（ ）

A. 非常了解　B. 了解　C. 不是很了解

D. 一点儿也不了解　E. 没有考虑过

5. 你对自己的能力：（ ）

A. 非常了解　B. 了解　C. 不是很了解　D. 一点儿也不了解

6. 你觉得上大学最重要的是：（ ）

A. 学习知识　B. 锻炼能力　C. 同样重要

D. 与高中一样听老师家长的就好　E. 其他

7. 你认为上大学对你个人未来发展：（ ）

A. 很有作用　B. 可有可无　C. 完全无用

8. 你正在或曾经认真考虑过自己未来职业的发展：（ ）

A. 一直在认真地对自己未来的职业发展做规划并努力实行

B. 一直在考虑，但未成形或实施

C. 偶尔考虑过

D. 从来没有考虑过

9. 你是否了解人生规划的相关知识：（ ）

A. 非常了解　B. 了解　C. 不是很了解

D. 一点儿也不了解　E. 没有考虑

10. 你对自己的人生规划，更多地来自：（ ）

A. 父母亲友的期望　B. 学校教育和培养

C. 周围同学等　D. 社会舆论评价　E、自己

F. 国家政策　G. 学校就业中心的指导

11. 在你心目中，人生规划的重要程度有多大：（ ）

A. 非常重要　B. 重要　C. 一般

D. 可有可无　E. 完全没有必要

12. 你是否清楚自己未来三到五年的发展计划：（ ）

A. 非常清楚　B. 清楚　C. 不是很清楚

D. 一点儿也不清楚　E. 没有考虑过

13. 如果现在让你规划，高中毕业后你的规划是（填写表达）

三十岁以后，你的规划是（填写表达）：__________________

四十岁以后，你的规划是（填写表达）：__________________

三、家长问卷调查表

1. 你孩子所在的年级（ ）

A. 高一　B. 高二　C. 高三

2. 你的职业：（ ）

A. 务农　B. 经商　C. 公司员工　D. 打工

E. 政府机关　F. 事业单位　G. 其他

3. 你对孩子的个性：（ ）

A. 非常了解　B. 了解　C. 不是很了解

D. 一点儿也不了解　E. 没有考虑过

4. 你对孩子的兴趣：（ ）

A. 非常了解　B. 了解　C. 不是很了解

D. 一点儿也不了解　E. 没有考虑过

5. 你对孩子的能力：（ ）

A. 非常了解　B. 了解　C. 不是很了解　D. 一点儿也不了解

6. 你觉得孩子上大学最重要的是：(　)

A. 学习知识　　B. 锻炼能力　　C. 同样重要

D. 与高中一样听老师家长的就好　　E. 其他

7. 你认为孩子上大学对未来发展：(　)

A. 很有作用　　B. 可有可无　　C. 完全无用

8. 你正在或曾经认真考虑过帮助孩子规划未来的发展：(　)

A. 一直在认真地对孩子未来的职业发展做规划并努力实行

B. 一直在考虑，但未成形或实施

C. 偶尔考虑过

D. 从来没有考虑过

9. 你是否了解人生规划的相关知识：(　)

A. 非常了解　　B. 了解　　C. 不是很了解

D. 一点儿也不了解　　E. 没有考虑

10. 你对孩子的人生规划，更多地来自：(　)

A. 自己的考虑　　B. 学校老师的指导

C. 周围同事的谈论　　D. 社会舆论评价　　E. 国家政策

11. 在你心目中，人生规划的重要程度有多大：(　)

A. 非常重要　　B. 重要　　C. 一般

D. 可有可无　　E. 完全没有必要

12. 孩子高中毕业后你觉得孩子应该选择：(　)

A. 出国　　B. 就业　　C. 考大学　　D. 其他

13. 你是否清楚孩子未来三到五年的发展计划：

A. 非常清楚　　B. 清楚　　C. 不是很清楚

D. 一点儿也不清楚　　E. 没有考虑过

备注：上面的问卷各位老师可以自己调查，选取自己的调查结果展示。上面的案例各位老师可以根据自己的教学经历，选取自己学校的案例来代替。

建议高一家长会用

生涯规划从现在做起

【活动背景】

我国中小学生与国外学生相比，缺乏职业规划教育是一大短板。一个形象的说法是，12 年学习，两天高考，两个小时填志愿。而美国从小学开始就对学生进行生涯教育，这是非常大的差距。我们开此次家长会，让家长知道对孩子进行生涯规划教育的重要性，帮助孩子明确自己的努力方向，增强学生学习的主动性、目标性。在家长和学校的共同努力下让孩子都成功考上一所自己满意的学校，学习自己喜欢的专业，实现自己的人生目标。

【活动目标】

1. 通过本次活动，让家长了解生涯规划的重要性；
2. 让家长明确自己现在的任务，帮助孩子做好生涯规划；
3. 通过会后计划书交流，让家长和孩子互相理解，明确努力的目标。

【活动准备】

1. 活动课件；
2. 人生规划目标表；
3. 计划书和克服情况登记表。

【活动过程】

环节一：三个小故事引发的思考

先给大家讲几个小故事。

故事一："儿子考了 85 分，妈妈却很焦虑，因为他全班排名倒数第3……"

这个故事里是否有你的影子？你是不是也在天天为孩子的考试成绩烦恼着？

在现有的制度下，家长特别关注孩子的考试分数和成绩排名，以为成绩好了就万事大吉，很少关心孩子的个性、爱好和能力。有调查表明，九成家长只看重学习成绩。学生也都会为自己的分数纠结、苦恼。

随着高考改革，我们更需要引导同学们弄明白几个问题：我喜欢什么？我适合学什么？社会需要我做什么？其实孩子在上小学甚至幼儿园时，家长就得有意识地发现他们的兴趣爱好，现在我们已经错失了这个机会，那我们就抓住高中阶段，帮助孩子定位未来学科的发展方向。

故事二：河北一名重点高中的尖子生参加北大自主招生小组面试，题目是：请谈谈郭美美现象。他不知道郭美美是谁，只能旁听小组其他成员侃侃而谈，结果可想而知。后来，他还是考上了北大，经过两年痛苦的磨合后，他在北大的学习和生活已经步入正轨。他认为那次自主招生面试是对他人生最大的改变，因为除了学习，人一定要有多方面的能力。

自主招生已经成为大趋势，而自主招生考试的题目很多会脱离课本，贴近社会。如果我们的孩子还是“两耳不闻窗外事，一心只读圣贤书”，将难以把握自主招生。“新高考后，只会考试的学生会怎样？”这不得不引起我们的思考。高分低能，在激烈的社会竞争中肯定被淘汰。此次高考改革，能让很多综合素质好的孩子，更加顺畅地应对高考，但对于那些只会“考试”的学生来说，路可能会比较艰难。

故事三：北大学子退学读技校。周浩，一名考入北京大学的高才生，因为入学后对所学专业不感兴趣，跟不上学习进度，在经历了学业困难、转系无门、休学等一系列挫折后，最终下定决心说服父母，转学到技工学校学习自己喜欢的数控技术，拿到过全国技能比赛金牌，如今已经小有成绩。

这个故事给你怎样的感受？

兴趣是最好的老师，学习和成长终归是学生自己的事情。“我们要追求的是自己的人生，而不是别人眼里的成功人生。”“高考改革的一个首要目的，就是让孩子的个性得到更好发展。”今后，高中学科会有多达 20 种的组合方式，类似现在大学的“走班”教学方式已在高中出现并将成为主流。伴随而来的，就是根据高校招生设定的科目组合，来进行个人化选择。这对学生及家长提出了更高的要求，无论如何选择，“重要的是对自己的人生负责，而不是对考取的某所大学负责。”毕竟我们要的不是考上北大的光宗耀祖，而是学有所成、健康成长的孩子。

环节二：人生规划的意义与流程

生涯规划教育是一门科学，要做好生涯指导必须不断提升每一名班主任、任课老师、家长的规划力，共同参与指导学生。让我们家长了解规划的意义、流程和现在需要的具体行动，从而让我们家长积极配合，将孩子的人生规划落到实处。

一、做好生涯规划的意义

1. 学生学习目标更清晰

学生能结合自己的兴趣、特长能力和实践的体验，找到适合自己的发展之路。我们发现还有的学生，他们的生涯规划深深地“印在脑子里，溶化在血液中，落实在行动上”，在他们身上，学习积极性主动性更高，更持久，更稳定。

2. 学生发展更自主

有自主规划的孩子们，有了自我而不是别人强加的目标。因此，我们老师和家长就成为他们成长的引领者、帮助者而不再是单纯的管理者。孩子学习会更主动，管理更自主，心态更平和。

3. 学生学习更高效

“学习唯有自主才高效。”学生没有自主的目标，就不会有自主的方式，就更不会有自主思维能力的提升，而学生的自主思维能力才是衡量学习是否高效最重要的指标。

二、人生规划的流程

1. 人生规划需趁早

人生规划要趁早，家长给孩子做人生规划的时间越早，孩子走弯路的可能就越小。人生规划贵在有一个清晰的目标指导，这样就能找到一个恒久的奋斗动力。找到自己最擅长的方向，允许变化，但基本不会偏离方向，这样成功要来得容易很多。

在学校里，我们通过专家讲座、规划师讲座、视频及微视频课、观摩课等多种形式，使学生认识生涯规划和人生规划需趁早的重要意义。并以此为起点，开始思考和规划自己的未来。让孩子认识到从高中段的学习到专业和职业的选择，都必须正视自己的优点和缺点、能力和兴趣，学会理性地对待生活和未来。

2. 做独一无二的自己

高中阶段是个体自我意识高度发展的阶段，通过测试让孩子了解"我是谁？我有怎样的兴趣？我的人格特质是什么？我具备哪些方面的能力？进而激发他们思考我要成为什么样的人？我怎样做来实现？"等一系列关于自我的问题。孩子不仅可以了解自己的职业兴趣、职业性格、各种智能以及价值观等发展情况，还可以根据测试结果寻找自己的职业选择、大学及专业。通过问题测试，使学生更好地把握自己，从而引导学生主动地探索自我，规划人生。

3. 励志——让理想照亮未来

通过开展杰出校友及励志人物的励志讲座、励志读书沙龙等活动，让学生认识人的发展潜能，学会自我控制和管理，在学习生活中不论遇到怎样的艰难险阻都不会迷失方向。激发和培养学生内在的发展动力，让学生能够不断地感受到自我成长的美好。

4. 规划——天生我材必有用

根据测试结果，引导学生通过自我思考和征求师长、专家、同学的建议等，确定发展目标，找出优势及不足，制订实施办法，填写阶段分析与评估表，以达到了解自我、确定目标、制订规划、奋力践行的目的。

5. 我的人生我做主

确立规划目标后，能不能付诸行动才是关键，客观地讲，有些人有这种自律性，有些人需要一些他律。为此，我们让每名同学都能真诚地讲出自己的职业生涯规划，请全班的同学、老师，还有家长了解见证规划，给予督促和鼓励，并请同学、老师、家长给学生提出规划的意见和建议。让我们全体见证学生们的成长。每半年认真对照规划，看我们的学生按规划践行了多少，有什么样的超越，又有什么样的不足。学校将选取优秀的职业生涯规划表，贴到职业生涯规划中心的示范墙上，并每年评出部分生涯规划明星奖。希望家长们予以支持和鼓励。

环节二：家长应该怎样做

对孩子的教育需要家校携手进行，学生的生涯规划教育也是这样。家长需要做什么呢？了解、认识自己的孩子，与孩子一起设计他们的人生，帮助他们实现自己的人生梦想。

一、怎样认识自己的孩子

建议：要求每一名学生都去做以下六件事：

一是参加一次学生会或班长、社团负责人的竞选活动；二是自己组建或参加一个社团组织；三是至少参加一次公益活动；四是有一次职业体验，比如当一天记者、交警等；五是参加一次游学活动，开阔眼界，增加阅历；六是找到一位自己的导师，交一位老师朋友。

通过以上活动，让我们家长和学生认识自己的短板和特长，从而能够在职业选择上扬长避短。生涯规划告诉我们家长，上大学，只是获得一个学习的机会，并不是求学的终点。每个人有不同的个性，努力使自己成为最好的自己，走属于自己的路。选择是多元的。最重要的是，适合自己的才是最好的。

二、怎样与孩子一起设计他们自己的人生

作为在校高中学生，主要是多做些尝试、探索，摸索出本人的职业兴趣，逐步找到最适合自己的职业。

要先让孩子放大自己的梦想，看自己以后想过什么样的生活，达到什么样的层次。确立自己的终极奋斗目标——也就是自己想要达到的目标，当然这个目标不能不切实际，应该与自身条件、家庭背景和教育出身相联系。然后把终极目标分解成十年一个的小目标，接着确定自己每年要实现一部分目标来作为巩固自己的基础。还可以继续分解，简单概括就是：

孩子的终极奋斗目标：

孩子的十年奋斗目标：

孩子的一年奋斗目标：

孩子这个月的奋斗目标：

本周的奋斗目标：

今天的奋斗目标：

注意：目标是孩子自己设定的，我们家长只是辅助者、支持者，我们不能让孩子完成我们未完成的梦想。（在此下发打印调查表，让家长会后与孩子共同完成）

三、家长与老师及时沟通

有些家长也许会说，我家孩子成绩不好，还需要设定自己的人生吗？我的回答是：需要！

我曾经教过一个学生，成绩很不理想，考上重点大学甚至二本院校的希望不大，可是他还想上军校，孩子一度对自己失去了信心。多亏了孩子的家长，及时和我进行了沟通，我建议他考职业院校的士官生，高考成绩要求不高，远低于二本成绩，是对部队的对口培养，毕业后去部队工作。家长和孩子对这一发展方向都非常满意，孩子有了奋斗目标，有了学习的信心，三年后如愿以偿，现在在部队发展的得很好。

老师不可能及时把握住全班几十个孩子的理想和规划，需要我们家长和孩子及时与老师沟通，家校携手，帮助孩子达成自己的人生目标。

四、预则立，不预则废——制订学习计划

孩子的目标确定后，为了实现这一目标，要制订学习计划。包括每天我要做什么、是否做好、怎么做才能更好、补救方法是什么，等等。叮嘱孩子每天整理和评价一下自己一天中完成的事情，哪些地方做到了，哪些还需努力，并规划好自己第二天应该做的事情。如果，每一天都无法完成自己希望完成的事情，应该自问一下，查找问题和原因。

这一过程并非所有的孩子都能坚持下来，需要我们家长监督，甚至有时候强制执行，最终形成习惯。

五、行业体验——梨子的滋味亲口尝

“纸上得来终觉浅，绝知此事要躬行。”每年寒暑假，希望我们家长支持我们的学生到自己感兴趣的行业进行体验，这样才能真正知道自己的兴趣在哪里，适合做什么。比如一名同学规划的职业目标是医生，但他去医院做行业体验才发现，急诊室血腥的场面、医院里浓重的药水味他完全受不了，如果从事了医生行业会终身痛苦，于是重新选择了专业目标。

结语：各位家长，现在一名优秀的高中生需要“三个有”，即有个性、有兴趣、有责任。真正的个性体现在对事物有独到的见解；兴趣是未来专业方向的基础；而责任，首先是要对自己负责任。做好今天计划的人，才是对自己将来负责的人。我们家长现在就应该帮助孩子树立一个二十年以后自己的成功形象，那样才会让他为自己将来努力！这样，我们家长才能帮孩子成就梦想！

（蓬莱市第二中学　王铁军）

【相关链接】

一、目标的重要意义

这是哈佛大学一个非常著名的关于目标规划对人生影响的调查。调查对象是一群智力、学历、生活环境等条件都差不多的年轻人。结果发现：

3% 的人有清晰且长期的目标规划；

10% 的人有清晰但比较短期的目标规划；

60% 的人目标规划模糊；

27% 的人没有目标规划；

25 年以后，结果却是如此清晰：

占 3% 的有清晰且长期目标规划的人，在 25 年来从来不曾动摇过自己的人生目标，并朝着同一个方向努力，几乎都成为社会各界的顶尖成功人士、行业领袖、社会精英。

占 10% 的有短期目标规划的人，大都生活在社会的中上层，成为各行各业不可缺的专业人士，如医生、律师、工程师、高级主管。

占 60%的模糊目标者，几乎都生活在社会的中下层面，他们能安稳地生活与工作，但都没有什么特别的成绩。

剩下的 27% 是那些 25 年来都没有确定目标规划的人，他们几乎都生活在社会的最底层，生活不如意，常常失业，靠社会救济。且常常抱怨他人、抱怨社会。

二、计划书

1. 你认为目前阻碍你进步的最严重的陋习是
2. 这个习惯可能会对你的人生产生什么影响
3. 克服时间段 第一阶段： 第二阶段： 第三阶段：
4. 克服方法

克服情况登记表

项目 周次	完成情况	存在的困难	解决办法	满意度
第一周				
第二周				
第三周				

三、推荐书单

一、职业生涯规划方面书单

1. 理论类

《生涯咨询与辅导》　金树人

《我的生涯手册》　吴芝仪

2. 自我认知类

《天资差异》　伊莎贝尔·布里　格斯·迈尔斯　彼得·迈尔斯

《请理解我》　大卫·凯尔西

《就业宝典》　保罗·D·蒂戈尔等

《发现你的核心竞争力》　Robin

《现在，发现你的优势》　马库斯·白金汉

《拆掉思维里的墙》　古典

3. 职业发展类

《你的生命有什么可能》　古典

《OFF 学》　大前研一

《你的降落伞是什么颜色》　理查德·尼尔森·鲍利斯

《从无领到白领》　许国庆、李国忠

《这辈子，你该做什么？》　波·布朗森

《30 年后，你拿什么养活自己》《高效人士的七个习惯》　史蒂芬·柯维

《幸运绝非偶然》　约翰·D·克勒伯

4. 行业类

《登天的感觉》　岳晓东

《人人都是产品经理》　苏杰

《留出你过冬的粮食》　陈作新

《专业主义》　大前研一

二、教练方面书单

《NLP 教练——怎样成为一名大师级教练》（英　约瑟夫·奥康纳）

《从教练到唤醒者——NLP 人生成功宝典》（美　罗伯特·迪尔茨）

《做自己的 NLP 教练》 人生幸福和职业成功完美指南 （英　伊安·曼柯德默德）

《超越奇迹：焦点解决短期治疗》　沙泽尔

三、幸福生涯方面书单

《幸福的方法》 泰勒·本——沙哈尔

《幸福超越完美》 泰勒·本——沙哈尔

《持续的幸福》 马丁·塞里格曼

《活出最乐观的自己》 马丁·塞里格曼

《认识自己接纳自己》 马丁·塞里格曼

《教出乐观的孩子》 马丁·塞里格曼

《只有承认自己不完美，心灵才自由》 厄尼斯特·科兹　凯撒琳·凯逊

《与生命相约》 一行禅师的人生幸福三讲

《与神对话》 尼尔·唐纳德·沃尔什

《西藏生死书》 索甲仁波切

《还我本来面目》 赛安慈博士、吴至青博士

《THE SECRET》（秘密）

《遇见未知的自己》 张德芬

建议高二家长会用

做好生涯规划　成就幸福人生

【活动背景】

高中生面临走班选课，高考后面临着填报志愿，或者说面临着未来的职业选择，尽早引领他们进行人生规划，学习就有了明确的目标，有利于提升孩子的学习主动性，有利于学生的个性发展、自主发展、特长发展，也有利于孩子一生的幸福。在生涯规划方面，家长能帮孩子做些什么，能让孩子在填报志愿时得心应手，既能考虑自己的兴趣、特长，又能兼顾未来发展前景？

【活动目标】

1. 让家长认识到进行生涯规划的重要意义；

2. 让家长学会帮助孩子进行职业生涯规划，确定奋斗目标，职业方向。

【活动准备】

1. 选取入场音乐，创设愉快的会场氛围；

2. 亲子对话卡片；

3. 在职业规划中的典型案例；

4. PPT 活动课件。

【活动过程】

环节一：了解什么是生涯规划

请大家谈谈孩子上了高中后的感受？你知道孩子未来想做什么工作吗？

请家长交流，畅所欲言。

到了高中，有的家长基本不怎么管孩子，孩子学习成绩优异；而有的家长整天为了孩子的学习累得焦头烂额，可孩子却越来越难管。这就是孩子主动学习和被动学习的区别。都上高中了，很多习惯已经养成，怎样才能激发孩子主动学习？要从根本上解决问题，就是让孩子有自己的人生规划，有自己的人生追求。

我们常常有一个比喻，说人生是一次旅行。那么，对于一个旅行者来说，首先要选择的是目的地。有人喜欢高山，有人喜欢大海，每个人都有不同的目的地。我们在选择这个目的地的时候，不仅要考虑自己的喜好，还要考虑是否有能力到达这个目的地，同时还要选择旅行线路。那么，职业规划实际上就是我们的职业发展线路图。作为旅行者，我们出发前，要选择在行囊中放些什么工具和必备的物品来帮助我们达到目标；对于孩子们来说，选择什么样的教育，学习什么样的课程，就是我们行囊中帮助我们实现目标的有效工具。

生涯规划的意义在于，让学生明白，适配的个性特征和能力优势对职业生涯乃至人生有着重要作用。个人兴趣爱好、才智能力优势与社会、家庭所提供的发展机会相配合的领域，是一个人人生定位的上选，成功的概率很高，生活的幸福指数才能更高。生涯规划的落脚点，就是要帮助学生在“我喜欢”的前提下，找到“我适合”、在能力上“我擅长”的专业和职业。

分享案例：

一位北大学生的困惑：我从本科开始读生物，现在我马上就要博士毕业了，但是，我不知道我毕业后该去做什么，也不知道我是不是需要再去国外读一个管理方面的课程。

这个学生很盲目地选择了一个所谓的热门专业，在其中苦读了这么多年，博士都要毕业了，快30岁了，还不知道自己未来要做什么。也就是说，尽管他学习了寻常人不具备的高深专业知识和技能，但他的所有学习是没有任何目的性的，与自己的未来发展没有任何关联！这简直是在挥霍自己的青春和生命！

事实上，我们读书、受教育，最终的目的，就是要帮助自己进入社会以后，能够对我们的工作和职业发展有帮助。通俗地说，你将来想做什么，你才去学什么，而不是学了什么才去做什么。有的人忘我而快乐地工作，有的人“痛，并快乐着”，还有的人“痛，并郁闷者”。但是如果你做的是自己不喜欢的工作，那你不仅痛，还会一直郁闷着。

一百个人有一百种人生。无论怎么努力，姚明不可能成为航天员，杨利伟也不可能进入 NBA 赛场，除了个人的兴趣以外，还要看我们是否具备这样的能力；每一个人都有一个属于自己的卓越领域，那么，职业规划的目的就是帮助我们找到属于自己的“卓越领域”，成就自己的美好人生！换句话说：我们每一次努力，都是为了向我们的目标更进一步。

设计意图：通过分享案例让家长认识到人生规划对孩子成长、成才的重要意义，激发家长学习人生规划的兴趣。

环节二：职业规划如此重要，家长该做些什么

一、职业规划应该从何时开始

最好的情况是从童年开始，有意识地引导孩子去发现和探索，尝试和了解不同的职业；实际上孩子在很小的时候，就已经根据自己的喜好在筛选自己感兴趣的职业了。从理论上讲，孩子从出生到十四五岁，就开始形成自我概念、发展能力，对某些事物产生兴趣，并且开始对工作有了大致的了解；那么进入高中和大学阶段，也就是 15～24 岁，恰好是进入了一个探索期，开始在课堂和日常生活工作中尝试、搜集相关的信息，并进入了一个选择的过程、发展相关的技能；探索和选择是孩子这个时期的关键词，所以，在高中和大学阶段，恰好是指导学生进行职业规划方面的思考和探索的最佳阶段。

二、怎样进行生涯规划呢

1. 家长和孩子一起探讨的五个问题

（1）用三个形容词来描述孩子的性格。

（2）孩子最喜欢做的三件事情是什么？

（3）写出孩子最擅长的三件事？

（4）写出孩子最不擅长的三件事。

（5）在生命中孩子最重视的是什么？

2. 有条件的可以利用专业职业规划机构来让孩子对自己有一个清晰的认识。

3. 了解专业和学校的信息。很多学生上了大学才发现，所学专业跟自己当初想的并不一样，很多学生发出感叹：“原来是学这个的啊！”“学这个专业的怎么还要做实验啊？我最讨厌做实验了。”因此在填报志愿的时候最好对自己要填报的学校和专业有一个完整、清楚地了解，不能盲目地去报，不能“听名字不错”就胡乱填报了。家长通过互联网或专家讲座等获取这方面的信息，例如学校的地理位置、专业设置、课程设置、师资力量、重点实验室、所在省的招生分数、招生指标等。

4. 协助孩子了解他人的生涯发展。如亲戚、朋友、街坊邻居、学哥学姐等，这些人可以是对孩子有重大影响的人，也可以是从事孩子感兴趣的职业的人，让孩子接触这样的人，或跟着他去上班，体验孩子感兴趣的职业。孩子体验的得越多，对他将来选择适合自己的职业越有利。积极鼓励孩子通过打工亲自去实践、体验，在实际行动中，引导孩子不断加深对自己的认识，及时调整目标和计划。

在了解自我的性格特质和职业倾向的基础上，孩子对自己适合从事什么专业就会心中有数，对孩子要报哪所学校、哪个专业都很有帮助。

设计意图：在孩子确定人生目标、进行人生规划过程中，家长可以从哪些方面帮助孩子。

三、如何面对孩子改变职业兴趣

案例：由于受霍金的影响，一位男孩初一的时候开始迷恋物理，不仅超前学习了很多物理课程包括竞赛课程，而且几乎是狂热地看了许许多多霍金撰写的书籍，全是关于宇宙爆炸理论。那时这孩子所有的梦想就是成为一个物理学家。问他将来想读什么大学，就是有物理系就行！这样，家长鼓励他去探索、去实践，甚至去中科院物理所，看看那些科学家的生活。两年以后，这孩子改变了，不想做物理学家了。说闷头研究没意思，希望和朋友在一起，做与工程技术有关的事情；从此，他开始关注工程领域的事情。进入高中后，各种社团招新，我们建议他参加，去电视台实践，不是做主持人，而是从技术部做起。因为这是学校社团中，唯一与工程比较接近的一个组织，需要脚踏实地地做事情。

又长大一些，这个学生又改变了想法：期望做一个成功的企业家，领导一个高科技的企业。那么大学读什么专业？在他申请的美国大学中，有六所大学录取了他。既有排名前 20、商科极其优秀的学校，也有学科齐全的综合性大学，还有非常优秀的理工学院；在权衡了奖学金、职业发展规划等综合因素之后，他最终选择了理工学校。因为经营高科技企业的企业家，对科学技术不了解，是不能想象的！

这个案例告诉我们，孩子在不断的探索和尝试中，会不断地修改并明确自己的职业方向。因此，在孩子成长的过程中，家长要对孩子的所有理想持包容的态度，给孩子尽可能地创造条件，让孩子去尝试他感兴趣的职业，孩子可能会改变自己的职业理想，这没关系，这是找到他自己人生目标的过程，给孩子探索自己、探索周围世界的机会，家长也得不断学习、成长，才能有效引导。因此在中学阶段有明确的努力方向，这样能增强学习的内驱力。

设计意图：孩子的人生规划是不断认识自我、不断探究各种职业的过程，自己的兴趣爱好到底是什么，自己感兴趣的职业是否真的适合自己，这些都需要在实践中发现，家长要给孩子提供探讨实践的机会，尊重孩子的选择。

环节三：亲子携手，共筑未来

一、制订生涯规划的四个准则

1. 择己所爱。什么是最好的工作呢？工作没有最好，只有最适合你的。从事自己所喜欢的工作，本身有一种满足感，工作也会从此变得妙趣横生！

2. 择己所长。尺有所短，寸有所长，或者你掌握多种技能，但所有技能中总有你的强项。选择你自己的强项，工作起来一定会得心应手！

3. 择世所需。社会的需求不断演化，也许昨天的抢手货，到了今天就会变得无人问津，那么我们所从事的工作必须是世人所需要的，不断创新，才会让世人所认可！

4. 择己所利。考虑自己的预期收入，因为这种预期的收益，可以实现你最大化的幸福。

二、制订生涯规划的步骤。

1. 自我评估。这是对自己做出全面的分析，主要包括对个人的需求、能力、兴趣、性格、气质等的分析，以确定什么样的职业比较适合自己和自己具备哪些能力。

2. 分析社会环境。这是对自己所处的环境的分析，以确定自己是否适应组织环境或者社会环境的变化以及怎样来调整自己以适应组织和社会的需要。短期的规划，比较注重组织环境的分析，长期的规划要更多地注重社会环境的分析。

3. 评估生涯机会。这包括对长期的机会和短期机会的评估。通过对社会环境的分析，结合本人的具体情况，评估有哪些长期的发展机会；通过对组织环境的分析，评估组织内有哪些短期的发展机会。通过职业生涯机会的评估可以确定职业和职业发展目标。

4. 确定职业生涯目标。这包括人生目标、长期目标、中期目标与短期目标的确定，它们分别与人生规划、长期规划、中期规划和短期规划相对应。一般，我们首先要根据个人的专业、性格、气质和价值观以及社会的发展趋势确定自己的人生目标和长期目标，然后再把人生目标和长期目标进行分化，根据个人的经历和所处的组织环境制订相应的中期目标和短期目标。

5. 制订行动方案。在确定各种类型的职业生涯目标后，就要制订相应的行动方案来实现它们，把目标转化成具体的方案和措施。这一过程中比较重要的行动方案包括职业生涯发展路线的选择、职业的选择和相应的教育和培训计划的制订。

6. 评估与反馈。在人生的发展阶段，由于社会环境的巨大变化和一些不确定因素的存在，会使我们与原来制订的职业生涯目标与规划有所偏差，这时需要对职业生涯目标与规划进行评估和做出适当的调整，以更好地符合自身发展和社会发展的需要。职业生涯规划的评估与反馈过程是个人对自己的不断认识过程，也是对社会的不断认识过程，是使职业生涯规划更加有效的有力手段。

家长和学生可以结合这几个原则和步骤，做一个简单的规划，然后家长和学生沟通，双方交换看法，在以学生为主，家长为辅的前提下，协商制订出最后的人生规划图，最后学生根据生涯规划，制订出实施方案。

设计意图：促进亲子沟通，尤其是在探讨人生理想、规划方面，家长善于发现孩子的优点和优势；孩子能以感恩的心经常跟父母交流，亲子关系和谐是教育引导的基础。

环节四：结束语

高中阶段是学生成长的关键期，在这个过程中，孩子能有自我价值观、有明确的努力方向，有清晰的奋斗目标和自我要求，这些对孩子的成长、成才至关重要，学校的生涯辅导当然重要，家长的帮助也起着不可忽视的作用。

生涯规划不是制订一个计划让自己执行一辈子，而是通过制订规划，促进对自己人生的思考，生涯规划是思考的工具。希望在孩子成长的道路上家长和孩子能成为志同道合的朋友。

（莱州市第五中学　邱少萍）

【相关链接】

一、梁启超如何帮助孩子进行职业规划

一门三院士，九子皆才俊（节选）

思庄未辜负父亲的希望，考上了加拿大著名的麦基尔大学。思庄入大学二年该选专业了，梁启超考虑到现代生物学在当时的中国还是空白，很有发展前途，于是在 1927 年 8 月 29 日写信给她，希望她学这门专业：“你今年还是普科大学生，明年便要选定专门了，你现在打算选择没有？我想你们弟兄姐妹，到今还没有一个学自然科学，很是我们家里的憾事。

不知道你性情到底近这方面不？我很想你以生物学科为主，因为这是现代最进步的自然科学，而且为哲学社会学之主要基础，极有趣而不须粗重的工作，于女子极为合宜，学回来后本国的生物随时可以采集试验，容易有新发明。截到今日止，中国女子还没有人学这门（男子也很少），你来做个'先登者'不好吗？还有一样，因为这门学问与一切人文科学有密切关系，你学成回来可以做爹爹一个大帮手，我将来许多著作，还要请你做顾问哩！好吗？你自己若觉得性情还近，那么就选取它，还选一两样和它有密切联络的学科以为辅。你们学校若有这门的教授，便留校，否则在美国选取一个最好的学校转去，姐姐哥哥们当然会替你调查妥善，你自己想想定主意吧。"

出于对父亲意见的尊重，思庄选择了生物学。但由于麦基尔大学的生物学教授课讲得不好，难以引起思庄对生物学的兴趣。她将这种苦恼告诉了思成。梁启超得知后，赶紧于 1927 年 8 月 5 日写信说："庄庄：听见你二哥说你不大喜欢学生物学，既已如此，为什么不早对我说？凡学问最好是因自己性之所近，往往事半功倍，你离开我很久，你的思想感情近来发展方向我不知道。我所推荐的学科未必合你的意，你应该自己作主，用姐姐哥哥当顾问。不必泥定爹爹的话……我很怕因为我的话扰乱了你的治学真路，所以赶紧寄这封信。"后来，思庄听从了父亲的话而改学图书馆学，考入了美国哥伦比亚文学图书馆学院，最终成为一名图书馆专家。

二、刘立早的职业规划

1998 年，刘立早以 612 分的高考考分，上了浙江大学的调档线，但未被他所报的院系录取。因浙江大学是刘的第一志愿，浙江大学特别"点招"他，但条件是他必须服从专业分配：到化学工程与工艺系。"在浙大的第一学期，因为心里不喜欢，我完全是混过来的！"此后，刘立早学会了大学的学习方法。大三、大四，他的学习成绩一直是全班第一，还担任了该系学生党支部书记。2002 年，大学毕业的刘立早，面临两个选择：第一，考研，换一个自己喜欢的专业；第二，被保送读清华化工反应工程专业"直博生”，5 年毕业后，就是博士。

刘立早说，当时浙江大学考研可以选择的专业，都不是自己喜欢的，那时他就有了一种朦胧的感觉，觉得自己应该投身建筑专业。“还是因为对清华的崇拜，加上也没有更好的选择，所以我还是选择了去清华，但专业还是不理想。”带着莫名的遗憾，刘立早踏进了清华园。

博士论文，引发对前途的苦思。

第一个学期即将结束，导师把博士毕业论文题目交给刘立早，“我一下傻了！我用 5 年的时间要苦苦证明的，竟是一个我认为毫无用处的东西。”

刘立早开始了痛苦的思索：我到底该做什么？这就是我毕生追求的东西吗？

刘立早说，他仔细地分析了自己，在所有的科目中，他的数学一直是弱项；但形象思维则很强，小时候学习书法、画画，都得过国家级奖。“我觉得一直萦绕脑际的那个想法开始清晰，我应该学那种和工科、文科、文学、艺术、绘画结合的学科，我是那样的料！”

于是，他下决心退学，参加高考，考进清华建筑系。退学再战，实现梦想二进清华，刘立早说，他把想法告诉父母时，他们最大的担心是如果考不上怎么办。当他把自己的分析对父母讲明白后，父母理解了、放心了。刘立早给自己制订计划和目标，这对他的第二次高考帮助很大，毕竟丢了 5 年了！刘立早先用了一个月时间，通看了一遍高一到高三的课本，然后针对自己的弱项数学、生物、语文，制订了一份详细的时间表。

复读那年 4 月，他参加第二次模拟考试：590 多分，一个月后的三模，一下就窜到了 630 多分——目标越来越近了，因为去年清华建筑系的录取分就在 630 分左右。高考，他的成绩达到 644 分，实现了进入清华建筑系读书的愿望。

三、比尔拉福：商业领袖的生涯设计模板

一个美国小伙子立志做一名优秀的商人。中学毕业后考入麻省理工学院，没有去读贸易专业，而是选择了工科中最普通最基础的专业——机械专业。大学毕业后，他没有马上投入商海，而是考入芝加哥大学，攻读为期三年的经济学硕士学位。更出人意料的是，获得硕士学位后，他还是没有从事商业活动，而是考了公务员。在政府部门工作了五年后，他辞职下海经商。又过了两年，他开办了自己的商贸公司。20年后，他的公司资产从最初的20万美元发展到2亿美元。这位小伙子就是美国知名企业家比尔拉福。

1994年10月，比尔拉福率团来中国进行商业考察，在接受《中国青年报》记者采访时，他说他的成功应感激他的父亲指导他制订了一个重要的生涯规划，最终这个生涯设计方案使他功成名就。这个成功的简图是：

工科学习→工学学士→经济学学习→经济学硕士→政府部门工作→锻炼处世能力，建立广泛的人际关系→大公司工作→熟悉商务环境→开公司→事业成功

第一阶段：工科学习

中学时代，比尔拉福就立志经商。他的父亲是洛克菲勒集团的一名高级职员，他发现儿子有商业天赋，机敏果断，敢于创新，但经历的磨难太少，没有经验，更缺乏必要的知识。于是，父子俩进行了一次长谈，并描绘出职业生涯的蓝图。因此，升学时他没有像其他人一样直接去读贸易专业，而是选择了工科中最基础最普通的机械制造专业。

做商贸必须具备一定的专业知识。在商品贸易中，工业品占绝对多数，不了解产品的性能、生产制造情况，就很难保证在贸易中得到收益。工科学习不仅是知识技能的培养，而且能帮助建立一套严谨求实的思维体系、清楚的推理分析能力和脚踏实地的工作态度，这正是经商所需要的。

比尔拉福在麻省理工学院的四年，除了本专业，还广泛接触了其他课程，如化工、建筑、电子等，这些知识在他后来的商业活动中发挥了举足轻

重的作用。

第二阶段：经济学学习

大学毕业后，比尔拉福没有立即进入商海，而是考进芝加哥大学，开始了为期三年的经济学硕士课程。

在市场经济下，一切经济活动都通过商业活动来实现的，不了解经济规律，不学习经济学知识，就很难在商场立足。比尔拉福掌握了经济学的基本知识，搞清了影响商业活动的众多因素，还认真学习了有关法律和微观经济活动的管理知识。几年下来，他对会计、财务管理也较为精通，在知识上已完全具备了经商的素质。

第三阶段：政府部门工作

比尔拉福拿到经济学硕士学位后考取了公务员，在政府部门工作了五年。经商必须有很强的人际交往能力，要想在商业上获得成功，必须深知处世规则，善于与人交往，建立诚信合作关系。这种开拓人际关系的能力只有在社会工作中才能得到提高。

在环境的压迫下养成了强烈的自我保护意识，由稚嫩的热血青年成长为一名老成、处变不惊的公务员，并结识了各界人士，建立起一套关系网络，为后来的发展提供大量的信息和便利条件。

第四阶段：通用公司锻炼

五年的政府工作结束之后，比尔拉福完全具备了成功商人所需的各种素质，于是辞职下海，去了通用公司。在国际著名的通用公司进行锻炼，比尔拉福不仅为实践所学的理论找到了一个强大平台，而且学习到了丰富的管理经验，完成了原始的资本积累。这也是大学生创业应该借鉴的地方，除了激情还应该考虑更多的现实。

第五阶段：自创公司，大展拳脚

两年后，他已熟练掌握了商情与商务技巧，便婉言谢绝了通用公司的高薪挽留，开办了拉福商贸公司，开始了梦寐以求的商人生涯，实现多年前的计划。比尔拉福的准备工作，几乎考虑到了每个细节。拉福公司的成长速度出奇的快，二十年后，拉福公司的资产从最初的 20 万美元发展为 2 亿美元，而比尔拉福本人也成为一个奇迹。

比尔拉福的生涯设计脉络清晰，步骤合理，充分考虑了个人兴趣、个人素质，并着重职业生涯技能的培养，这种生涯设计在他坚持不懈的努力下，终于变为现实。也许他的这套生涯方案并不完全适合我们每一个人，但是却带给我们一个重要的信息：人生是可以设计的！只要你有信心、恒心，加上科学的规划和设计，案例的主角也许就是明天的你。

建议高三家长会用

为孩子高考备战助力

【活动背景】

一轮复习结束后，高考备战进入关键时期，繁重的复习任务、密集的大型考试、波动的学科成绩，极易诱发学生对高考的紧张和恐惧情绪，很多学生陆续进入“学习高原期”，严重影响复习效率和身心健康。同时，家长的殷切期望以及过度关心给学生带来了无形压力，更使学生的身心不堪重负。为帮助家长树立正确的高考观念，了解该阶段学生的特点，帮助学生平稳度过“学习高原期”，设计了本次家长会。

【活动目标】

1. 引导家长树立正确的高考观；
2. 让家长了解学生“学习高原期”的特点；
3. 让家长掌握一些有效缓解学生心理压力的方法，帮助学生平稳度过“学习高原期”。

【活动准备】

1. 活动课件；
2. 学生写给父母的一封信——说说自己的备考需求；
3. 信纸。

【活动过程】

环节一：观念对对碰——树立正确的高考观

各位家长，先给大家讲几个真实的故事。

案例 1：2012 年 8 月 23 日，合肥一位少女高考失利离家出走，跑到九华天池景区自杀。2013 年 6 月 22 日，四川崇州一位女生高考成绩差本科线 6 分，割腕喝农药自杀身亡。2013 年 6 月 24 日，辽宁营口一位考生查询高考成绩，未达到一本线投河自杀。

案例 2：阿里巴巴集团主要创始人马云和新东方教育集团创始人俞敏洪都曾经两次高考落榜。马云曾经历三次高考，数学成绩分别是 1 分、19 分和 89 分；俞敏洪曾经历三次高考，英语成绩分别是 33 分、55 分和 93 分。他们都来自教育条件并不好的地区，他们都历经人生的坎坷，但他们都靠不变的信念和不懈的努力实现了自己的人生目标。

家长朋友们，你们听了这几个真实的故事有什么感受？我们该如何正确对待高考？

教师小结：高考对家庭、对孩子的未来发展非常重要，高考确实会影响孩子的一生，但并不一定能决定孩子的一生！许多人通过高考改变了自己的命运，但改变命运的这些人并不仅仅只是胜利地通过了高考；还有一些人虽然高考失败，但他们总结经验和教训，顺利通过了人生中其他类似的“高考”，同样也改变了自己的命运。高考是人生中一次重要考试，但不是唯一的考试。孩子进入高三，我们有些家长心理特别紧张，吃不好饭，睡不好觉，上不好班，过度担心孩子的成绩，过度关心孩子的生活，由此给孩子带来了无形的压力，给孩子增加了更多额外的心理负担，要给孩子减压，家长先要给自己减压。家长们不必过于紧张和焦虑，应当理性面对高考。

2015 年，艾瑞深研究院连续第 9 年独家发布中国高考状元调查报告，报告指出：高考状元参加工作后，成为行业“顶尖人才”和“领军人物”的人数偏少，高考状元成才率大大低于社会预期。

由此看来，高考的价值在于放手让孩子经历一个为了自己的目标而独自奋斗的过程，在过程中培养自我管理、自我调控、自我适应等能力，以便顺利战胜人生其他“高考”。在这个过程中，家长的角色是陪伴者而不是代替者，是倾听者而不是说教者，是服务者而不是干涉者。家长应该保持一个平和的心态，淡化高考定终身的过时观念，放眼孩子的未来发展，脚踏实地培养孩子终身发展必备的能力，陪伴孩子顺利走过高考。

设计意图：本环节旨在引导家长树立正确的高考观，为自己减压，在此基础上，再帮助孩子减压。

环节二：特点细细讲——认识学生“心理高原期”的特点

心理学研究表明，学习者在学习各种新知识和技能的过程中，其能力和水平的发展并不是直线上升的，一般要经历以下四个阶段：学习阶段、提高阶段、学习高原期、克服高原期阶段。处于学习高原期的学习者这时已经掌握了一定的知识，也具备了一定能力、水平，剩下的多是疑点、难点，加之焦虑、孤独、抑郁等因素的影响，进步速度比较缓慢，尽管学习者很用心学习，但成绩提高不大，有时甚至会下降，学习水平总体上处于一种停滞状态。

在一轮复习结束后的备考过程中，几乎所有的高三学生都会经历“学习高原期”：思维反应比以前迟缓了、感觉迟钝、记忆力减退、答题的时候似是而非，尽管还像以前一样努力学习，但是成绩并不见提高，甚至明显倒退。

处于“学习高原期”的孩子具有以下特点：思想高度紧张，抗挫折能力下降，不能正确面对老师的批评；对待问题非常敏感，情绪波动幅度大，不能有效面对成绩的起落；交流对象减少，孤独感增强，容易产生早恋现象；学习时间延长，休息时间减少，身体抵抗力减弱，容易生病。

设计意图：介绍学生“心理高原期”的特点，让家长认识到学生这一问题的普遍性，进一步给家长减压，为家长有效疏导学生心理压力做好准备。

环节三：做法慢慢学——掌握陪伴孩子备战高考的方法

一、保持一份淡定平和的心态

每个家长都有望子成龙、望女成凤之心，高考的成败更是牵动着千百万家长的心。在孩子进入高三以后，家长几乎把整个身心完全放在孩子的高考上面，导致家长比考生还显得着急，更加心神不安。有些家长不惜钱财，大买营养品、保健品；有些家长不怕耽误本职工作，辞职或请假给孩子当陪读；有些家长水果削好切成小片送到孩子嘴边，所有家务一律不让孩子沾手。真是关怀备至到了无以复加的地步！但这种做法，看似高度“关心”，实则是另一种类型的压力。当孩子考得好时，他还觉得没什么，一旦考试失误，心里那种难受，当父母的是难以想象的。

面对高考，考生着急、慌神，在所难免，但作为家长，千万不可先乱了方寸！不要把高考看作“人生最后一搏”，人生路漫漫，处处是考场！高考之后的人生之路还长着呢！自己的子女，能够考上理想的大学当然是好事，但没有考上，也未必一定就不好。过了高考这一关，并非前程似锦。要把握人生，远非高考这一关！因此，作为考生家长，还是应该以一种“平常心”来面对孩子的高考，只有家长轻松淡定，才能在高考期间做好后勤保障工作。

“考生家长应尽量保持愉悦心情，给孩子创造安静温馨的家庭环境，帮助考生做好休息调节、营养补充等工作。”国家一级心理咨询师万虎老师表示，家长应该尊重孩子的人格，尊重孩子的现状，尊重孩子的意愿，尊重孩子的学习生活方式，尊重孩子的考试结果。为了缓解自己的担心，家长在合理安排家庭和工作事务的同时，多浏览一些有关该阶段孩子备考的注意事项，为有效教育孩子做好知识储备。

二、给孩子一些沟通宣泄的机会

处在“学习高原期”的孩子，对待老师的批评易烦躁易怒，对待父母的唠叨不理不睬，对待异性的关心想入非非，似乎是叛逆与不懂事，实则是学习压力大、缺少交流对象、内心苦闷而采取的情绪发泄方式，因此，这段时间家长要多抽时间陪伴孩子。与孩子谈话、聊天，多点儿幽默、少些严肃；要尽量避开“学习”“成绩”“高考”“分数”等敏感字眼；要投其所好，少说多听，努力做孩子的朋友。努力当好学生情绪的“垃圾桶”，通过沟通了解孩子所需所想，以便达成备考共识；通过倾听放松孩子紧绷的神经，以便孩子宣泄不良情感。

三、帮孩子树立一个切实可行的目标

一个人如果经过一段时间努力仍旧达不到预定的目标，就会产生失败或挫折感。失败的经验会让他在面临新的问题时，感觉无能为力、丧失信心，从而放弃为实现目标而做出尝试和努力，这一现象被称为“习得性无助”。要改变这种“习得性无助”，父母首先要根据孩子的实际情况，帮助他制订切实可行的目标，采取“大目标、小步子”原则，将大的目标分解成一个个经过孩子自身努力能够实现的小目标，在小目标实现的过程中，孩子获得成功的体验，父母及时进行表扬和激励，增强孩子度过“心理高原期”的信心。

四、给孩子一些科学有效的指导

1. 指导孩子科学用脑

产生“学习高原期”现象的根本原因之一是在长时间的紧张复习中，很多考生在疲劳状态下持续学习，长时间满负荷甚至是超负荷工作，大脑皮层某些部位处于抑制状态，甚至出现紊乱，已经达不到应有的兴奋点，不能百分之百地投入学习中去。带来的直接后果往往是学习效率下降、力不从心，本来已经掌握的内容难以在短时间内反映出来，或者面对问题无从下手。因此，考生家长要提醒、指导孩子科学用脑，不要长时间地学习同类性质的知识，不同性质的复习材料可以交替学习，例如，复习完了数学后看一看外语。这样交替用脑，能使大脑长时间处于一个适度兴奋的工作状态。

2. 指导孩子劳逸结合

产生“学习高原期”现象的直接原因之一是作息时间安排太紧，学生运动时间过少，造成身心俱疲。家长应科学合理地安排考生的休息时间，如看电视、听流行歌曲、跳绳、踢毽子、打乒乓球等。只有帮助孩子找到学习、睡眠和放松三者之间的平衡，才是走出“学习高原期”、提高学习效率、顺利备考的关键！

设计意图：给家长一些有效疏导学生心理压力的具体措施。

环节四：心灵暖暖贴——了解孩子的真实需求

家长阅读来自孩子的“说说备考需求”书信，并给孩子写一封回信。

设计意图：通过书信构建和谐的亲子关系，为心理疏导做好铺垫。

教师总结：各位家长，每个孩子都是种子，每人花期不同。有的花起初就灿烂绽放；有的花需要漫长等待。不要看自己的那棵还没动静就着急，陪他沐浴阳光，经历风雨，细心呵护着陪他慢慢长大，何尝不是一种幸福。相信孩子，静等花开。也许你的种子永远不会开花，因为它是一棵参天大树。

（牟平育英艺术中学　王宝新）

【相关链接】

只要有梦，人生没有落榜

——从高考落榜生到哈佛高才生

《长沙晚报》(2015.6.17)

在多数人看来，能敲开哈佛之门的学生，要么是智商超群，要么是学霸，至少是爸妈口中“别人家的孩子”。但是，哈佛大学硕士、长沙伢子杨幐却向我们展示了一个“与众不同”的逆袭故事。近日，记者通过电邮与正在美国的杨幐取得了联系。

A. 顽劣童年：“差生家长又被留下谈话了”

杨幐出生在长沙一个知识分子家庭，爷爷退休前在高校任教，父母也是高校的老师。由于父母忙事业，杨幐被长期寄养在爷爷家里。缺少父母的监管与督促，让小幐养成了贪玩好动的个性，经常在各种大街小巷奔跑闯荡。后来，父母调往广州一所高校任职，5岁半的杨幐跟着一起南下。

上哈佛后，很多人会去问杨幐的父母：“这个孩子是不是成绩从小就特别好？”父母都会很直接地回答：“他从小成绩非常差。”

杨幐说，这是真的。从小，自己在班上的成绩就特别“稳定”。班上一共有50人，他的排名一直在第35和第36这两个数字间轮换。“我偷懒不做作业，成绩就会是36名；抽空看一下，成绩就会是35名。”

“在那个唯分数论的年龄段，分数和排名几乎是学生在学校的身份证。”杨幐笑着回忆，若因顽皮犯错，成绩好的学生被视为“淘气”，成绩不好的就会被视为性质恶劣的“胡闹”，成为老师管制的对象。

杨幐班上共有5名父母所在大学的子弟，大家低头不见抬头见。相对其他几个孩子，“我每次的成绩常常被忽视掉，仿佛不存在。”而每次开家长会，他的妈妈也会成为老师“重点关照”的对象，老师每次都会含蓄或直接表达“不满”。班上每当有同学不听话，他们的家长便会说：“不能像杨幐一样。”后来，由于惹的麻烦太多，他的妈妈都不愿意去参加家长会，只好让他的爸爸“代劳”。

一次，参加完家长会，杨朦的爸爸一回家便吐槽“差生家长又被留下谈话了”。小杨朦即刻辩驳说：“老师说了，我们不是差生，是有希望的孩子。”

B. 高考落榜：“命运给了我一记耳光”

小升初考试中，父母不得不为杨朦交了一笔赞助费，这才让他跨区进入了一所稍好的中学。

中学阶段，杨朦精力一如既往的旺盛：在校园里翻墙踢瓦，然后被罚站、写检讨。校门外的游戏厅对他最有吸引力，父母给的午餐钱全部换成了游戏币，厮杀竞技的游戏让他获得了无法在学习中得到的成就感……

可怜天下父母心！到了高中，父母不得不为这个孩子再次四处托关系、筹钱，千方百计地要把他送到一个好学校。

进高中时，杨朦被分配到了赞助班。这个班，学校甚至没有把他们和其他学生放在同一栋教学楼。但这很合同学们的胃口，大家一起玩乐，培养了深厚的感情。

到了高三，为了“学习备战”节约路途时间，杨朦和其他两位同学一起校外租房，想象“奋战”后的各种多姿多彩的大学校园生活，可实际情况是，大家每晚畅聊到深夜，第二天上课，疲惫不堪……

沉迷在篮球、交友、扯淡的高中生活，让命运毫不犹豫地嘲笑了他：那年高考，他没有考过本科线，连省大专线都没有考上，仅仅是考上了市大专线。

“那时，心理压力最大的应该是父母。”杨朦说，其他的高校职工子弟都一个个顺利考上了全国重点，自己的孩子却……

父母再次为孩子操碎了心。他们通过各种渠道，为杨朦争取了四条路：一、去读市大专，争取 2 年后专升本；二、出国，去新西兰读预科，次年考当地大学；三、想办法交赞助费念大学，读非热门专业；四、复读，重新高考。

杨朦却毫不犹豫决定复读，“因为有些东西还没有找到，我必须找回来。”那些东西，其实那时他也不知道具体是什么。

“复读很困难，你有信心吗？”家人问。

杨滕不假思索地回答："读书是自己的事情，我会为自己负责的！"

多年以后再回想起来，杨滕觉得"那些东西"应该是作为人的那种独立、自律、责任、奋斗的状态和心态。

C. 选择复读：人生总有些事，值得执着一回

"以往都是父母替我选择道路。"杨滕说，复读则是自己人生第一次在重大事情上，做出了属于自己的选择。"一旦做出选择，就没有人再对你的行为负责，从此，一切都要靠自己。"

在送往日同学们各奔前程的日子里，杨滕心中却怀揣着不可名状的惆怅与沉重。但当人生战鼓再度擂响，这种对未来的彷徨感很快消失，取而代之的，是埋头书本的专注和快乐。

回想起复读生活，杨滕充满了感激，"这是我人生第一次认真读书的时光。从前的读书，只能说是迫于各种压力而读。而复读，则是主动、自发的意愿。"至今，他很难忘记日光灯白色光晕下，那种因读书、学习而带来的快乐。

一年的时间在充实、忙碌中很快过去。又是一年高考时，放榜了，和上一年相比，总分提高了近 150 分，超过重点大学投档线 40 分，杨滕的成绩令所有人惊喜。

"如果未来子女问我认真读书的时间有多长，我不想忸怩回答只有复读那一年而已，我更希望告诉他们，是从复读那一年开始。"

D. 欧洲蜕变：成绩堆积的自信轰然倒塌

对大学和专业之间的选择，杨滕把专业放在了第一位。他选择了兴趣浓郁的建筑系，被深圳大学建筑学院录取。

"建筑系以忙碌和作业繁重闻名于大学各专业，不仅修的学分比其他专业多，而且本科需要 5 年时间，熬夜画图做模型更是家常便饭。但在当时的我看来，再苦再难也不会像高三，特别是复读时期。"杨滕说，"对我这样一个当初连本科都没考上的人来说，正是吃苦让我找回了自我，是吃苦带给了我从未有过的成功。"

对专业充满兴趣，真是一种让所有人坚持下去的魔力。当其他专业的同学在放松享受大学生活的时候，杨滕和同学们却通宵达旦地在搞设计。

即使是在假期,别人都回家了,他还在教室里彻夜不归。

有一回放假6天,杨朦很想去中山图书馆看书,但有点儿犹豫,因为办月证要60元,但自己只待6天,划不来。但他的母亲却十分支持他去。杨朦说:“我很感激妈妈。”因为她知道,什么是真正宝贵的,什么是花钱也买不来的——那便是儿子的一颗求学之心。

幸运之神总不忘眷顾努力拼搏的人,杨朦获得了去奥地利维也纳做交换生的机会。不过,独自在欧洲的那一年,也让他尝到了前所未有的全新挑战——在这完全陌生的环境,他遇到了一个最真实的自己——一个除成绩外,“一无是处”的自己。

不懂买菜、不会做饭,甚至不会看地图、不会问路,所有事情只能跟在大家后面做,难以独立行动,更无独立主张,成绩堆积起来的骄傲被现实咬噬得体无完肤。

改变自己是唯一的出路。杨朦暗暗去学购物、学做饭、学英语、学各种旅游技能、辨别方位、订酒店、定路线,从“小跟班”变成了领队,带着同学朋友走南闯北、东乘西宿。他又一次勇敢地找回了自己。

“生活是奇异的,我们都祈求它给我们平顺的生活,不要试探我们。可是,只有在遇到艰难的选择时,我们才面对真正的自己,我们才定义自己。”独闯欧洲,让杨朦的人生有了蜕变。

E. 追梦哈佛:“想过辛苦却了不起的人生”

交换结束回到深大,杨朦得到消息:学院有推荐到美国南加州大学读研的机会,并有高额奖学金。可遇不可求的机会来了。他立刻准备资料申请。当年4月份,他收到了录取函。

在学习上,美国和国内很不一样,很多课是讨论进行。作业量大是一大特点,尤其是阅读。国内一个月才设一次的答辩,南加大则几乎每周都要进行。每天,同学们都被各种作业与截止日期狂轰滥炸,完全没有多余的休息时间,大家见面的问候语是:“昨晚睡了没有?”

虽然累,但专业上的成长却来得真切。学院里来自哈佛的两位老师对杨朦影响最深。“他们对设计要求严谨到吹毛求疵的态度,让我不禁对哈佛这所设计的殿堂级学校充满了无限想象。”杨朦说,那是一种来自心灵深处的、对更高层次设计的渴求，就像是一种原始的求知欲，一种想去世界之巅遥看寰宇的激情。

然而，就在他踌躇满志准备材料的时候，长期睡眠不足和高强度的学习让他的身体长期处于亚健康状态，身体健康如同多米诺骨牌轰然倒塌，短短一个半月，体重骤减，机能失调，精力无法集中。医生要求他放弃申请深造，“如果你执意要去，那就是赌命。”

这一记警钟让杨滕对过去开始了反省。“人生漫漫长路，如果用燃烧生命的方式去病态生活，就算得到了全世界，却失去了健康，你还能用什么去爱护自己和在乎的人呢？”

杨滕开始转身到求职洪流。在美国，相比上学，工作算是一种回归规律生活的休养生息。经过一年多调养，在对自己的职业生涯以及专业兴趣有了更明确清晰的认知后，他再次燃起申请哈佛大学研究生的愿望。

在紧张的申请过程中，挫折再次不期而遇：遇上失业潮，杨滕被裁员了。但这次，面对失业和申请学校的压力，杨滕不再慌张、抱怨，而是全副心思思考该如何应对当前危机。他开始发动所有朋友、同事、老师去帮忙寻找工作机会。在自己不懈努力和大家的帮助下，他 1 个月获得了 7 次面试机会，最终，被著名的迪士尼梦幻工程录取。

就在一个普通的上班日，杨滕收到了来自哈佛大学的录取通知书。

“未来，我希望过着辛苦但了不起的人生。”如今，杨滕和其他 10 位在哈佛求学的中国学子一起，把自己的故事集结出书——《我在哈佛上大学》，他们希望用自己的经历告诉那些正在寻梦路上的青年，人生漫长路，你随时都可以再出发。

建议高三家长会用

如何陪孩子从容应对高考

【活动背景】

高考，可谓十二年磨一剑，作为人生的一大考验，受到社会各界的关注，但其中最紧张的莫过于学生和家长。高考不仅是一场知识和能力的考验，更是心理素质的较量，掌握复习和应试的技巧，拥有过硬的心理，高考必将事半功倍，可是很多学生面对越来越近的高考，出现了程度不同的心理问题，家长手足无措，不知该如何帮助孩子，为此我设计了这次主题家长会。

【活动目标】

1. 帮助家长树立信心，让每个家长认识到高考前最后这两个月的重要性；

2. 让家长了解考前学生可能出现的心理问题以及应对措施，帮助孩子从容高考。

【活动准备】

1. 学生写给家长一封信：《宣誓高考 势在必得》；

2. 打印各科高考前两个月的安排；

3. 家长的榜样视频；

4. 活动课件。

【活动过程】

环节一：播放音乐，渲染氛围

高考，是一场没有硝烟的战斗，也是一场我们必须共同参与的战斗，参战的不仅是学生，还有我们六位科任老师，以及在座的每位家长。为了能在六月打一场漂亮的高考战，让每位同学考出满意的成绩，在考前这关键的两个月，需要我们学校和家长形成合力，督促学生，充分利用有限时间科学备考，作为家长也要掌握学生的心理状态，及时发现问题、解决问题，助力高考！

环节二：家长活动，观看视频

各位猜一下如果鼓掌一分钟您能拍多少下？

下面我们就验证一下，我计时您自己数一数。请大家说说你在一分钟内鼓掌多少次。

结果令所有人震惊，没有人能想到自己能在短短一分钟鼓掌这么多次，尤其是彼此之间有了竞争，鼓掌速度可谓越来越快。这说明每个人的潜力都是巨大的，看似了解自己，但一个简单的游戏却证明我们并不真正了解自己，我们会低估自己的潜力，还经常把简单的事想复杂了，所以请相信自己，只要我们愿意，没有什么不可能。

对我们的孩子也是这样，还记得孩子刚出世时的情景吗？当时我们有很多想法，我们想把世界上最好的东西给他，我们把他视为命根，对他充满期待。我希望通过刚才的活动，让您对自己对孩子拥有信心，我们一定能挑战高考取得成功。

播放视频：邵帅、邵丹《一路上有你》

邵帅母子二人的故事，给我们力量，让我们认识到只要决心足够大，无论面临多大的困难，我们都会风雨无阻，努力前行。母子二人面临这么多困难都为爱而坚强地面对，所以换来了母亲身体的康复、儿子学业的进步，所以我希望我们家长与孩子在高考拼搏路上能并肩作战，合作共赢。我们虽然也面临着这样那样的困难，但是和邵丹母子相比，我们这点儿困难算什么，因此请家长们排除工作上和生活上的困难，真正走进孩子的心里，和孩子一起为高考全力以赴。

设计意图：通过一个拍手活动和观看视频，让家长打破以往的认识，看到孩子的潜力，相信自己和孩子一起努力也可以打破现状，创造奇迹。

环节三：高考前学生可能出现的心理问题以及应对措施

一是考前压力太大，失眠

很多学生对自己的高考心里没有把握，导致吃不好、睡不好甚至失眠，成天迷迷糊糊的，上课的时候也无精打采，于是对高考有着各种担心，明明复习好几轮了，还感觉没有复习完，每天都处在一种惶惶不安的状态。

这种状态的应对就是安慰孩子，静下心来好好复习，你把所有课程复习过了，心里就不会那么惶恐不安。家长要学会给孩子“放弦”、减压，告诉他们，只要努力了，考多少分不重要，无论他们考多少分，父母都接受。

高考前，老师领着最少复习了三轮，所有知识都接触到了。现在就看谁的心态平和，压力越大越发挥不出成绩。把自己放轻松，睡眠不好也不要过分关注自己的睡眠情况，拼命想摆脱失眠带来的不适，反而会产生继发性的焦虑。对于出现的失眠症状，我们只有接受，不能回避，要顺其自然。睡不着时不强迫自己睡觉，起来看书，想睡觉时再上床睡。放低对自己的要求，不强求事事都做得完美，允许把事情放到第二天再做。睡前不从事繁重的脑力劳动，将学习任务关到卧室门外，可听听音乐，保持心情的宁静。同时，要养成有规律的作息习惯，即使睡不着也要坚持早起，不要以睡不着为借口逃避自己该做的事，要像正常人那样生活。

二是学习时有惰性，不能持之以恒

对很多学生来讲，学习是一件枯燥的事情，很难有持续的高效率，还有很多学生是为了老师、家长而学习。这类同学一旦父母不管或少管了，老师管得松了，学习的动力就没有了。学习没有动力，会导致在学习的过程中没有紧迫感，形成惰性。督促孩子每天拟定一个短期目标，并努力去完成它；每节课前给自己提几个基本的要求，当堂落实，更有实效；持续性注入精神力量，无论是老师，还是家长，多为孩子搜集一些励志的视频或文章、事迹，让孩子每天都充满斗志。

三是杂念太多，难以平心静气地复习

临近高考，小宇却复习不进去了，每天的脑子里有许多杂念。做作业时，头脑中会重复出现一些乱七八糟的事，就像幽灵一样，干扰着他的学习，使学习效率大打折扣，他完全不能聚精会神地听讲、平心静气地复习。

杂念的出现是一个暗示——你有太多压力，学习太累了……要做的事情就是自己给自己做心理辅导。这种情况需要我们家长善于观察，经常与孩子沟通，了解孩子的心理状态，帮着孩子减压。告诉孩子顺其自然，不去管它们，让它们自生自灭。如果我们被杂念所困不能继续学习时，那就先不学了，放下手中的书，到室外走走；若在家里，可以和父母聊聊天；休息一下之后，换另一门学科复习，调整一下状态。

四是考前成绩起伏不定

高考前大量的考试，让很多学生焦虑。试卷难度有高有低，人的状态有起有伏，这是一个正常现象。学生和家长都要正确认识考试，尤其是家长不要在意孩子的成绩或名次，更不要焦虑自家孩子才考这么几分。无论哪次考试，都只是高考前的一次模拟，都不是真正的高考成绩。所以我们要淡化对成绩的要求，多把关注点放在试卷分析上。让孩子分析自己哪些知识点是薄弱的，加强对这类知识的练习；分析心理状态是不是轻松的，适度紧张的。只要不断总结每次考试进步的经验和退步的教训，找到复习的漏洞和下一步的增分点，及时调整复习方向。这时候的成绩起伏，其实无须紧张，处理好了是有益于高考的。

五是老担心失误

对失误的担心往往源于以往考试的挫折经历。导致考试失败的原因是多方面的，有对考试期望值过高、考试准备不充分、考场意外事件等。考生需要针对不同的原因认真分析，正确对待考试挫折，记住“我尽力便可以了”这句话；考试的时间有限，担心会浪费考试时间，还会分散考试的精力，进而导致马虎等问题更多地出现，所以平时在考试训练中就要要求自己，集中精力答好手中的试卷，不要想东想西、患得患失；面对每次考试的非知识失分，要找到一些复习中不严谨的地方或训练时注意细节规范等。

六是每逢大考就紧张

平时学习成绩很好，思路敏捷，一到大考就紧张，导致失常发挥，其中有两个原因：一是对考试的结果有较高的期望值，一心希望自己在考试中取得好成绩；二是老师和父母的不恰当暗示，每逢大考前，一些父母和老师总是会向考生强调“这次考试不要急，慢慢来，考不好了也不要紧”。但这些话无形中增加了考生的紧张情绪。考生应认识到高期望值无助于在大考中正常发挥水平，要学会在考前把自己的情绪调节到最佳状态。对于父母和老师的关心，可以接受他们的好意，但对他们不恰当的关注可以不放在心上。同时，考生还要掌握一些应对重大考试的基本技巧，以从容应对。

环节四：给家长的几点建议

作为家长，我们要善于发现问题，智慧地面对孩子的问题，科学地帮助孩子解决问题，为此建议家长要做到以下几点：

一、要学会察言观色

高考前夕，每个孩子都会遇到不同的问题和困难，思想也会发生一定的变化，家长一定要善于观察，因为孩子毕竟是孩子，遇到事情总会表露出来，无论喜怒都会形于色，虽然每个孩子的习惯和表达方式不同，但都有规律可循，例如孩子今天回家不爱说话了，这就是一个信号，说明在学校可能遇到什么困难甚至是发生了矛盾；如果孩子这几天话太多了，也是个信号，家长要观察一下这几天复习是否太浮躁了，是不是沉不下心来；如果孩子最近经常背着你做些事情，你也要注意他是不是因为压力太大了，在转移注意力，比如在看课外书或打游戏、玩儿手机等。因此家长要观察孩子的变化，每一个变化都是一个信号，家长要及时捕捉到这些信号，才能及时发现问题。有些孩子住校，两周才能回家一次，我们家长与孩子沟通交流，别去问成绩，问问孩子的状态、心情。

二、要善于倾听孩子的烦恼、苦闷

每个人都会有烦恼苦闷，学习方面的、生活方面的，与同学之间的、与老师之间的等，在学校虽然可以跟老师或同学倾诉，但毕竟高考压力大、复习任务艰巨，复习时间紧迫，说话还得注意语气和方式，还有很多时候又不好意思，但在父母面前这些顾虑都可去掉，可以直截了当地把自己的郁闷、困惑、气愤等说出来，这时需要家长有耐心地倾听。如果孩子还没说完，你就断章取义地狠批一顿或者应付了事，长此以往孩子遇到烦心事就不喜欢向你说了。

如果闷在心里，在高考这个节骨眼上就会分散孩子的精力，后果很严重。所以家长们一定要记住，你可以提不出建设性的意见，甚至你可以什么都不说，但你一定要认真地、安静地倾听，引导孩子倾诉即可，有时候他在诉说时，自己就会梳理出头绪。更多的时候孩子是懂得其中的道理的，但他需要一个发泄渠道，需要把自己的声音在别人面前表达出来，即使有时孩子会说得很极端，但请不要太着急，他的行为不会那么极端，他分得出是非和轻重，他只是说说，他需要有人听他表达自己的意见。但在学校他可能不好意思在老师或同学面前表达自己真实的想法，所以请家长给孩子一个机会，一个倾诉和发泄的机会，如果孩子没有表达自己想法的途径，孩子会多郁闷，郁闷的事积累多了，哪有心情去学习和成长，尤其在高三后期压力较大的时候，更需要倾诉的对象和发泄的渠道。

三、要及时疏导孩子情绪

无论是通过观察还是倾听，发现孩子的问题后都要及时解决，作为家长，不要一味地说孩子的不是，也不要一味地肯定孩子，面对孩子遇到的问题或困惑，要先站在孩子的角度，从理解孩子的困难和情感出发，去引导孩子。家长遇事一定要冷静，不要鲁莽和冲动，凡事做好一分为二的分析，让孩子能因为你的疏导，放下包袱或心灵的疙瘩。有时候家长解决不了，或者跟孩子交流后感觉作用不大，可以及时和老师联系沟通，让老师帮助疏导孩子情绪。

跟孩子沟通是一门艺术，同样的道理，不同的表达方式就会产生不一样的效果，所以作为家长要多学习——向书籍、向网络学习，了解高考前孩子可能会出现的思想动向，事先做好疏导的准备，同时要多与过来人交流，探讨教育经验和方法，及时把握孩子的动向，及时解决孩子的困惑和问题，为孩子减压护航，让孩子轻松应对高考。

总之，家长们不仅要做好孩子高考的后勤保障工作，还要和老师携手，做好孩子的心理疏导。作为家长，我们要对孩子的高考充满信心，让你的乐观感染孩子，积极的开导和心理暗示很重要。各位家长要经常与各科老师、班主任联系，我们很乐意接到您的电话或看到您的留言，有问题及时解决。

环节五：了解我们的孩子

将学生写给家长的信发到每位家长手中，每位学生向家长《宣誓高

考 势在必得》，明确自己的目标，承诺60天的表现。看了孩子的誓言，很多家长热泪盈眶，有感动，更有信心和力量。

不知不觉，家长会就在感动中迎来了尾声。

班主任结束语：每一朵鲜花都有盛开的理由，请记住有一种力量叫作“来自家长”，请相信我们的孩子，相信我们的老师，更要相信我们自己，让我们一起助力高考，成就六月。

（龙口第一中学东校　马卫卫）

【相关链接】

莉兹·默——80后女孩从流浪女到哈佛博士

曾拿一管牙膏当晚饭

据英国《每日邮报》报道，莉兹1980年出生于纽约布朗克斯区的贫民窟，父母曾是嬉皮士，后染上毒瘾，生活无以为继。从小就被父母忽略的莉兹早早辍学，8岁时不得不上街乞讨。为了生存，她和姐姐有时候不得不偷东西吃。她回忆说：“那时我们吃冰块充饥，因为吃冰块可以体验‘吃东西的感觉’。我和姐姐还曾分享一管牙膏当作晚餐。”

在《破晓》一书中，莉兹写道，她三四岁的时候就开始目睹父母天天吸毒，并将所有救济金用来购买海洛因和可卡因。“我知道，爸爸妈妈一起享受着一些奇怪的嗜好，但他们都躲躲藏藏，不让我看。”

为了筹措毒资，莉兹的父母偷走了她准备过生日用的零钱。为了过一把毒瘾，他们变卖了家里所有值钱的东西。有一年，母亲甚至将教会送给他们的一只火鸡卖掉，去买毒品。

在莉兹15岁时，母亲得了艾滋病，不久便撒手人寰。她的父亲也很快去世，同样是死于艾滋病。可怜的莉兹和姐姐从此成了无家可归的孤儿。姐姐莉莎获助，每晚在朋友家的沙发上过夜，而莉兹则流落街头。她睡过地铁、隧道和街头长椅，经常受到其他流浪者的欺负。莉兹坦言："我曾是你们避而远之的流浪者之一。"

"有朝一日，我能搞定生活"

虽然生活坎坷，但莉兹并没有放弃希望，她意识到，改变自己命运的道路只有一条，那就是回到学校，接受教育。于是，她在 17 岁时决定重返学校。

莉兹说："当时我穿着脏兮兮、散发着臭味的衣服，一家家学校去申请入学的情景，至今仍然难以忘记。"她的顽强终于打动校方，莉兹被一所中学录取，进入一个两年毕业的高中加速班。她还得到了一位"伯乐"老师的帮助。这位老师曾带着包括她在内的前 10 名尖子生参观过哈佛大学。莉兹深受激励，决心要努力学习，进入哈佛大学深造。

很少有人能体会莉兹成功背后所付出的巨大心血。虽然依旧缺衣少食，虽然每晚仍要露宿街头，只能在马路边或楼梯角借着路灯看书、做作业，但她却在这个过程中感受到了知识的力量和人生的意义。最终，莉兹凭着自己顽强的毅力，仅用两年时间就完成了高中四年的课程，以全校第一的成绩考入了哈佛大学，并获得《纽约时报》1.2 万美元的特殊奖学金。莉兹的故事被媒体报道后，人们纷纷慷慨解囊，筹集 20 万美元资助莉兹完成学业。终于，莉兹获得了硕士学位，并继续在哈佛大学攻读临床心理学博士课程。

在接受媒体采访时，莉兹说："我妈妈最爱说的一句话是'总有一天，生活会好起来'。我也经常告诉自己'有朝一日，我能搞定生活'。当我看到母亲无法实现梦想，带着遗憾离开人世的时候，就决心要实现自己的梦想。"莉兹的事迹感动了许多人，美国前总统克林顿和英国前首相布莱尔都曾接见过她。

如今莉兹除了上学外，主要工作是给青少年做演说，告诉孩子们如何抵制毒品的诱惑，激励他们不要被困难吓倒，不要把儿童时期的苦难当作自己随波逐流的借口。

建议高三家长会用

陪孩子走过高考前的日子

【活动背景】

高考的重要性不用多言，家长关心孩子高考是天经地义的，也是无法回避的事实。而家长们应该怎样陪伴孩子经历高三、顺利通过高考呢？有些家长焦躁不安，比孩子还急；有些家长束手无策，完全交给老师；还有的家长平和淡定，认为只要孩子有学上就行，不用逼孩子上名牌大学；也有的家长小心翼翼，全力以赴地伺候着孩子的生活……有人说，高考，考的是学生，更是家长。家长们究竟该怎么陪孩子走过高考前的日子？

【活动目标】

1. 让家长明确孩子上高三了，自己该持有怎样的心态；
2. 让家长知道自己要做哪些方面的工作，才能更好地帮助孩子；
3. 和孩子共同成长经历高三，家校携手，打造高三助考平台。

【活动准备】

1. 活动课件
2. 典型案例视频

【活动过程】

环节一：相互交流，认识误区

孩子升入高三了，请大家说说自己这段时间的感受，或者你的心情。

听了大家的发言，我发现家长们的表现也是各不相同。

观点 1：家长认为高考不就那么回事吗，不管不问，美其名曰顺其自然，一切交由学生和老师安排。

观点 2：高考是头等大事儿，全家总动员，事无巨细全在家长掌控之下。孩子生活、学习的方方面面大揽大包，孩子只管学习考试，有时还会过多干涉孩子的学习安排。

观点 3：以过来人自居，强势宣传自己的成功经验，包括未来大学与职业的选择。常常由此引起和孩子观点的冲突，与孩子产生矛盾。

观点 4：强化“钱”的无限作用。认为花大价钱找社会机构一对一辅导有效，花大价钱购买宣传得最响亮的资料有效，迷信于学习的速成。

请家长们看看自己的观点、做法与上面的哪些相同或相似。而这些做法在现实与孩子的交流中产生了怎样的矛盾？我们家长究竟该怎样做才是明智的，合理的？

环节二：向家长支招儿

一、家长明确自己的身份。

家长像家长，学生像学生，老师像老师。三者在孩子高考的过程中是合作的关系，而不是控制的关系。彼此身份定位明确，不错位，才有利于孩子的高考。那么家长在孩子的高考中要做好哪些方面的工作呢？

1. 家长正确对待高考，控制自己的情绪

高考的确是孩子求学路上的一件大事，但是高考不成功，也不意味着孩子的人生就此失败了。创建了新东方的俞敏洪，经历过三次高考才考进了北大，而阿里巴巴的创始人马云，经过三次高考，考进的是名不见经传的杭州师范学院，成就了他们辉煌精彩人生的都不是高考。所以我们家长需要正确面对孩子的高考，孩子成才的道路有很多，要看到孩子成才的更多的可能性。

很多家长孩子一进入高三，自己就先开始焦虑，可是我们家长不知道的是，你的焦虑对孩子的学习、高考有害无益！焦虑这种情绪是会传染的，你焦虑了无疑会让孩子也焦虑，可是高考考的不仅是孩子知识的掌握，还是孩子的心理素质。过度的紧张甚至焦虑，不利于孩子学习，更不利于孩子考试。所以请我们家长控制好自己的情绪，家长要有一颗平常心，请用微笑传递你的信任、激励和关爱，让我们的孩子高考快乐，快乐高考。

2. 努力营造轻松和谐的家庭氛围

不要全家总动员，一切为了孩子高考。所有人都小心翼翼，孩子是全家的中心，家务活不让做，好好学习就行；周日和假期孩子去找同学玩玩家长就着急，就怕耽误了学习；踢个球看个电影也是紧张兮兮，高考是胜过一切的大事，这样刻意制造的一个一切为了孩子高考的氛围，是紧张、沉闷而且压抑的。

其实进入高三，孩子本身就是紧张的。学习紧张，自身情绪也紧张，家长这时候应该尽量让家庭氛围轻松一些。在家里，家长和孩子的生活习惯无须做大的改变，周日孩子回家该做家务还做家务，找同学玩儿会儿，踢踢球，看场电影，轻松一下，好好休息。不过度关爱孩子，从学生的心理感受方面看，家长的过度关心未必都起到了积极的作用：学生正在那冥思苦想，爸爸走来好心相问："复习得怎样了？"学生刚进入连续思考状态，妈妈端来一杯热汤说一句："先喝了再复习。"此时，学生不得不切断思路。换句话说，这是打扰，不是关心。在家里不要动不动就谈高考，无须备战气氛过浓。家长之间和谐，减少矛盾，少吵架，"高考无战争"。"看透不说透"——一种心照不宣的沟通和提醒。

3. 家长自爱才是对孩子最好的关爱

家长在自己的岗位上要努力工作，绝不以照顾孩子高考为由放弃或是没有责任心地从事自己的本职工作。而应像以往那样在自己的工作中出彩，表现出面对生活与工作，压力再大也能以良好的心态从容应对的状态，这是对孩子一种很好的影响。父母努力拼搏的形象、遇事不乱的做法、勇于解决困难的态度都是可传递给孩子的正能量，会给孩子产生正面的积极的影响。

要让孩子明白，高三这一年，在孩子生命中的价值与这一年在别人生命中的价值是等值的，没有任何理由要求任何人为自己的高三让路。感觉高三重要，那就自己好好珍惜而已。

4. 合理预期孩子的高考成绩

不要把追求某某大学作为唯一的目标，高考不是人生的唯一。过高的期望会造成家长心态的失衡，会给学生施加不当压力。家长此时的怒其不争，可能会造成学生的退缩逃避；家长此时的责怪埋怨，可能会造成学生的心理逆反；家长此时的高分要求，可能会使学生望而生畏；家长此时的学习施压，可能会使学生无所适从。我们要保持正常的期望心理，接受学生现实表现和现有能力，合理定位。我们要重视孩子努力的过程，而不夸大结果的影响。在经历的过程中磨炼孩子的心智成长，而不是与别人的孩子比分数高低。

5. 把学习权交给学生

有些家长为了孩子考个好成绩，手伸得太长，孩子怎么复习都管，请相信学校的老师，他们对高考有研究，对学生有了解。有经验的教师，往往会随着考试的临近而适当减少对学生学习的具体要求，给他们以一定的自主学习时间。请尊重学生的人格成长，尊重学生有个性的复习方式，尊重老师和学生的应对策略。

6. 后勤服务要讲适度

学生迎接考试，家长做好后勤保证，这是每位家长都必须具有的服务意识。有一些家长，临到考试时就怕学生吃不好，影响了考试，于是就努力改善伙食。结果大鱼大肉，使学生生理失调，学习精力不济，甚至影响了身体健康。更有一些家长，从广告上东查西找，给学生买营养品、补脑液一类，希望创造以吃促学的奇迹。从曾经这样“吃”的同学反映的实效性看，往往是白花钱，不顶事。因此，家长的心理关心要细致，物质关心要科学。平时住校的学生，考试期间仍应住校。家长平时不常到学校看学生，考前和考试期间也没有必要伴在学生身边。

二、家长怎样帮助学生解压

考试来临，学生面对压力，家长生活得也不轻松，但家长在控制好自己情绪的同时要给学生减压。这里给家长介绍几种减压法，不妨一试。

第 1 招，经常为学生打气。不要让学生单独面对压力，让他知道全家人都和他在一起，为他打气，以乐观的态度面对问题。鼓励学生和同学一起温习功课，相互讨论、切磋，这样可以事半功倍。当学生情绪有变化的时候，要帮助学生树立信心，战胜暂时的困难，最后赢得比较满意的考试结果。

第 2 招，给予赞美和肯定。家长平时要多发掘学生的优点，给予他们赞美和肯定，这能增强学生的自信心。这段时间，学生可能会有一些焦虑情绪，家长这时不要明显地流露出过分的关注和担忧，这样容易使学生的焦虑扩大而变成压力。

第3招，要有放松心情的时间。家长的情绪会影响学生，试着放下担心，放松心情，利用周末、假期等空余时间陪学生到户外走走，呼吸新鲜空气，比如到公园散步、做些有益身心的运动，甚至让孩子看看电视，让脑筋稍微休息休息，这对应付考试都有帮助。

三、做一个善于学习的家长

家长经历高三的过程同孩子经历高三的生活是一样的，大家都应在过程中学习。学生听老师怎么讲、听专家怎么讲；家长也应听老师怎么讲、专家怎么讲。要充分利用网上的家长交流平台，遇到问题相互交流沟通，要从网络中不断学习借鉴别人的经验。学习的过程中关注的不应只是如何提高成绩，如何处理关系，还应有如何与孩子沟通及环境的设置、食物营养的搭配等，也就是学习如何做一个高三学生的家长。

结语：各位家长朋友，我们还希望在这一年里家长能和学校、和老师及时沟通交流，便于我们及时掌握孩子的情绪和学习状态，遇到问题及时解决。我们携手一起努力，为孩子的高考搭建起飞的平台。

（莱州第一中学　刘瑛蔚）

【相关链接】

马云写给高考落榜生的信：我们的运气在其他地方！

高考失意的同学：

我想你这几天肯定很失落，我理解！因为我有过两次同样的经历。

特别是第二次高考失败，我记得发榜那天晚上，自己和几位同样没有考进大学的同学一起，躺在老浙江图书馆门口的平台上，望着满天的星星，对自己的未来充满忧虑惆怅……怕被人看不起，怕被家人埋怨，怕自己会永远抬不起头，怕自己没有未来……

人生变化无常，今天的顺利未必未来就一定会成功。今天不成功也不意味着未来就没有机会。

有些人是天生会读书，会考试！我们不会考试，我们也许不如别人会算题会背书，但在其他地方我们并不比他们差。

也许我们生下来不是为了考试的，但我们会努力干活、努力工作！我们也许确实需要考几次才会成功。我们的运气不是在考试中，我们的运气一定是在其他地方！只是我们还没有找到。

我从来没有想过自己会有今天的成绩。但我相信这辈子总有机会是等着我的！有些机会是别人的，嫉妒羡慕也没有用。那些天生会读书的人是命中注定，但我们这些不太会读书和考试的人却未必没有我们的运气，只要我们坚持做我们喜欢的事，并努力把它做好、做完美！

当然读大学还是很重要的。坚持再考几次吧！未必一定要进名牌大学，但考进大学还是非常有用的。连普通大学也考不进，那你还是有点儿自己的问题的。不要放弃，再来一次吧！

如果你考进了名牌大学，请用欣赏的眼光看看别人！如果你考进普通大学或考不进大学，请用欣赏的眼光看看自己！你一定有自己的机会的。

建议高三家长会用

做孩子高考前的心理疏导师

【活动背景】

面对高考，考生或多或少都会出现紧张的情绪，家长也一样，有些考生家长甚至会出现焦虑情绪。家长的焦虑情绪会影响孩子，这对孩子的考试状态调整是不利的。高考的成败，是分数的竞争，更是心态的较量。家长正确看待高考，控制好自己的情绪，把心态放平和，这对孩子的正常甚至超常发挥是有利的。本次家长会的主题就是：考前家长如何调整自己的心态，给孩子正能量，并做好孩子的心理疏导师。

【活动目标】

1. 让家长认识到自己的心态对孩子的影响；
2. 让家长正确看待高考，以平和的心态对待孩子成绩；
3. 学会几种简单的减压放松的方法，帮助疏导孩子心理。

【活动准备】

1. 放松的音乐、放松操；
2. 活动课件。

【活动过程】

环节一：播放音乐，让家长体验放松的心情

各位家长，春节过后，高考日益临近，很多孩子开始出现紧张情绪，而我们很多家长表现得比孩子还要紧张，每天焦躁不安，导致整个家庭氛围都是紧张的，这对孩子的高考非常不利。孩子高考的成败，是分数的竞争，更是心态的较量，家长心态要平和，正确看待高考，这对孩子考试时的正常甚至超常发挥是有利的，因此我们本次家长会，就来和大家探讨考前家长如何调整自己的心态，做好孩子的心理疏导师，给孩子正能量，让孩子从容应对高考。

环节二：高考前家长容易走入的误区

1. 家长过高期望，过分关心，盲目鼓励。

有一位考生说他在家的时候，家长把家中的电视电脑全关了，做事轻手轻脚，甚至连说话都要小声说。的确，我们很多家长为了孩子能金榜题名，会陪孩子挑灯苦读，还会给孩子准备好牛奶、点心、水果、荷包蛋、各类干果等夜宵；孩子下了晚自习回家后，家长们会跑前跑后，一通忙活，对孩子关心备至。父母这种过分的关心，无形中也会给孩子压力。孩子会觉得如果考得不好就会辜负了父母做的这些事。其实家长完全没有必要这样做，只要像平时一样就好，不需要特别对待，如果太特殊化会让孩子觉得很不自在。

还有的父母对孩子寄予了过高的期望，“你好好努力，多考几分，考什么什么大学没有问题”；还有的总是喜欢以言语相逼：“考不上大学，就别进这个家。”这些做法看似是为了孩子好，实际上给孩子制造了极大的心理压力。

家长可多跟孩子进行情感上的沟通和交流，要让孩子感觉到，父母永远是他们坚强的后盾，这能极大地增强孩子的信心。同时家长也不要盲目地鼓励孩子，鼓励通常用在孩子情绪不高或者考试成绩不理想时。过多的盲目的鼓励也会给孩子制造无形的压力。

2. 用消极的方式减压

有些家长为了给孩子减压，告诉孩子“考不上就明年复读”，“考好考坏都无所谓”，“考不上重点大学，咱考个普通的也行”等。这些说法也不利于孩子将心态调整到最佳状态，这相当于在最后冲刺时，家长站在场边喊：“孩子，慢点跑，别累着。”

环节三：家有考生，家长要做些什么呢

先给大家讲个故事：瓦伦达是美国一个著名的高空走钢索的表演者，他在一次重大的表演中，不幸失足身亡。他的妻子事后说，我知道这一次一定要出事，因为他上场前总是不停地说，这次太重要了，不能失败。而以前每次成功的表演，他总想着走钢丝这件事本身，从不去管这件事可能带来的后果。这就是著名的瓦伦达效应。

瓦伦达效应启示我们：过分关注事件的结果，往往会使心理压力增强，从而导致最后的失败。

1. 家长要正确看待高考。家长首先就得摆正自己的心态，我们要多关注孩子努力的过程，而不是关注孩子考试的结果。高考很重要，但它不是决定孩子命运的唯一一次机遇，不是每一个孩子都能被重点大学录取，考不进重点，也不意味着就失去了美好的前途。

面对考试把心态放平和，要相信天道酬勤，相信通过孩子扎实而不懈的努力，考上大学没有问题。即便考不上，还可以读专科再升本科，或者复习再考。有些家长不能正确看待高考，比孩子还紧张，还焦虑，这种状态会对孩子造成不好的影响，使他们压力更大，无益于复习和高考。所以家长应对孩子有正确的期望，要学会控制自己的情绪，以一种宽容、宽松的心态看待孩子的成绩，看待孩子的高考。

2. 营造和谐的家庭氛围。家长要营造宽松和谐的家庭氛围，有利于高考的学习环境。夫妻双方尽量不要吵架，不要总和孩子探讨高考，不要总追着问孩子的模拟成绩，生活起居一切如常即可，让孩子有更好的精神状态去搞好学习，取得好成绩。

3. 做好孩子的后勤服务。上了高三，孩子持续用脑，大脑容易疲劳。在饮食起居上，家长要给孩子作出合理的安排，保证孩子饮食品种丰富、荤素搭配，粗粮细粮搭配，营养均衡，适当补充健脑类食品。尽量不要让孩子熬夜，督促孩子劳逸结合。不能给孩子施压、搞疲劳战，确保孩子有充足的睡眠，因为只有保持良好的状态复习效果才会好。此外，家长要督促孩子适当进行运动，有一个好身体，才能应对高三高强度的复习。

4. 做好孩子的心理疏导。告诉孩子，高考就是一次考试，学着把平时的模拟考试当成高考，而真正高考时，把它当成平时的考试，专心做完卷子就行了。至于考多少分，那是评卷老师的事，自己不用去管。做好自己能做的事就 ok 了。在考试中，如果遇到难题紧张怎么办？平日里就养成习惯，做题顺序先易后难。先做比较容易的题目，自己比较有把握的题目，面对一道题如果 2 分钟内没有思路，可以先放一下，做完容易的题再回来做这道难题。沉住气，告诉自己，允许自己有做不出来的题目。难题不光是给自己的，所有人都会感觉难。让自己静下心来，有多少思路写多少，写上自己会做的部分。这样在做题的过程中，就能一直保持平和的心态。

平日里多与孩子沟通，学会做一个倾听者，倾听孩子的烦恼，能疏导就疏导，不能疏导，只是当一个倾听者即可，孩子诉说、发泄的过程，就是在减压，有时候，他在诉说中，会自己理清思路，找到解决问题的办法。家长还可以及时与班主任联系，寻求老师的帮助。

5. 关于课外辅导。最佳的学习场所就是课堂，最好的辅导老师就是任课老师，最佳的学习时间就是上课时间，如果课外孩子还有些闲暇，尽量不上辅导班，而是体育锻炼或室外活动，让孩子休息好，才能更好地学习。

环节四：心理减压有妙招

如果家长或孩子在考前觉得压力太大，需要调整，下面介绍几种轻松减压的方法：

1. 压力圈

家长如果感受到了压力，不要刻意做，而是勇敢面对。在准备好的 A4 纸上，把自己感受到的压力用圆圈画出来，并在压力圈圈图上写下最近生活中的各种压力，大球代表大压力，小球代表小的压力，填上让你感到压力的时间，这样可以增加自我了解，可以互相交流，明确自身的压力源都有哪些，每个球给你的感觉是什么，压力很大时，身体感觉如何，哪个部位不舒服，闭上眼把注意力集中在你的身体上，静静地去感觉它，不带任何偏见和试图改变它的意愿去感觉它（注意：要默默地接受这种感觉，而不是试图减轻）。静默一分钟，随后你感觉到这些感受慢慢传递到你的手上和嘴上，你不可抑制地伸出手，张开嘴，没有人指责你，没有人在乎你，你就是你，尽量把自己的感受表达出来。当你自由自在地把当下的感受表达出来，心情自然会放松。简单地说就是接纳压力并释放。

2. 深呼吸放松法

在所有的放松方法中深呼吸的特点是：简单、实效。做好深呼吸要注意的几个关键点：深、慢、均匀。采用鼻子呼吸，腹部吸气。双肩自然下垂，慢慢闭上双眼，然后慢慢地深深地吸气，吸到足够多时，憋气 2 秒钟，再把吸进去的气缓缓地呼出。自己要配合呼吸的节奏给予一些暗示和指导语："吸……呼……吸……呼……"，呼气的时候尽量告诉自己我现在很放松很舒服，注意感觉自己的呼气、吸气，体会"深深地吸进来，慢慢地呼出去"的感觉。深呼吸之所以能够让人放松身心，主要原因就是深呼吸可以激活人体中的副交感神经系统。

3. 全身肌肉放松法

这种方法的特点，是先做肌肉拉紧的动作，再做放松的动作，然后去感受由紧到松的过程，再持续保持这种放松的感觉。整个练习分成八个步骤，由手部→额头→脸部→口腔→上身而至脚部。拉紧的动作持续约 10~15 秒，放松的动作持续约 60 秒；拉紧的动作只是一个辅助的步骤，最重要的是去体会肌肉松弛的感受，并持续放松的时间。最后熟练时，可以在"放松"的命令传达到脑部时，不用做任何拉紧的动作，整个身体自然就放松下来。

练习的方式：首先找一个安静的房间，找一张有靠背的椅子；坐的时候采取最自然轻松的姿势，让上半身的重量都置于臀部，两脚的重量平均置于脚掌上，两手自然摆于大腿内侧，然后轻闭双眼。

练习的步骤：将两手抬到水平位置，用力向前伸直，用力握紧拳头，逐次用力后再放松，把两手慢慢放回大腿内侧。然后感受肌肉放松的情形。

把额头往上扬，拉紧额头的肌肉，也是逐次用力再放松。

将眉头往中间拉紧，鼻子和嘴也往中间拉紧，形成鼻子和嘴都聚集起来的情形，逐次用力后放松。

咬牙的动作，用力咬紧牙齿，亦是逐渐用力后放松。

用力张开嘴巴，再把舌头用力抵住下面的门牙约 10 秒，逐步用力后放松。

要把身体坐正，低头把下巴抵住前胸，两手向后用力，使胸膛挺出来，也是用力后松。

向后弯腰的动作，也一样要将身子坐正，第六、七两个步骤放松时要恢复原来坐姿。做两个深深的深呼吸。

最后一个动作是将两脚抬到水平位置，脚尖向下压，拉紧腿部的肌肉，再逐渐放松。

整个身体持续放松的状态约 5~10 分钟。

各位家长，高考是孩子求学路上一个重要的阶梯，在孩子高考的路上，希望我们家校携手，为孩子搭建一个轻松、和谐的平台，帮助他们都考进自己理想的学校。

（莱州市第五中学　邱少萍）

【相关链接】

家长需了解的心理学效应

一是“瓦伦达效应”

瓦伦达是美国一个著名的高空走钢索的表演者，他在一次重大的表演中，不幸失足身亡。他的妻子事后说，我知道这一次一定要出事，因为他上场前总是不停地说，这次太重要了，不能失败。而以前每次成功的表演，他总想着走钢丝这件事本身，从不去管这件事可能带来的后果。瓦伦达效应启示我们：过分关注事件的结果，往往会使心理压力增强，从而导致最后的失败。所以，面对考试要心态从容，将精力集中于努力的过程，天道酬勤，相信自己通过扎实而不懈的努力，必将取得胜利。

二是“罗森塔尔效应”

美国著名心理学家罗森塔尔和雅格布森考察某校，他们随意从每班抽 3 名学生，共 18 人，将其姓名写在一张表格上交给校长，并极为认真地说：“这 18 名学生经过科学测定智商很高，极具潜质。”8 个月后，他们又来到这所学校进行复试，惊喜地发现，名单上的学生成绩进步很快，性格更为开朗，与教师和同学的关系也比以前融洽了很多。“罗森塔尔效应又叫期待效应,它是期望者通过一种强烈的心理暗示,使被期望者的行为达到他的预期要求的一种心理共鸣现象。”它启示教师和家长在日常生活中多给予考生称赞和好的心理暗示,例如常对考生说“你越来越有自信了”“我相信你一定能做好”“我认为你一直在进步”等,有利于考生克服压力、增强信心,朝着被期待的方向发展。

放手孩子　在体验中成长

【活动背景】

现在的孩子大都是独生子女，许多父母为了让孩子专心学习，大事小情都包办代替，担心孩子走弯路，对孩子的思想行为进行过度的干预，剥夺了孩子参与体验、独立思考和选择的权利，久而久之孩子在生活上缺少独立性，依赖性强；在性格上我行我素；在人际交往上以自我为中心；缺乏责任感和感恩意识；在出现问题时不知所措，缺少独立思考、判断、解决问题的能力；在面对挫折时自暴自弃没有坚强的意志品质和担当的勇气。为了帮助家长转变教育理念，放手给孩子更多尝试体验的机会，我们设计了本次主题家长会。

【活动目标】

1. 让家长明确对孩子包办代替的危害性；
2. 让家长转变理念，学会放手，让孩子在体验中成长；
3. 帮助家长学会对孩子放手的技巧并运用到日常家庭教育中。

【活动准备】

1. 家长提前做调查问卷，教师汇总分析；
2. 相关视频；
3. PPT 课件。

【活动过程】

环节一：案例导入，引发思考

出示案例（视频）：每年开学季，这样的场景反复上演，前来送学生的家长成为校园中一道风景，他们拎着大包小包，拖着行李箱，陪同孩子办好一切手续，将孩子送到宿舍，打扫卫生，整理铺盖行李，亲情在这一刻体现得淋漓尽致。

交流反思：亲爱的家长朋友们，这些现象在我们身上都或多或少不同程度地存在，许多家长对待自己的子女，用我们一句耳熟能详的俗语“含在嘴里怕化了，捧在手里怕碎了”来形容，是再贴切不过了，可是，最后的结果却是“90后”“00后”几乎都快成了“无能”的代名词。互联网上，00后懦弱、无能、自私、不知感恩、缺少责任感的负面报道，比比皆是。我们不禁要问，问题究竟出在哪里？

环节二：问卷调查，查找问题

上个周末，我们让学生们带回去了一份家长做的调查问卷，对于大家填写的调查问卷我做了分析，从调查问卷中，我们能看到大家的家庭教育存在的误区：

1. 生活上过分宠爱、百般顺从，对孩子该做的事情家长大包大揽，孩子缺乏自理自立能力与责任心。

2. 家长按照自己的意志为孩子规划人生，代替孩子做决定，不给孩子选择的权利。

3. 代替孩子解决冲突、应对困难，剥夺了孩子锻炼的机会，扼杀孩子的创造力。

4. 因家庭教育的缺失，孩子缺乏担当意识。

环节三：教师引导，走出误区

请大家看一个视频，这个纪录片是皮克斯花了三年时间制作的只有6分钟的动画，很短，却感动了无数人。他的名字叫《鹬》，是《海底总动员2》的前贴片。

大家看完这个视频后有什么感受？

是的，它告诉我们的一个道理就是：与其保护孩子，不如放手让他去尝试。成长就是要敢于走出自己的舒适区，勇敢面对未知的东西。

英国著名心理学家西尔维亚认为，世上所有的爱都以聚合为最终目的，只有一种爱以分离为目的，那就是父母对孩子的爱。可见，爱孩子，父母就应学会放手，让孩子真正独立起来。我们总有老去的一天，孩子的人生终究需要他们自己去面对。

1. 放手孩子，自己的事自己做

我们很多家长在家庭中采用包办型教育。为了让孩子认真读书，包办了孩子应该自己做的力所能及的事。于是孩子衣来伸手、饭来张口，日久天长，孩子要求别人为自己付出的越来越多，而且心安理得，滋长孩子的自私、自利，以自我为中心，不顾他人的感受，缺乏感恩之心，更缺乏责任感。教育家陈鹤琴曾说过，凡是孩子能做到的事情，大人尽量不要替他去做。父母必须让孩子知道，属于他自己的事，他能够做好的，也应该做好，父母可以帮他，可以教他，但不可能一辈子替他做。

更何况高中学生已经这么大了，家长更应该有意识地让孩子适当地做家务，洗衣、做饭、打扫卫生，自己采购所需物品，这样既有利于锻炼孩子的自理自立能力，又有利于培养他们的责任心和感恩意识，父母不要去做孩子的“手”、孩子的“脚”，更不做孩子的“脑子”，而仅仅做孩子独立意识的一个“保护者”。孩子进一步，大人退一步，这就叫成长。其实，父母们只要肯放开手，就会惊奇地发现孩子的潜力是无穷的，他们能做许多在父母看起来不可能做到的事情。

2. 放手孩子，让他自己去选择

曾在微博上看到这样一个段子，父母都是这样做的：5 岁：我给你报了少年宫；7 岁：我给你报了奥数班；15 岁：我给你报了重点中学；18 岁：我给你报了高考突击班；23 岁：孩子，我给你报了公务员考试；32 岁：孩子，我给你报了《非诚勿扰》。

我们的教育常常只注意培养孩子顺从听话，不大注意去倾听孩子的需要。从生活小事到孩子人生的设计规划都由家长一手包办了，我们的孩子缺乏自己做决定的机会和权利。高中生，思想和个性逐步形成，这就要求家长可以让孩子根据自己的爱好选课外书，根据自己的意志和需求安排自己的时间。在补习班的选择上，最好问问孩子的需要，和孩子商量以后共同决定。这样的过程也能让孩子明白，自己要为自己的选择负责任，树立起自我负责的观念。

2014年诺贝尔和平奖得主16岁的巴基斯坦女孩马拉拉的父亲说："人们问我，为什么我的启蒙能让马拉拉如此大胆，如此勇敢，有感召力并且镇定自若。我告诉他们，不要问我做了什么，而要问我没有做什么。我所做的，只是没折断她的翅膀。"

每个孩子都有一对能够翱翔天际的翅膀。爱他，就应该放手，不是替他决定翅膀的形状与飞翔的高度，而是让他自己在飞翔中羽翼丰满，展翅高飞，追求属于他们的梦想与人生。爱他，就应该放手，给他选择的权利，让他在选择中长大。

过于勤快的爸妈，不知不觉中替孩子做了许多事，这样一来，孩子完全生活在"全被动"的生活环境中，失去了独立自主的机会，不利于主动性和创造性的培养，容易成为一个缺乏进取心的人。所以在日常生活中我们不妨做个"懒"爸妈。当然，做"懒"爸妈是在为孩子的成长负责，看似为了享清闲、图自在，实则用心良苦。因此，做"懒"爸妈要"懒"得其所，该"懒"时就要"懒"。凡是孩子力所能及的事，不妨偷懒，让孩子学会自己的事情自己做；孩子碰到问题了，不妨装装傻，让孩子自己解决，使孩子获得成就感，建立自信心。

3. 放手孩子，让孩子独立解决冲突，应对困难

和成年人一样，孩子在一起也难免有冲突，在人生路上总会遇到困难，这时，家长应该扮演怎样的角色？现实生活中，一些父母怕孩子吃亏，常常要代替孩子去解决问题，结果培养出的孩子懦弱、依赖性强、能力差，熄灭了孩子的创造欲望。他们处处需要别人的指点与帮助，没有开拓精神。其实，冲突的过程也是学习的过程，对其融入社会生活有着独特的价值。孩子独立地解决问题后的成功感是言语教育和行为指导无法取代的，教育家蒙台梭利有一句名言："我听过了，我忘了；我看过了，我知道了；我做过了，我记住了。"

社会交往技巧并非与生俱来的，而是一种习得的能力。在探索、尝试、

磨合的过程中，孩子学会了谦让、协商、互助、合作，增长了社会经验和规则意识，提高了社会交往能力，增强了心理承受能力。我们家长应鼓励孩子积极做家务和参加社会活动，给孩子运用自己的智慧解决困难的机会，让孩子知道遇到困难是无法逃避的，克服困难是责无旁贷的，放手让他们去想、去做，该碰的钉子要让他碰，该绕的弯路要让他绕，该动的脑子要让他动，让他去体验失败，去感受成功。让他们在磨砺中成长，在实践中超越。不代替孩子体验，而要让孩子自己学会品尝；不代替孩子总结，而要让孩子自己学会反思。成年人不要轻易参与其中，当矛盾实在无法解决的时候，父母再提出解决的办法，给孩子一些引导。孩子总有走出家庭、走向社会的时候，难免会遇到各式各样的矛盾，父母是不可能永远跟着孩子的。父母与其包办代替孩子解决冲突矛盾，还不如勇敢放手。岂不知，孩子在解决问题时往往会更有创造性。

4. 放手孩子，让孩子对自己的行为负责

责任意识的培养与家庭教育有关，孩子犯了错，大部分家庭的家长只是责骂一下孩子，但却忽略了让孩子为自己的过失承担什么，而这才是养成孩子负责任人格的关键一步。

讲一个美国的例子：在 1922 年美国国庆日前夕，一个 11 岁的美国男孩搞到了一些禁用的烟火爆竹，其中包括一种威力巨大的鞭炮，叫作“鱼雷”。一天下午，他走到一座桥边，朝桥边的砖墙放了一个“鱼雷”大鞭炮。一声巨响，让男孩神采飞扬，可就在这时，警察来了，把男孩带走，去了警察局。警察尽管认识这个男孩以及他的父亲，但他依然严肃地执行对烟火的禁令，判定男孩交 14.5 美元的罚金，当时 14.5 美元可以买 145 只母鸡，这可算是一大笔钱。这个男孩自然交不起，只好由父亲代交。父亲说：“钱，我可以先借给你，但一年后还给我。”

从此，小男孩就开始了艰苦的打工生活，他做了许多零工活才还清他欠爸爸的那笔罚金。这个男孩就是后来成为美国总统的里根。

这件事情让里根懂得了什么叫责任，那就是一个人要对自己的过失负责。

作为家长在孩子犯错时，不能充当孩子的保护伞，要让孩子深刻体验到自己行为的后果，他才能够自省自律，防止类似错误的重演，也有利于树立孩子的责任感与担当意识。

5. 放手孩子，给予孩子恰当的态度

孩子的知识、阅历以及对事情发展的预见性不足，体验中会遇到这样或者那样的问题，作为家长应相信孩子，以孩子自己能否独立完成事情为原则，在孩子沮丧时适时鼓励、在孩子求助时恰当帮助、在孩子成功时合理赞赏。

教师小结：亲爱的家长们，放手是一种境界，放手是一种智慧，放手也是一种爱。爱孩子，请放手，给孩子们一些机会，让他们去体验。经历风雨见彩虹，历经磨难始成钢。我们家长要做麦田的守望者，除此之外，我们只是静静地看着孩子们在广阔的天地里自由地驰骋。让他们在经历中，体验生活百味，品尝“酸甜苦辣”。温室中的花朵终究经受不起风吹雨打，勿让爱成为碍！

（龙口第一中学　王创业）

【相关链接】

一、调查问卷

尊敬的学生父母（监护人），您好！

孩子的进步，与您平时的教育是息息相关的。为了加强和学生家庭间的交流，改进教育工作，进一步了解您的家庭教育状况，制订本调查问卷。请您通过回答问卷告诉我们，让我们在家庭教育、家庭建设上共同努力。您的回答是对我们工作的最大支持。谢谢合作！

1. 您孩子的生活习惯怎么样？（　）

A. 自己的事情自己做，如按时起床，做扫地、洗衣物等家务事

B. 总得大人督促提醒，很少做家务

C. 孩子时间很紧的，父母多帮助孩子处理生活问题，家务不用做，孩子只管把学习搞好就行了

D. 其他

2. 当孩子犯错误时，您的态度是（　）。

A. 不闻不问　　B. 严厉斥责　　C. 适当给予惩罚

3. 当孩子在与人交往过程中出现问题时，你通常（　）

A. 阻止孩子与此人交往

B. 出主意给孩子，让他自行解决

C. 出面帮他解决矛盾

4. 当孩子对事情充满好奇心时，您是什么态度？（　）

A. 让孩子专注学习

B. 支持孩子进行探索，给他自由发挥的空间

5. 您会常有意无意地给孩子讲述一些事情，去激发他们的好奇心和探索热情吗？（　）

A. 会　　B. 不会

6. 当您的孩子面对困难（不小的困难）无所适从时，您通常（　）。

A. 帮他解决　　B. 让他自己解决

C. 给出建议，鼓励他自己解决

7. 您能否允许孩子的不服从？（　）

A. 允许　　B. 不允许　　C. 偶尔允许，看心情

8. 当孩子在人前因为意见不合与你争执，您感觉（　）

A. 恼怒　　B. 难堪　　C. 平静　　D. 开心

9. 当孩子面临人生重大决定时，您通常（　）。

A. 先替他决定大方向

B. 由他自己做主

C. 查阅并学习相关资料后和他一同讨论决定

10. 您是否还没有与孩子商量就已经规划好了孩子的未来？（　）

A. 是　　B. 不是

11. 当孩子拥有自己的兴趣爱好，但与学习无关时，您通常会支持孩

子吗？（ ）

A. 会　　B. 不会

二、推荐阅读书籍

1.《哈佛女孩刘亦婷——素质培养纪实》 刘卫华 著

2.《好妈妈胜过好老师》 尹建莉 著

如何让孩子在体验中成长

【活动背景】

几乎每一个家长都会跟孩子说要好好学习，然而又有多少家长和孩子谈过为什么要好好学习呢？很多孩子其实并不清楚自己为什么要学习，不理解学习的意义，一直以来都是被父母和老师逼迫着学习，把学习看成苦差事，往往急切地想要体验除了上学这条路之外，将来可能要过的生活。那孩子到底需要经历些什么，才能明白学业的重要性呢？本次家长会我们将一起谈谈这个话题。

【活动目标】

1. 让家长明白合理放手的重要性；

2. 指导家长学会放手，让孩子在体验中成长。

【活动准备】

1. 家长与班主任的电话聊天记录；

2. 学生的假期体验材料；

3. 拓展阅读材料。

【活动过程】

环节一：你是否有这样的"熊"孩子（我的博文记录）

这件事发生在前些天。

那天，我所教班级的班主任让我帮他做一个学生小 J 的工作。小 J 在上课时间睡觉被老师发现，告诉了班主任，班主任找来家长了解情况，家长恼羞之下在办公室里打了孩子一耳光。班主任怕小 J 情绪不稳定，所以让我和他谈谈。

小J来找我，我问他为什么上课睡觉，他说晚上看书看到十二点。我就笑了，告诉他，要是我，我也会困的，所以以后不好看到这么晚。

就这样聊起来。

他告诉我他的父亲是一个古板的人，认为学文科没出息，认为唱歌是不务正业，想让他在理工科上发展，但他偏偏特别喜欢唱歌和看书写作，所以他和他的父亲经常会因此发生摩擦，并且根本没有办法交流，因而关系很疏远。

我说，你举个例子说。

他说，比如说，他父亲总会在吃饭时喋喋不休地教育他，又比如说吃饭后他想看一会儿《意林》《读者》之类的书再去写作业，他父亲就很恼火，斥责他净看些没用的东西，于是他就很反感，然后就会特意和他父亲对着干。

他还很羡慕地说，他的同学小Z，父子关系如朋友，因为小Z父亲从小被小Z爷爷很专制地教育，所以小Z父亲下定决心长大后要做个好父亲。小J说，我想，我以后可不能跟我爸对我似的对我儿子。

我笑了，说，你想得挺远嘛，从中还有比对，有借鉴，说明你挺有思想呢。

他笑，说，表面看我是个挺随和的人，好像跟所有同学都处得不错，其实我是个挺有个性儿的人，我认准的事儿是不会轻易改变的，我记得我上次跟您聊天时说过这些，我还写了篇关于这些的文章，待会儿我拿给您看。

我说行，有个性是好事儿，做人就要有点儿性格，但放任个性要有度，不是所有的个性都是好的。

他又告诉我一句：我知道我爸打过我后也会冷静下来，然后晚上肯定会和我谈话，但我觉得他那样做我很恶心。

我说，我的想法是这样的：首先你爸打你是肯定不对的。我的感想是：其实有时大人想事做事也很冲动，很随性，很盲目，甚至很极端，并不是你们心中认为的家长是大人，就应该做事做得很对，其实不是这样的。当然，成人应当比你们做得更好。但实际上，有时候不见得比你们做得好，就像你今天做的，我觉得你做得比你爸要好，因为你没有反抗，维护了他的自尊。另外，我还有个问题想问你，就拿你看杂志那个例子说事。你和你父亲对着干后，感觉快乐吗？

他笑了，说，就觉得解气儿。

我也笑，瞅着他，那过后呢，感觉快乐吗？解决问题了吗？

他摇头，噘紧了嘴巴笑。

我也笑，说，我其实不用问就知道。因为我也这样和父母较量过。我那时是喜欢画画，也被父母禁止。我也和你一样气他们一通以图一时解气，但过去后还是很纠结，反而让他们对我更不满意，越是不满意他们就越是盯紧我，我就越反抗，就这样恶性循环。后来他们后悔埋没了我的画画特长，我后悔没能体谅他们的一片虽不正确却是最无私的爱心。做了老师后开始想这一问题时才明白，其实我这样做和父母的做法如出一辙，父母是用最简单的办法想左右我，我是用最简单的办法回击他们，结果谁都没能解决问题。所以我时常提醒自己同样的错误不可重犯。

他想了一会儿，说，我有个姑姑也是老师，也和您一样，也和我说过这样的话。可惜我爸又不是老师……

我说，谁主动改变都是好的开始，一定要等你爸先改变吗？万一他不改呢，你就一直等一直对抗吗？

他紧跟着问，对呀，他要不改呢，那不还是没有改变吗？

我说，变与不变各占一半。我们先针对问题想法子。你俩的矛盾焦点在哪儿呢，你想在你喜欢的事儿上发展，比如唱歌、写文章，而他想让你在理工科上发展。这两者并不矛盾呀，你现在又不是走上社会了，就要面对人生的选择了，你还处在在校学知识、提高能力的时候，必要的知识、技能学习对以后做什么事儿都是助力呀。实际矛盾不在于你的兴趣和你爸的观念之间的矛盾，而在于你俩是在拿对未来的不同规划来说事儿，而都忽略了当下这个阶段。就你这方面来说，你完全可以规划一下，让自己做到学课本知识与唱歌两不耽误。另外以我当老师的经验和对你的观察，我觉得你肯定是在唱歌、看书上花费的时间比例过于多了，你爸怕你落下其他科目才限制你的。你俩需要好好沟通。退一步说，如果你确实与他很难沟通的话，你妈妈、老师包括我都可以帮你和你爸沟通，也可以通过其他方式来沟通。我个人以为呢，善思考的人做事儿呢，是找出问题的根儿，想出解决的法儿，才是达成愿望的道儿。根儿我帮你找了，至于法儿，你自己先学着找找，行吗？俗话说，求人不如求己。

之所以把这件事从头讲下来，是因为忧虑很多。

这是我和小J的第二次谈话了，上一次是上学期，我教他们班两个月后吧，他突然来找我，还给了我几篇他写的文章，里面有这个孩子对人生、对社会、对自己的思考，也有迷茫。

各位家长，你听了这个故事后有什么感受？这位家长和孩子矛盾的焦点是什么？

是的，是家长不管孩子的兴趣爱好，代替孩子选择他要学文还是学理，把自己的观点强加给孩子，替孩子决定他要读的书，要走的路。

高中生的智力发展接近成年人，个性趋于稳定，感情更为丰富。可是在我们有些家长的眼里，孩子还小啊，所以遇事不与孩子沟通，家长包办代替了一切。孩子不觉得这是爱，他感受到的是你对他不尊重，是你强制地管控。

最近各大媒体都在热议一件事，一个自小成绩数一数二、以地级市高考理科状元的身份考取北大、毕业后成为美国知名大学的研究生——这个在父母眼中优秀的孩子，却从12年前不再回家过春节，将父母的联系方式全部拉黑，近日又洋洋洒洒写了万字长信控诉父母多年来对自己的“控制”，父母不考虑自己的要求，不尊重自己的兴趣爱好，完全按照父母的喜好包办代替他的一切，父母对自己的过度关爱，让他感受到的不是爱，而是伤害。

了解了这个故事，你又是怎样的心情？请大家谈谈。

有一种爱叫父母放手，有一种伤害叫父母无微不至。孩子大了，请放手让他自己选择，自己独立做事。

环节三：分享一位网友的经历

我15岁在纽约读高中的时候，因为心理压力非常大，再加上身边认识的所有的朋友（大概四五个）非常“有默契”地一起选择了退学（我也不知道为啥认识的全是不爱学习的），选择提早步入社会，一度也在考虑加入他们。他们之间有的人是真的完全不是读书的材料，有些人是因为觉得社会比学校更精彩。

我两个都不是，我承认我的一部分思想确实受了他们的影响，看到有些人在外面找了份搬家的工作，时不时拿点儿工资回来请客吃饭，日子似乎过得也挺不错的，但其实更多的是因为当时我刚移民到美国没多久，不管是生理还是心理上都非常不适应，汉堡太难吃，外国同学太难融入，我对完全陌生的学校和生活方式都产生了极其严重的排斥。

当时我有一整个学期都在思想挣扎，具体的行为表现出来就是长期旷课，各种科目不及格，整个人的状态都非常低迷，也因此老师时不时就要跟我爹举行小型会议进行沟通。虽然我没有明说退学的想法，但我爹肯定知道我遇到了瓶颈。

勉强混完那个学期，到了暑假，有一天我爹突然跟我说，这个暑假你不能回国，不能在家待着玩儿，你得出去打工了。

我听完就懵了，我才 15 岁你让我一个人出去打工？哪个地方敢收一个未成年童工？

你别说，还真有。

哪儿呢？中餐馆。

可一个 15 岁乳臭未干的小子能干什么呢？

打杂。

我问我爹，咱们家缺钱吗？

他说不缺。

我又问，那我为什么要去打这种工？那都是非法移民不入流的人干的活儿。

我爹说我知道，但你得去。

我不想去。说，你不讲道理，凭什么。

我爹说，凭我是你爹。

接下来我爹就带着我去唐人街的介绍所，谎称我已经 18。不久就找到了一份新手打杂的工作，月薪 1500 美元，在离纽约 4 个多小时的马里兰州的一个人口稀少的小镇。

在一个阳光灿烂的日子，我抱着上坟的心情坐上了前往我人生第一份工作的长途巴士。

接下来的日子简直是水深火热，暗无天日。餐馆的老板极其苛刻，什么脏活累活都扔给我（废话，干的就是打杂的），我的主要任务就是洗碗，拖地，剁菜，搬饮料，以及频繁地炒饭，有一段时间我连做梦都梦见自己在炒饭。当然还要听命于其他店员的指使，哪里垃圾该倒了哪里厕所堵了，他们上嘴唇一碰下嘴唇我就得屁颠屁颠地去解决。店里打工的人个个都粗鄙不堪，没有文化，没有绿卡，不会英文，但我是新来的，而且职位最低，自然没有地位。到了晚上下了班一群人合住在一个房间里，完全没有隐私。他们睡觉打呼，这对睡眠极浅的我来说又是一种折磨，常常整夜整夜地睡不着，第二天起来干活儿根本没精神又要被人骂。空闲的时候想起学校的环境，似乎隐隐地开始想念。在外地打工最要命的是一个星期才休息一天，根本来不及回纽约，于是就要一个人孤独地在人生地不熟的地方待着直到暑假结束。

有天晚上收工后我一边洗澡一边回想自己的“人生”，我一个有身份——会英文，前途一片光明的未来国家栋梁，为什么要沦落至此被一群连身份都没有的粗人颐指气使！转念一想，不就吃点儿苦吗？我一大老爷们有什么忍不了的？又一想，我平白无故为什么要在这看人脸色累死累活？又想起自己孤身一人在外无依无靠，一时之间悲愤交加，竟然开始号啕大哭，收都收不住。

坚持了一个多月后的一天晚上，收工后老板把我叫住，把工资递给我，让我明天就不用上班了。

我又懵了：我被炒了？

老板接着说，你干不了这活儿，这不是你该待的地方，我早看出来了。

我又悲又喜。

悲的是原来我心高气傲其实连打杂的活儿都干不好，喜的是终于要脱离苦海了。手捧着沉甸甸还带有浓浓油烟气息的工资，我坐上了回纽约的长途巴士。打开窗，闻着帝国之州弥漫着的自由空气，我感觉自己又活过来了。摊开双手一看，以前从来没干过粗活，现在因为打杂手上全是裂开烂掉后重新长出来粉红的新皮，连指纹都磨没了，就我这手现在去犯罪都不用戴手套的。摸出工资数了数，将近 2000 美元，突然明白了什么叫作血汗钱。

回到家一阵忐忑，以为我爹要把我收拾一顿，说了整个暑假都得打工这才过了一半就灰溜溜回来了。没想到他不但没有责怪，语气似乎还颇为赞赏地来了句："嗯，比我预料中坚持得久。"我正懵的时候，他又意味深长地说了一顿让我心惊肉跳的话："不是每个人都得循规蹈矩地上完高中上大学，上完大学去公司当上班族的。只不过如果不走这条相对轻松先苦后甜的路，那摆在大多数人眼前的选择就只有干粗活苦活累活。可是干粗活也是分人的，有的人干得了，有的人就干不了。有的人没有条件也没有选择，只能干粗活，那没什么好说的；可有的人如果明明有好的条件和机会却任性地放弃错过了，将来可是要后悔莫及的。当然，要是有人天赋异禀 3 岁识谱 5 岁编曲或者 18 岁就能打 NBA，那这些话不适用他。否则，好好读书永远不会让人吃亏。"

我现在当然知道自己属于干不了粗活又不会识谱更打不了 NBA 的那类人了。新学期开始后我就再也不忧郁了，什么汉堡难吃同学难相处，都是惯的。经历过这么一场磨难，从此以后我是吃嘛嘛香，睡哪哪甜，看同学们个个可爱纯真、老师们个个慈眉善目。把高中落下的课补上后又顺利上完了大学，遇到挫折想放弃的时候就在脑海里回想当时打工的痛苦经历，就能咬着牙坚持下去，直到现在当了个相对来说还蛮轻松的小白领。因为有那段经历，我感觉自己对事物的容忍度提升了不少，如果要在公司搬个箱子，移个桌子也会乐意帮忙，绝不会摆出高姿态说"It's not my job"，要等别人来做。但这一切的前提是，我顺利完成了学业，我才能找到一份相对来说不错的工作。我不敢想象当初要是自己真的辍学了，我现在会在哪个餐馆打杂或是哪个菜市场宰鱼的情景，到那个时候可不是"体验人生"，想什么时候喊停就喊停的事儿了。那种日子将会是我日复一日年复一年，从每天早上睁开眼，到每个夜晚闭上眼的真实生活，而且这样的生活是没有尽头的。我当然不是说不屑这些工作低人一等，而是我清楚意识到了自己根本干不了，除了稳稳当当上完学后当上班族以外的活。事实上我也确实享受现在的工作和生活。我曾经有一段时间非常不齿这段打杂的经历，在同学朋友们面前从来不敢提起，似乎觉得干了什么丢人的事。但现在回头看，我非常庆幸自己的这段“惨痛”经历，让我没有在人生的十字路口走上弯路。

当然，初到异国对身份的疑惑和对未来的焦虑并没有马上就消除。但我意识到了比解除迷茫更紧迫的事情，那就是如果真的退学后我要如何生存，之前只是在年轻的脑子里走马观灯一样想了一遍就以为看透了人生，现在有了切身体会，才知道人生不易，这就是这件事情的全部意义。

如果以后我生了个儿子说不想上学，我压根就不跟他讲道理，直接让他去体验一段他除了上学这条路以外他将可能要过的生活。如果他觉得自己干得高兴得很，那我没话说；如果他体验后觉得干不了，自然会跟当年的我一样乖乖滚回学校啃书本。

他要是问为什么他非要去体验，我就告诉他：因为我是你爹。

听了这个故事，不知大家又有怎样的感受。

是的，放手让孩子体验是最好的教育，胜过你无数大道理。我们一般家长特别爱给孩子讲道理，动之以情，晓之以理，可是收效呢？很多时候孩子接受了，并不是发自内心的接受，是被逼无奈而已。有句诗说“纸上得来终觉浅，绝知此事要躬行”，对孩子的教育也是如此。他自己经历过事，他的感受才深刻，他的选择才顺心，他的目标才明确，他的道路再苦都不以为苦。

环节四：放手让孩子在体验中成长——假期社会实践之我的“影子爸妈”

1. 目的：让孩子了解父母的工作，感受父母的不易；让父母放手，让孩子在成长中懂得成长的需要。

2. 过程：对父母的工作进行跟踪体验，并写出过程与感受。

3. 反馈效果

今年学校布置的实践计划是做“影子爸爸和影子妈妈”，因为是单亲家庭，又寄宿在姥姥家，所以我选择了“影子妈妈和影子姥姥”。（李莱辉）

影子妈妈：

妈妈的工作是“蓝白家厨房”的外卖，名字虽然是“外卖”，但是其实就是在室内向外销售食品。蓝白家厨房地很小，更多的空间是用来摆放储存箱和厨具的，所以妈妈所在蓝白家厨房里容纳四五个店员已是极限了。每天凌晨三点半，妈妈就要骑着一辆二手的自行车去上班，其实她可以晚去一个小时的，但是交警大队的人员每天五点半都会从那里订购一百多根油条和其他早餐，为了不影响其他顾客的购买，这个店的每个店员都起个大早，当我们还在酣睡之时，她们已经将现炸的油条等早餐送到了大队。之后，她们开始了更加忙碌的早晨。

早晨，蓝白家厨房的门口排着长长的队伍，人们排队买早餐的心情不亚于上班高峰期挤公交车。这个时候恰恰是展现妈妈的魅力的时候，她算数很快——准确地说每一个蓝白家厨房的外卖人员都有一项过人的本领——心算，当顾客说出要买的早餐的名字时，妈妈会立即口头给她列出一个算式，这让顾客很放心——钱没有多算也没有少算，我最惊奇的就是妈妈列式时十分流畅，好像是提前背过了一样，以至于某些顾客没有反应过来，还傻傻地问：“真的交这些钱吗？”

日出东山，阳光渐渐毒辣起来的时候，妈妈脸上的汗珠也渐渐多了起来，因为不停地做饭、卖饭，小小的家厨房变成了大烤炉，即使有风扇大家也不会开，一是因为怕面粉之类的满天飞，二是因为打开风扇吹的也是热风。直到中午，妈妈才停下手里的活，骑车到附近的宿舍。妈妈在家厨房的工作时间是一上午，再加上下午四点到七点，中午值班是轮流的，每个月有四天的休息日（每次只休半天，八个半天加起来是四整天）。中午的时候，妈妈会在宿舍度过，也许是对高温下作业的工作人员的补偿，宿舍里的热水器是全天候的，妈妈可以在中午洗个舒服的澡，午睡一会儿，再继续下午的工作。

上面提到妈妈的工作时间，基本都是大家买饭的时间，所以只有休班的时候，我才可以吃到妈妈做的饭，由于休半天班，所以我也只能吃到她做的晚饭。节假日的时候，譬如端午、中秋等，一些传统美食就会销量很火，但是妈妈却不能在这些假期里好好享受，销量越可观，妈妈越要加班加点，争取多卖一些。然而很多顾客却不怀体谅之心，买饭时云里雾里的，等到结账了，就开始找茬。有一次，一个顾客到店里买牛肉蒸饺，妈妈拿出蒸饺给顾客看，还告诉她这份是灌汤的，再次询问顾客是不是点的这一份，那人连连点头，但是付账后打开蒸饺一看，立马吵嚷起来了："你们的牛肉蒸饺怎么是汤面的？我要退货！"当时店员们都哭笑不得，灌汤的蒸饺哪有不是汤面的，况且妈妈做得很到位，这个货是不应该也不允许退的，但是那顾客死缠烂打一直要求退货，最后竟然到了要投诉的地步。妈妈很严肃地告诉她，她并不害怕投诉，店里有监控，究竟谁对谁错调一下监控录像就一目了然了，请不要耽误后面顾客买饭。那个顾客听了这话，便悻悻地不说话了。事后妈妈告诉我，店里虽然有监控，但是拍不到外卖的位置，这让我对妈妈刮目相看。在我的印象里，从没有用"机智"这个词来形容过她。但是她最后还是给这个顾客退了货，因为她说她的工作就是为了满足顾客的需要。她能设身处地地为顾客着想，还是让我很钦佩的。

后记：蓝白家厨房不许进外人，我一直在外面观察妈妈卖饭，骄阳似火，我在外面穿着短裤 T 恤都汗流浃背，而妈妈从蓝白家厨房出来时带出的那股热气着实让我见识了烤箱的热度。妈妈，谢谢你，为了我，你吃了太多苦。

行动：开学合理安排生活费；没有动力学习时，想想我的学费是用妈妈的汗水挣来的。

环节五：家长在哪些方面要学会放手

经常听家长感慨说：其实不是孩子离不开父母，而是父母离不开孩子。但是，正是父母的这种"恋恋不舍"，导致了孩子独立性缺乏或反叛。有人说，教养教养，今天的家庭，差别不在"养"，而在"教"上。那么，如何"教"出一个好孩子呢？很多时候，我们可以在这些方面放手，相信孩子的发展一定比被"攥"在手心里要好。

放手一：放手让孩子亲近自然。亲近自然，喜欢阳光雨露美好世界的孩子品性一般不会差到哪里去。

放手二：放手让孩子亲近艺术。有艺术美感的孩子有更加丰富的情感世界，这样的孩子对美的体验较深，情商一般较高。

放手三：放手让孩子独立体验生活。体验生活的酸甜苦辣，并具有独立的生活能力是所有孩子的必修课。所有的教育要培养的都是一个成长、成熟的人，而不是一个“巨婴”。

放手四：放手让孩子有独立思想。一切的美好体验、理性思考都来自独立的、深层的感受与思考。禁锢孩子的思想要么等于培养了一部“复读机”，要么可能培养一个“反叛者”。

放手五：放手让孩子选择他想选择的。从孩子选择文、理科开始，到孩子选择大学，选择专业，选择工作，选择男女朋友，请尊重孩子的喜好，尊重孩子的意见，我们可以提出自己作为家长的意见供孩子参考，但是真正的选择让孩子自己去做。

这一点说起来容易，做起来难。我们家长太喜欢把自己的意志或者认识强加给孩子。

我七岁的小侄女背起小书包，入了小学。终日看她在写字桌前忙碌，书桌上堆满了《小学生每日必背单词》《数学新课标丛书》。这么一个稚嫩的小孩子，每天埋头在一张大大的书桌前吭哧吭哧地用功，这景象着实有些滑稽和让人心疼。我凑上前去，发现书桌上无一例外是教辅书，我便问她：“我给你买的《经典儿童文学》去哪里了？”

她奋笔疾书，头也不抬，甩给我一句话：

“妈妈说那种书没用，要抓紧时间学点儿有用的。”

我的手一抖，不太敢相信这话出自一个七岁孩子的口中。我的七岁，还在《绿野仙踪》《格林童话》的课外书中畅游，而未曾体验过世界什么样的小女孩，如何能够老练地判断什么知识对她有用还是无用？

星期一，我顺路送她到小学门口，各种英语班、奥数班、作文班在那里安营扎寨，推销员忙不迭地往我手里塞传单，说得天花乱坠：“学了就有用，上了就涨分！”我仿佛陷身于一场急功近利的教育狂欢，望着小侄女背着沉重的书包走进学校，竟然无言以对。

教育没有绝对的“徒劳无功”！

我们家长只强调知识的有用性，而忽视其他因素的教育作用，实际上是一种变相捆绑，中国父母所说的教育“有用”，多指的是立竿见影式的马上有用，衡量的尺度，是分数、考级和升学，有助于此则有用，无助于考试则无用。八个字形容我们当下的教育：急功近利，急于求成。

清华大学经管学院院长钱颖一，曾对毕业二十年的校友做过调查，他发现：老校友更后悔当时没有更多地去学那些看上去“无用”、但后来很有用的课，比如一些人文、艺术、社会科学类。而当时所谓“有用实际”的课，随着时间冲刷变得如此无用。对于人生而言，“有用”的东西，可能只是暂时有用，以后一生无用；“没用”则可能是暂时没用，以后终身有用。

如果你想培养一位循规蹈矩、没有独立性的孩子，可以让他学眼前的“有用”文章，做有用的习题；如果你是一位眼光够长远的父母，会让孩子读无用的书，做无用的事，花无用的时间，耗无用的精力，因为人生最长远的目标，都在于那些不被功利衡量的无用。

如果有可能，不必非做一个有用的人，但要做一个有趣的人。太多的人直奔“有用”而去，那活法不够好。去学习那些无用的知识，去拥有一颗丰富的心灵，去触碰、感知、体味、享受生命中那些缤纷有趣的色彩，做一个灵魂丰满的孩子，让孩子的人生旅途迈步稳健、行路长远。

（烟台第三中学　王丽萍）

【相关链接】

一、中国家长锁住孩子的10把锁

http://www.360doc.com/content/16/0427/06/32568458_554124618.shtml

二、你在不知不觉中培养着“白眼狼”吗

星期天的晚上，饭菜已经上桌，我呼唤女儿：“吃饭啦。”“等一下。”

她答。

我先吃了。几分钟后，女儿走过来，看了一眼桌子，问："我的饭呢？"伴随着的是一副忿忿不平的神情。

我心里一惊。她的表情、她的诘问明明在告诉我：你应该为我盛好饭的，为什么不给我盛饭呢？

7 岁的她有一双好手，她明明可以自己盛饭，为什么觉得我理所当然得替她盛饭呢？

我立刻找到了原因。虽然我一直警告自己不要替孩子做太多，让孩子学会为自己负责，但是我仍然和许多母亲一样，不知不觉替孩子做得多了点儿。

以前我一直替她盛饭，以至于她认为盛饭这件事是妈妈应该为她做的，所以她不但不感激我一直以来替她盛饭，反而因为今天没给她盛饭而不满起来。是啊，既然是妈妈应该做的，她怎么会感激呢？

我意识到这是在助长女儿的"受之无愧感"，"受之无愧感"是指，某人觉得别人欠了他东西，或者认为别人必须给他特殊待遇。有这种倾向的人认为别人（尤其是亲近的人）应该给他想要的事物，别人给了，他觉得那是人家应该做的，他不知感恩；别人没有给，他就认为别人太不应该，于是就心生不满和怨恨。

受之无愧感强烈的人可能变成一只"白眼狼"。

前不久在网络上看到的一个帖子，发帖人小 A 10 岁时父母相继过世，年长他 20 岁的姐姐将他抚养成人，并供他上了大学，后来他考上了公务员。姐姐在工厂上班，姐夫在学校门口摆一个小摊。现在姐姐退休了，退休金每月 1800 元。姐姐的儿子——小 A 的外甥考上了外地某个大学的建筑专业，学费比本地大学其他专业贵。姐姐家收入锐减，开支突增，财务突然紧张起来。

姐姐想让小 A 每个月给她 1000 元作为养老费（实际应该是补贴外甥上大学的生活费），小 A 不干，并劝说姐姐不让外甥读学费昂贵的建筑专业。姐姐一气之下，扬言小 A 不给抚养费就要将他告上法庭。小 A 问，如果姐姐将他告上法庭，他需不需要承担抚养费？会不会对他的前途造成影响？他特别强调，姐姐只是将他养活大，对他没有对外甥好，至于如何不好，他举例说 2003 年上大学时，姐姐每月仅仅给他 300 元的生活费。言辞间很多对姐姐的不满，毫无感激之情。

姐姐将他抚养成人并送去上大学，小 A 本应心怀感激、知恩图报，他却认为姐姐姐夫做得还不够。我不熟悉法律，不知法律上这位弟弟有没有义务赡养姐姐。但从朴素的人情道义来看，滴水之恩当涌泉相报，面对抚养自己十几年，还送自己上大学的姐姐，在她遇到困难时，有什么理由不帮帮她呢？

我替这位姐姐感到悲伤，带着弟弟出嫁本已不易，多年辛苦竟养出一只白眼狼。

我可不想将女儿养成白眼狼。我养育她是我作为母亲的职责，不图她的回报，但是如果她长大后认为我替她做一切都是理所应当的，如果我哪天做少了，或者不做，她就怨恨我……如果发生这些，那是我的悲剧。

于是，我告诉她，妈妈刚才反思了一下，可能我以前一直替你盛饭，使你觉得为你盛饭是妈妈应该做的。我觉得到这样很不好。从今天开始，盛饭就是你自己的事，应该由你自己盛。

从那以后，我更加警惕是否替她做了太多，经常提醒自己不要替她做她分内的事情，并将一些家务分配给她，让她承担起家庭一员的责任；在我们劳动的时候，邀请（或要求）她帮忙，让她体会我们劳动的辛苦；教导她表达感谢，如果她表示了感谢，她会得到更多，如果她没有感激之心，下次我不再替她做那件事；物质方面减少满足，让她懂得并不是她想要任何东西都可以得到。

我看到许多父母不知不觉中在培养着白眼狼。他们替孩子做得太多，上学或放学路上，大多数孩子的书包都由父母背着，孩子心安理得空着手走；衣来伸手饭来张口，不用干家务，只要搞好学习；物质享受被过分满足，许多小学生有了自己的手机和电脑……这些都是在助长孩子的受之无愧感，今天他认为你应该为他背书包、买手机，明天他就会认为你应该为他找工作、买车子、买房子，如果某天你给不了他想要的，他就要心生怨恨了。

写到这里，我想到三年前机场弑母的留学生汪佳晶，他留日五年，从未打过工，学费和生活费都靠母亲每月 7000 元人民币的收入来出。母亲四处举债，实在拿不出钱，他竟在机场捅了前来接机的母亲 9 刀。24 岁的青年本应自立，靠自己打工解决（或部分解决）留学费用。但他心安理得享受着母亲含辛茹苦提供的温室生活，当母亲拿不出钱，他不念亲恩，那满腔怨恨化作 9 刀。

Tips：这个案件让父母们警醒，教导孩子学会负责、懂得感恩有多么重要！一个懂得感恩的孩子，他会感激别人替他所做的，珍惜他得到的一切，觉得拥有眼前的一切既快乐又幸福。我们做父母的要谨记：如果你不想将孩子培养成“白眼狼”，那就千万不要替孩子做太多，不要助长孩子的受之无愧感，要去教导孩子懂得感恩。

建议高一家长会用

陪伴孩子顺利度过青春期

【活动背景】

青春期是人体生长发育的一个特殊时期，是生理发育的第二高峰期，是性的朦胧和成熟期，它必然给青少年带来心理的动荡。中国处于青春期的青少年有 3 亿多人，他们经常要面对有关性的问题，而性的问题也是诱发或导致心理困扰乃至心理障碍的常见原因之一。对于青春期，文学家称之为“人生的花季”，社会学家称之为“多事之秋”，犯罪心理学家称之为“最危险的年龄”。有效地对青少年进行性健康教育，不仅有利于他们顺利度过青春期，还有助于他们未来的适应与发展。家庭是孩子重要的生活场所，家长是孩子的第一任教师，家长对青春期孩子的性健康引领，发挥着关键作用。

【活动目标】

1. 引导家长了解青春期孩子性心理发展特点，理解孩子心理发展需要；
2. 引导家长帮助孩子远离性骚扰，拒绝性伤害，学会自我保护；
3. 学会与孩子沟通，引导孩子与异性健康交往，顺利度过青春期。

【活动准备】

1. 视频：《青春的邂逅》《长大未成人》；
2. PPT 活动课件。

【活动过程】

环节一：案例导入，谁的青春不疯狂

让我们一起来看几则案例：

案例 1：我是一个来自农村的男孩，自上高中以来一直努力学习，所以高二进了年级的提高班。但就在这个时刻，我注意到了一个女生，虽说只是一面之交，但我也说不清怎么就喜欢上她了。难道这就是早恋吗？感情的冲动使我上课经常走神，晚上独自一人时就想这个女生……理智上我知道应该克制，但是我却不能让自己把全部精力用到学习上去，我时常自责，我该怎样才不至于留下终身遗憾呢？

案例 2：我是一名高中女生，却因为喜欢一个男生而烦恼和忧愁。我是通过上网认识这个男生的，他调皮、仗义，是学校里的“大哥”，可能因为和我性格中的“叛逆”相吻合，我才想接近他。其实，我也不是他的女朋友，但是却莫名其妙地欣赏他，我担心自己会陷进去无法控制。可上课遇到难题时，我就想他。我真觉得自己无可救药了，我什么道理都懂，就是不由自主，我该怎么办？

看了这些案例家长们有什么感受？你有什么好的处理方法吗？请家长畅所欲言。

高中时期，男女同学相处是很自然的现象，正常的异性交往对于孩子的健康成长不可缺少，但是异性交往不当会影响孩子的身心健康，影响孩子的学习，也是我们家长担心并感到处理起来颇为棘手的问题。当这种现象出现的时候，我们该怎么办？这就是我们今天家长会要和大家探讨的问题。

设计意图：本环节先展示案例，引起家长共鸣，导入活动主题。

环节二：解密孩子特点，正确面对孩子的异性交往

青春的校园里每天都在发生各种各样的事情，年轻人常常心潮澎湃。让我们一起来看几个发生在校园里的故事。

案例 3：一位高三班主任突然接到学校值班老师的电话：“你班教室有一对男女，动作非常亲密，请你现在赶快过来抓人！”他心一惊：会是谁呢？去面对学生们，他该说些什么呢？由于家住在校外，所以就说了个理由，请值班老师帮忙先把人赶走。第二天，经过秘密调查发现：女生，陈某，个性文静，上课也遵守纪律，从外地转学而来。男生，是他一直都很欣赏的刘某，课堂上的即兴演讲，给同学们留下深刻的印象；在班级管理中刘某是班主任的得力助手。这两位学生学习都非常勤奋，理想目标很明确，为什么就谈恋爱了呢？如果发展下去肯定会影响高考成绩的。

班主任的担心，也正是我们家长的担心。这个班主任的处理还是比较冷静的，我们有些家长往往不能冷静处理，我知道不少家长的做法就是找老师，找对方家长，千方百计拆散他们。这样做的效果如何呢？

我们来看一个校园心理剧：《青春的邂逅》

多媒体播放《青春的邂逅》校园心理剧，家长边看边思考，对于异性交往，为什么家长越反对，孩子越会交往？

这是由于另一个心理效应——“罗密欧与朱丽叶效应”。（莎士比亚的经典名剧《罗密欧与朱丽叶》中罗密欧与朱丽叶相爱，但由于双方世仇，他们的爱情遭到了极力反对。但压迫并没有使他们分手，反而使他们爱得更深，直到殉情。）当出现干扰恋爱双方爱情关系的外在力量时，恋爱双方的情感反而会加强，恋爱关系也因此更加牢固，这就是“罗密欧与朱丽叶”效应。

当家长发现孩子的异性交往有情况时，应该怎么办呢？美国一个17岁的中学生交了一个大学生女朋友，他的母亲知道儿子早恋后并没有严令禁止，而是冷静观察、时时提醒，在孩子需要帮助时及时伸出援助之手，最终儿子结束了这段恋情。

下面是这位美国母亲和中国教师的对话：“无论是在哪个国家，孩子在花费较大的精力用于学习时，谈恋爱都不是一种明智之举。因为他们还太小，不懂得爱的真正含意。但这方面的体验别人无法替代产生，也需要他们自己整理一下思绪，自行走出误区。家长不要把这事看得太重，即使心里紧张，也不要表现给孩子。他们仅仅在一起做游戏，也同样在不断地学习。应该有把握的是，当他上大学时，他将懂得他要找的是什么样的人，并且能找到与他较般配的另一半。”

“你认为这种经历是对未来的准备？”

“可以这样认为。他能有所比较，最终知道什么是次要的，什么是最重要的，这也同样使他能从容地去面对今后的各种打击。”

可见，限制、禁止、阻挠不是解决问题的办法，反而会把孩子推得离我们更远。正确的做法是：

一、尊重孩子

上了高中的孩子智力水平接近成年人，生理机能已经发育成熟，感情世界更为丰富，个性趋于成熟，三观逐步形成，这时候的孩子重视同伴的友谊，同时也会为异性所吸引，这是这个年龄段孩子会有的正常表现。

二、理解孩子

我们做个小游戏，让我们的思维转转弯。

在宇宙飞行中，占60.6%的宇航员会产生“航天综合征”，如：头痛、眩晕、失眠、烦躁、恶心、情绪低沉等，而且一切药物均无济于事。这到底是为什么呢？几年前，在南极考察的澳大利亚科研人员也得了这种怪病，晚上失眠，白天昏昏沉沉，用了许多方法，均无法治愈。如何解决这个问题呢？

家长思考并发言。

教师公布答案：经过调查研究，人们得出的结论竟是“没有男女搭配，是性别比例失调严重，导致异性气味匮乏的结果”。因此，美国著名医学博士哈里教授向美国宇航局提出建议，在每次宇航飞行中，挑选一位健康貌美的女性参加。这一办法使困扰宇航员的难题迎刃而解。

听了这些您有什么感想？随机提问家长发言。

是的，中国有句俗语，“男女搭配，干活不累”，这源于一种心理效应——“异性效应”。异性效应是指两性共同参加的活动，较之只有同性参加的活动，参加者一般会感到更愉快，干得也更起劲儿，更出色。这是因为当有异性参加活动时，异性间心理接近的需要得到了满足，因而会使人获得程度不同的愉悦感，并激发起内在的积极性和创造力。对于青春期的孩子来说，寻找各种机会接近异性同学；有异性在的场合做起事情来干劲儿十足；开始对某些异性同学有好感；更愿意与异性朋友说心里话；会做出一些行为希望引起有好感的异性同学注意，这些都是异性效应的作用，是高中孩子一种正常的心理需求，这说明你的孩子长大了。

三、正常的异性交往有利于孩子的成长

青春期是一个比较敏感的时期，我们要正确认识孩子的异性交往，从客观上来说，适度的异性交往对于青春期孩子的成长有积极的促进作用。

1. 促进学习进步。在男女同学学习时，共同参与，往往气氛活跃，谁都力争前列，表现自我的欲望强烈，促使思维活动撞出激烈的火花。男生创造性较强，女生情感性较为生动；男生逻辑记忆较好，女生情感记忆较好；男生感知的整体性、概括性较强，女生感知的分析性和生动性较强，男女同学共同学习，就有利于优势互补，相互启发，激发学习兴趣，促使男生女生努力学习。前面宇航员的研究就说明了这一点。

2. 规范行为举止。处于青春期的男生女生都有较强的自尊心，怕在他人特别是异性同学面前丢“面子”，因此，有异性同学在场时，会自觉或不自觉地规范自己的言行，以便给异性同学留下美好的印象。男生女生互相参观宿舍，他们绝对会彻底打扫卫生，努力创造好的形象。

3. 丰富情感经验。异性同学在正常交往时，由于相互吸引，感情更为融洽，心情更为愉悦。男生女生的情感特点和表达方式有不同，男生情绪比较冲动、热情，表达更为主动、直接；女生情感丰富、细腻，表达更为含蓄、矜持。男女同学在正常交往时便会体验到同性、异性之间交往的差异，从而增加个人的情感体验。

4. 提高社交能力。正常的异性同学交往，可以获得与异性友好相处的经历和经验，掌握一定的社会交往技巧，提高情绪管理能力和语言表达能力，异性交往时表现得更为自信大方。

5. 完善个性品质。由于男生女生在认知、情感、意志、气质、性格、能力、兴趣等多方面的差异，在其正常交往过程中就需要相互适应，相互取长补短，这就促使男生女生在交往过程中进一步完善自己的性格等，促使交往双方的个性全面发展。

四、学会引导孩子

情窦初开是人之常情，只是孩子们在求学的路上还不能去尝试爱情。更多的时候，他们是把喜欢当作了爱情，这时候需要我们家长的引导。

1. 鼓励孩子交往广泛。要孩子和异性公开交往、群体交往，自然交往，他就不会对个别的异性产生过分的好感。如果有早恋苗头了，家长也不要让孩子和谈恋爱的同学绝交，甚至兴师动众通知对方家长，大张旗鼓处理这件事，伤害孩子的自尊，也伤害他们的感情。怎么办呢？

2. 你宽松对待，接纳他，接纳他们的感情。

3. 要提出明确要求。要求孩子的成绩只能越来越好，不能因为早恋耽误学习；要求孩子交朋友（包括异性）只能越交越多，不能只固定地和这一个同学交往。甚至可以让他们成为同位互帮互助，让他们发现彼此的优点也发现彼此的缺点。不少早恋都经不住时间考验，很快就会无疾而终。

异性交往就像盖着白布的花朵，青春期的孩子们在好奇心的驱使下才会去掀开它，往往却又不能好好把握。如果从一开始就能够引导他们正常交往的话，就会建立纯洁的异性友谊。青春期是一条奔腾的河，这边是稚嫩青涩，对岸是睿智成熟，如何陪伴孩子平安渡过青春这条河，顺利度过青春期？

设计意图：本环节以翔实的案例，吸引家长兴趣，引领家长了解孩子的成长特点，学会正确面对孩子的异性交往过密（早恋）。

环节三：教孩子要有保护意识，学会自我保护

青春期孩子虽已长大，但是危险也是无处不在，家长要教育孩子（尤其是女孩子）有保护自己的意识，学会自我保护的一些方法，这是家长送给青春期孩子最好的礼物。

一、远离性骚扰

公交车上的咸猪手、来访客人的猥亵、异性同学的轻薄，性骚扰在生活中无处不在。在清晨或黄昏，特别是在夜间单独行走在偏僻道路的少女，往往成为不法分子的骚扰对象；单独进入男性房间的少女会让色男有不良企图；结交品质恶劣男友的女孩极易羊入虎口；相貌迷人、穿着裸露的女孩也容易被误认为从事特殊职业而受到性骚扰；拥挤的公交车上，窃贼喜欢光顾，色狼容易下手。

色狼居心不良，女同学远离性骚扰是青春第一必杀技，如何教女孩子远离性骚扰呢？

1. 举止端庄。不要穿过于透明、裸露的服装，言行举止切忌花枝招展、举止轻浮。

2. 夜不单行。夜间行路时如遇到有人尾随盯梢，要尽量与其保持一定距离，并迅速地走向有灯光处或者有行人、店铺的地方。

3.远离拥挤。乘公共汽车时，如果发现有成群结伙、流里流气的人蜂拥上车，最好向车的前部，靠近司机或售票员站立；不要挤在人群中间，并且要尽量避免和这些人同时在同一个站下车。

4.找个保镖。如果向男教师请教有关学习问题，最好约上几个要好的同学一起去。你单独在家时，如果有人敲门，问清情况，等父母都在家时，再让他们进来。好友和父母，是自己最好的保镖。

5.机智应对。当有人对自己非礼时，应想办法躲避，情况紧急时要想办法呼救。比如，看到远处的年长男子说："爸爸，快过来！"

二、拒绝性伤害。

这是一个真实的故事：高一女生小灵是父母的掌上明珠，她与同班同学小刚涉入爱河，甜蜜徜徉，在一次看完录像后俩人偷尝了"禁果"。两个月后的一天，上体育课时小灵下腹剧痛，昏倒在操场上。在医院里，医生询问小灵的父母："能保证你们的女儿没有怀孕吗？"回答是恼怒而否定的。询问小灵的个人生活情况，她一口咬定月经正常，也没有男朋友。于是按急性阑尾炎处理，谁知刚送上手术台就因大出血死亡。父母哭天抢地，认定是医疗事故，要求查处责任者。医院请来医疗事故鉴定组，鉴定小灵是右侧输卵管破裂大出血死亡（宫外孕）。医生虽有失误，但不承担责任，因为病人隐瞒了真相。小灵的父母和小刚都追悔莫及。

性伤害贻害终生，如何教孩子拒绝性伤害呢？

1.明确要求，杜绝伤害。

家长对孩子要提出明确要求，孩子18岁之前没有性交权，坚决杜绝性伤害。

2.及时刹车，坚决拒绝。

男女生交往时间一长，很容易产生性冲动，这时就需要及时刹车。为了顺利刹车，降低车速至关重要，毕竟时速10千米时刹车比时速100千米时刹车更容易停下。高中生与异性间交往不要过于频繁，时间也不要过长，低速前进，慢慢前行，一旦有某种想法出现，及时刹车。

3.清醒判断。

在与异性单独交往时，要进行全局观察，敏锐地识别疑点，对异性言行的是非、真伪、表里进行清醒判断，发现危险，早早撤离。

4.灵活自卫。

当危险发生时，利用环境保护自己，也可借用他人保护自己，或者运用法律保护自己，孤军奋战时要讲求策略、机智应变。比如，有位女孩遭遇陌生男子尾随时，大声对前面的成人喊："叔叔（阿姨），等等我！"兵不厌诈，让歹徒知难而退。

设计意图：本环节通过生活实例，引起家长注意，指导孩子远离危险和自救，学会自我保护，保证身心安全。

环节四：深究根源，防微杜渐

早恋，即过早地谈恋爱，高中生经济上尚未独立，离法定结婚年龄还很遥远，所以异性间的恋情被评定为早恋。按照高中生恋情发展程度，早恋可以分为以下四种：

一是暗恋。徐小凤在《心恋》中唱道："我想偷偷望呀望一望他，假装欣赏欣赏一瓶花。只能偷偷看呀看一看他，就好像又浏览一幅画……"这表达的就是一种暗恋的情感。如案例 1 和案例 2，暗恋的对象，有时候也许并不知情。

二是迷恋。盼望天天与他（她）见面（网络的或现实的），满足于温馨的情感交流和卿卿我我的言语交流。迷恋的双方，互相知情。

三是热恋。有的有拥抱和接吻的激情，但能控制自己的行为，不会付诸实践；有的驾驭不了自己的性冲动与性欲望，经常利用独处时间，与异性发生身体接触行为。热恋的双方，忘记了自己的身份。

四是失恋。草蜢在《失恋阵线联盟》中唱道："她总是只留下电话号码，从不肯让我送他回家。听说你也曾经爱上过她，曾经也同样无法自拔。你说你学不会假装潇洒，却教我别太早放弃她。把过去全说成一段神话，然后笑彼此一样的傻。我们这么在乎她，却被她全部抹杀，越疼她越伤心，永远得不到回答……"

青春是个五味瓶，酸、甜、苦、辣、咸俱全，每一种味道对于孩子的生命都不可缺少，而五味杂陈的早恋，让许多青春期孩子沉迷其中。很少有孩子会主动告诉家长，自己谈恋爱了。当孩子陷入早恋时，肯定会有一些蛛丝马迹，家长需要擦亮眼睛，识别早恋，早早采取应对措施。

一、明察秋毫，发现早恋信号

外表变化：原来一心扑在学习上，从来都不爱打扮，现在突然爱买衣服。每天回到家中，就不停地照镜子，左照照，右照照，还不时地对着镜子傻笑。

成绩变化：孩子原来学习一直很好，近一段时间突然学习滑坡厉害。原来一直排在全班前几名，现在突然倒数几名，他还无动于衷。

性格变化：活泼好动的孩子突然变得沉默，有时一个人呆呆地坐在家里，家里人叫他，他好像没听到一样；有时候，又好像在想些什么。情绪起伏大，有时兴奋，有时忧郁，有时烦躁不安，做事无耐心。

行为变化：有时候，又不住地在写些什么，等家人走近以后，立马用手遮住。原来休息日时喜欢宅在家里，现在总想往外面跑，一副心神不定的样子，根本没有心思学习。

兴趣变化：突然喜欢看些电视、电脑上的恋爱镜头，看得津津有味，专心致志。一看就不能停下来，好像沉迷其中一样。

交往变化：常有异性打来电话，经常上网与某一异性聊天。

青春本是花季，一旦进入早恋，极易变成雨季。当孩子出现早恋信号时，家长不要惊慌失措，也不要粗暴应对，而要加强与孩子的沟通，慢慢帮助孩子走出早恋。

二、深究根源，杜绝早恋

请大家看一段央视新闻调查：《长大未成人》，请家长们边看边思考：孩子为什么会早恋？

播放蔡静主持的央视新闻调查《长大未成人》片段。

家长交流。

教师小结：孩子早恋，除了青春期的性萌动，还有家庭的原因。片子里的女孩就是由于“缺乏父爱综合征”。美国有位叫乔治曼斯尔的海员，在儿子刚出生不久便出海远航。3 年后，他回到家里时吃惊地看到儿子举止古怪，性格孤僻，自卑感很强，看不到一点天真活泼的孩童形象。这是由于婴幼儿长期缺少父爱所表现的特有症状，有的孩子还会出现哭闹、易惊、烦躁、抑郁、多愁善感等症状。有人称这些症状为“缺乏父爱综合征”。

苏联心理学家证实，由于父亲的形象是力量的象征，勇敢、果断、豪爽、眼界开阔、事业心强，所以女孩子受了这些影响，会更严肃认真地对待生活和事业。世界卫生组织最新研究成果表明，“平均每天能与父亲共处2个小时以上的孩子智商更高，男孩更像小男子汉，女孩长大后更懂得如何与异性交往”。

其实不仅女孩，有时男孩也会因为在家里缺乏关爱而陷入早恋。研究发现，如果一个人早期生长环境不良，长期处于缺乏母爱或者父爱的不完整家庭中，在以后的生活中很容易产生自卑、自闭、自责、焦虑、抑郁、逆反、妒忌等不良心理，在与异性交往时更容易误入歧途。所以，为了孩子的健康成长，父亲请爱她（他）的母亲，母亲请爱他（她）的父亲，给孩子创造一个有爱、有温暖的家。“我希望有所房子，面朝大海，春暖花开。同时我还希望，这里面有爱我的爸爸和妈妈，一个温暖的家。”这是每一个孩子的心中呐喊。

各位家长们，请您静下心来好好想想：您每天陪伴孩子的时间有多长？你有没有给到孩子足够的关爱？

建议家长们：少一些应酬，多陪孩子看几部电影；少一些赚钱的商业行为，多一些与孩子的沟通谈心；少一些K歌牌桌，多与孩子一起外出运动或旅游。您的陪伴对孩子的健康成长至关重要。

三、防微杜渐，预防早恋

1. 学会转移情感

把时间和精力转移到紧张的学习和健康的课余爱好上去；多关心国家大事，经常参加一些集体性的活动，在活动中转移自己对异性的注意力；多看一些文学名著、哲理性文章；多想想自己的进步，想想将来的事业，想想将来在复杂的社会里如何开拓和进取。分散自己的精力，到丰富多彩的活动中去，就会发现，世界原来很大。

2. 满足孩子情感需求

马斯洛的需要层次理论指出人有五种需要：生理的需要、安全的需要、爱与归属的需要、尊重的需要和自我实现的需要。当人的基本需要即生理和安全的需要的到满足后，爱与归属的需要就提上了日程。当孩子爱与归属的需要得不到满足时，就会以一种变形的方式——早恋来满足。家长多与孩子进行沟通，带孩子外出运动、旅游、看电影等，通过一些亲子活动，促进与孩子之间的情感沟通，让孩子感受到家庭的温暖。父爱母爱不缺席，孩子也会更自爱。

3. 对孩子进行爱情观教育

耶鲁大学社会心理学家斯腾伯格提出了著名的爱情理论，认为完美的爱情由三个基本成分组成：激情、亲密和承诺。文坛伉俪钱钟书曾用一句话概括他与杨绛的爱情："绝无仅有的结合了各不相容的三者：妻子、情人、朋友。"钱老与杨老的爱情，融合了激情、承诺和亲密三个元素，这就是真正的爱情。

父母的爱情故事，对于孩子来说，也有示范作用。父母是孩子最好的榜样，请在座的父母们，跟孩子讲一讲您和爱人从相识、相爱到相守的故事，让孩子明白激情、承诺和亲密之于爱情的不可或缺。

要找到并享受真正的爱情——完美爱情，不是一朝一夕的事。完美爱情是需要准备的，而这准备多半在于准备好自己。当孩子成为一个内外都丰盈的女子（男子）时，爱情会自动向他们靠拢。当有一份很美好的爱情摆在他们面前的时候，他们能够自信地应对。

设计意图：本环节通过几个生活案例，引导家长了解早恋的种类、早恋的信号，掌握与孩子沟通的方法，及早帮助孩子走出早恋，培养孩子健康的异性情感。

设计意图：本环节引导家长明白，家长的爱对于青春期孩子的性心理健康至关重要。

环节五：活动总结

1. 小故事：妈妈是孩子的守护天使

很久以前，有个孩子马上就要诞生了。可是他非常畏惧一个人去一个陌生的地方生存，因此他问上帝："听说明天你就要把我送到人间了，可是我这么的弱小和无助，我在那儿怎么生存呢？"

上帝答道："在众多的天使中，我为你挑了一位特别美丽温柔的天使。

她会一直守候你，看着你成长，会给你最无微不至的关怀，给你所有的疼爱。”

小孩还是在犹豫自己是不是真的想去人间，去那个天使的怀里。又说：“在天堂我很快乐，每天唱歌与微笑，其他什么事也不做，什么也不想。这让我感到幸福，很满足。”

上帝无比慈爱微笑着说：“你的天使每天会为你唱歌，给你讲有趣的故事，对你微笑，你会感觉到她的爱，她的温暖。”

“我又不懂人类的语言，他们说的话，我怎么能听得懂？”

上帝轻轻拍了拍孩子的脑袋说：“你的天使会对你说这世上最美丽、最动听的话。而这些都是你在天堂从未听过的，她会不厌其烦地教你说话，直到你听得懂，会使用这个语言为止。”

“听说人间会有许多大坏蛋，我这么弱小，谁来保护我呢？”

“即使冒着生命危险，你的天使也会拼命去保护你的，给你一个安全的环境。”

此时天堂一片宁静，凡间的声音已可听到，小孩知道自己去凡间的时间到了。他又轻声地问了一个问题：“对了，上帝，你还没有告诉我，那个天使叫什么名字呢？”

上帝温柔地看着孩子轻轻地说：“你的天使名字叫——妈妈”。

2. 阳光寄语

青春，是一个疯狂的时期；青春，是一个叛逆的时期；青春，是属于孩子们的时期；青春，是终将逝去的。每个人的青春只有一次，对于青春期的孩子，父母要做好守护的天使，关注孩子的心理需求，多与孩子进行沟通，化解孩子成长困扰，陪伴孩子顺利度过青春期。

设计意图：本环节通过一个小故事对活动进行总结，引导家长明确自己的职责所在，关注孩子的性心理健康，做好孩子的守护者，陪伴孩子顺利度过青春期。

（牟平第一中学　姜欢珍）

【相关链接】

1.《心灵的邂逅》校园心理剧，由牟平一中追梦心理社团拍摄；《长大未成人》视频来源于“全国心理老师俱乐部1”群空间共享。各位老师，如果需要可以与作者联系，作者联系方式：jianghuanzhen@126.com

2. 案例来源于网络，各位老师可以根据实际情况，选取生活中有代表性案例来代替。

如何正确对待孩子的“异性交往”

【活动背景】

步入高中以后，伴随着孩子的身心发展和在校时间的大幅度延长，孩子与同学之间的交往特别是异性之间交往将会逐渐频繁。一方面异性交往是处于青春期的中学生社会化的重要经历，另一方面孩子此时还处在思想不太成熟的阶段，有的拒绝异性交往或与异性交往有困难，有的与异性过密，关系超出友谊的界限，出现“异性交往不当”现象，影响了自身的学业，也令老师、家长们头痛不已，孩子出现了这一问题要如何处理？这是很多家长关心的话题。

【活动目标】

1. 使家长认识孩子“异性交往”的重要性；
2. 让家长学会正确对待和引导孩子的“异性交往”；
3. 学会正确引导和处理孩子异性交往过密的问题。

【活动准备】

1. 中学生异性交往过频案例；
2. PPT 课件。

【活动过程】

教师导入语：青春期的孩子，由于生理和心理的正常发展与异性交往逐渐频繁，如何正确对待和引导孩子与异性之间的交往，是很多家长关心的话题，我们本期家长会就一起来聊一下关于孩子“异性交往”的话题。

环节一：正确看待孩子的异性交往

一、出示案例，引发思考

案例一：张女士：女儿上了高中后住校，周末放假才回家，可是现在回家后除了写作业外不爱在家里待着，老爱和同学出去玩儿。我偷偷关注了一下，经常和她一起玩儿的有好几个是男同学，孩子回家后还经常用QQ和同学聊天，也不知道他们聊了些什么东西。高中阶段那么重要，孩子老和异性的同学出去玩儿，会不会有什么问题？我都急死了，可是除了着急也没别的办法。

案例二：张先生：礼拜六放假，我儿子领了两个女同学来我家玩儿，这次我可知道他小子怎么成绩一直不好了。女孩子走了后我训斥了他一顿，并告诉他考上大学以前不能再和女生交往，可是他还不服气，硬跟我顶嘴。

案例三：刘女士：放假的时候有女孩子来找我儿子，邻居们看见就笑儿子说，哟，这么大一点儿的小孩就谈恋爱了哟，我听后，马上告诉邻居，别这么逗孩子，孩子男女同学交往很正常，在他们心里，没有“恋爱”二字的概念，回头我告诉孩子，有同学来找，无论是男同学还是女同学，都请进屋说话，因为他们是你的同学，这样表示对同学的尊重，女孩子你更要客气一些，但是有一点，你们不要一味地玩耍，误了自己学习。

这些家长遇到的事，你遇到过吗？如果是你，该如何处理呢？

请家长思考后，发表意见。

二、了解孩子的发展特点

刚才家长们都谈了自己的看法，我想先请大家了解我们高中孩子的身心发展特点。

在孩子成长的过程中，他们经历过一段对异性的疏离与排斥期。这一时期通常是在小学高年级及中学低年级时，由于对性别、性角色的心理认同的增强，以及对第二性征发育的不安和烦恼，使得孩子此时有意对异性疏远，即对异性的疏离与排斥。常表现为：不愿与异性同座（儿童阶段并不避讳），在活动中躲避与异性接触，对比较接近的男女同学进行起哄、嘲讽等。

随着年龄增长，中学高年级的孩子生理机能发育成熟，感情世界日益丰富，个性特征趋于稳定，在这一时期，异性对孩子的吸引力明显增强。孩子们进入对异性的关注与接近期。

有位高一的女孩在进行心理咨询时焦急地说："我在初一初二时，看到男孩就厌烦，到了初三后忽然变得很想和男孩说话了，有时看到男孩过来，就不自觉地迎上去，喜笑颜开地打招呼。在学习活动中有男孩在场才觉得有劲，和男孩一起做事，总想显示自己，以引起男孩的注意。"这其实正是青春期的中学生心理发展的典型外在表现。换句话说，孩子开始对异性有兴趣，甚至与异性交往过密时，说明你的孩子长大了。

三、了解"异性正常交往"对中学生的积极影响

进入青春期的青少年，异性间的相互交往及由相互吸引而产生的愉悦的情绪体验是一种良好的、积极的情绪体验，它不仅对身体健康十分有益，还可激发人的潜能，使人敏捷、活跃而奋发向上，对中学生有着积极的影响。

1."异性正常交往"可使同学间相互取长补短、丰富完善个性

进入青春期以后，少男少女生理上发生了很大的变化。这一变化既影响周围人们的评价，又促进自己性别角色认知的发展，因此少男少女心理上的差异越来越明显。男孩子往往性格开朗、勇敢刚强、果断机智，不拘泥于细枝末节，不计较点滴得失，好问好动、好想。当然也有的男孩粗暴骄横，逞强好胜。女孩往往文静怯懦、优柔寡断、感情细腻丰富、举止文雅、灵活、委婉，有较多的被动意识。男女同学相互交往，相互吸引，往往易于发现对方的长处和自己的不足，以利于相互学习、取长补短，丰富完善自己的个性。

2."异性正常交往"可以提高学习与活动效率

男孩子在思维方法上偏重于抽象化，概括能力较强。女孩子在思维方法上多倾向于形象化，观察细致，富有想象力。男女同学在一起学习就可能相互启发，使思路更加开阔，思维更加活跃，思想相互启迪，往往能触发智慧的火花。在活动中男女同学相互交往，心理交融，也易取得明显效果。

3.“异性正常交往”可以激励中学生奋发向上

由于青春期的男女学生都希望引起异性的关注，都希望能以自己某些特点或特长受到异性的青睐，所以异性交往中，男孩往往为此激励自己：成绩优异，谈吐文明礼貌，举止潇洒自如，服饰整洁大方，富于勇敢探索精神，具有豁达的胸怀和男子汉的气质。女孩子也不知不觉地对自己提出了要求：学习刻苦努力，举止优雅大方，待人温文尔雅，言谈风趣，富有修养。这种相互激励就成为男女同学发展的动力和“促进剂”。

四、家长怎么应对孩子频繁的异性交往

对比前面三个案例，面对孩子与异性的频繁交往，不同的家长反应不一，有的是恐惧和手足无措；有的是画红线明令拒绝孩子进行异性交往；还有的是大大方方接受，并加以引导。

根据前面的介绍，我们不难看出：高中生异性交往频繁是一种孩子长大的正常现象，喜欢和异性交往是一种正常的生理及心理需求，是必然的也是必要的。为此，当家长面对孩子与异性交往时，大可不必如临大敌，给孩子扣上早恋的帽子；也不可以一发现自己孩子和哪个异性同学交往，就这么打听那么试探，甚至跟踪调查，弄得草木皆兵；亦不可严令禁止，有时候你越是禁止或者怀疑，孩子可能在逆反心理的驱动下，把很正常的同学关系真的发展成恋爱关系。

还有一种情况需要我们家长注意：家长的明令禁止，看似暂时阻止了孩子“交往不当”的发生，却也刻意制造了孩子人际交往的断层，给孩子的人际交往能力在以后的发展中造成影响。比如，有这样一类“双面人”，他们在网络世界里开朗、大方，与人相处毫不费力，在现实生活中却木讷，不敢与异性交流，这些人对于异性交往这个问题过于敏感。随着逐渐的成长，小时候被刻意制造断层的劣势，会到孩子步入大学、社会后逐渐体现出来，这时我们就会发现，这种禁止多么得不偿失，但为时已晚。”

家长们正确的做法应该是坦然接受，尊重理解，冷静应对，给予恰当的适时的引导。

环节二：冷静应对孩子“异性交往不当”问题

一、“早恋”的界定

早恋，一般是指18岁以下的未成年男女的恋爱。青春期的孩子由于正常的生理和心理发展，对异性产生好感、爱慕的倾向都被归为“早恋”，是不科学的。因此，我们今天在这里没用“早恋”一词，而用的是异性交往不当。

二、高中生“异性交往”的现状

前面我们已经分析了，高中生的异性之间交往逐渐频繁，这是孩子步入青春期后正常的、必然的。经过多年的调查表明，在中学阶段没有发生过感情的人很少，但是大多数都是对异性有好感、有兴趣或者是有爱慕的倾向，也就是暗恋、单恋（单相思）。只有相互有好感，并且告白才能发展成为恋爱，而这样的情况并不多。但是也有个别孩子的确出现了交往不当的现象，也就是恋爱了。

案例四：一个高一男生，春节过后特别喜欢打扮，讲究发型和穿着，老师发现他最近上课老走神，经常精神恍惚，特别关注班里的某个女生，后来了解到他向对方表白了，两个人平时互相关心，感情很好。但是随后两人又怕马上文理分科不在一个班，情绪起伏很大，学习成绩也有所下降。

三、家长该怎样应对孩子的异性交往不当

当你的孩子出现了与异性交往不当现象，家长一定要冷静应对。千万不可一味地斥责，动用各种方法给拆散，因为很多的事例证明，这样做会适得其反，孩子在逆反心理作用下你越是拆越拆不散。请记住，高中时期的恋情成功率基本为零，顺其自然发展很快就会无疾而终。但是孩子恋爱了，必定会牵扯学习精力。

智慧的父母会做到：

1. 坦然接受这一事实，理解尊重孩子的做法。

2. 明确提出自己的要求。

3. 适时、适当加以引导。

家庭教育专家孔屏教授是这样处理她女儿的青春期恋情的。

当女儿告诉她自己和一个男生恋爱了，她和颜悦色，亲切地搂住女儿:“妈妈为你高兴,你已经长大了,现在多了一个人关心你照顾你。快跟妈妈说说这个男孩什么地方吸引了你?”

妈妈与一般父母不一样的做法让女儿吃惊又欣喜,她放下心防,对孔教授数说男孩的优点。听完后,孔教授说“姑娘,你的眼光还真不错,找到一个这么多优点的人。”同时,给女儿布置一个任务,接下来的时间里去发现该男孩的缺点。至于原因,妈妈给女儿的答复是:全面了解一个人才能知道合适与否。

同时明确地跟女儿“约法三章”:即学习成绩只能越来越好,群体交往只能越来越多,不当行为只能越来越少。

这以后孔教授还见了男孩,俨然对待未来女婿一般,郑重把女儿托付给他照顾,并在生活、学习等事上给予男孩帮助。很快,女儿的恋情结束了,无疾而终。

家长坦然接受孩子的异性交往情况,拉近了与孩子的情感距离,便于与孩子沟通交流。这时候的“约法三章”孩子会欣然接受,也会努力做到,发现男孩缺点的任务也会好好完成。发现了一个人的缺点,就不会对他如先前般那么好奇、那么爱慕。人往往会因为神秘、好奇而互相吸引,也会因为了解而分开。

环节三:探究原因,提前预防

学生出现异性交往过密现象,有青春期的孩子生理和心理日趋成人化、情窦初开的必然表现,也有一些特殊原因导致。

一、亲子沟通不畅的孩子容易出现异性交往过密。随着年龄增长,孩子与父母之间有了代沟,与父母之间不再是无话不谈,沟通和交流减少,心理距离越拉越大。或是父母对待孩子过于严格,动不动对孩子进行说教、责骂,这样孩子在家中没有发言权、认同感,容易产生逆反心理。在这种情况下,孩子们往往无法和父母倾诉,更认为在父母那里得不到理解,就在同龄人中寻找知音。而异性之间有感情互补的特点,孩子容易把感情转移到异性上来。

二、单亲家庭的孩子容易出现异性交往不当。近年来,离婚率增长,单亲家庭和隔代抚养的孩子越来越多,在这种家庭里成长的孩子由于缺乏母爱或父爱，孩子在与异性交往时，他们会过于对对方产生依赖心理。

三、心理不够成熟的孩子容易异性交往过密。高中段的孩子尽管智商已经接近成年人，身体发育趋于成熟，但是不少孩子的心理发展并不成熟，有些孩子自我控制力差，辨别是非的能力不足，容易受影视媒体、文学作品及社会上一些不良习气的影响，随意模仿。或看到身边的同伴有了意中人，在从众心理的驱动下，与人攀比，以显示自己的本事，也会出现与异性交往过密的现象。

四、学习成绩不好的孩子容易与异性交往过密。心理学家研究发现，到了高中阶段，孩子学习能力上的个别差异影响并预测孩子的外化行为，换句通俗的话也就是说，孩子学习成绩不好才会上网、打架或谈恋爱。不少孩子是学习成绩不好，学习能力比不上别人，为了弥补失去的自尊心和虚荣心，或是为了舒缓心中的压力，便找异性朋友来借以自夸，解除心中的烦恼，得到精神上的寄托与安慰。

五、好奇心、神秘感和逆反心理的驱使。不少孩子原本没有谈恋爱，只是喜欢某个异性，或者错把喜欢当成了爱情；有的是家长、老师过度紧张，过度解读，导致孩子叛逆所致，越是不让干的事孩子便越想试试看。

经调查发现：相貌出众的学生，喜爱文学、有文艺才华的学生，性格软弱、虚荣心强的学生，缺少家庭温暖和爱护的学生更容易发生异性交往不当。

鉴于以上原因，在这里给我们家长几个小建议，以便防微杜渐，预防孩子出现异性交往过密现象。

一是反思自己。是不是家长只专注于工作而忽略了对孩子的关心，孩子在家庭得不到温暖，导致孩子希望从异性那里得到弥补。如果是这样的话，家长应该想办法多关心孩子，尤其要与孩子多沟通，改善亲子关系，让他从家庭得到想要的爱和关心。

二是冷静分析孩子所处的状态。是“单相思”还是已经有更深入的交往？若是单相思，无须过虑，当作不知道，或者悄悄引导孩子在认真搞好学习的同时，把注意力转移到健康、有益的业余生活上来。在烦闷、情绪低落的时候，让孩子多参加丰富多彩、健康有益的活动，比如运动、看书或与同性知心好友谈谈心，降低对异性朋友的关注。

三是告诉孩子一个道理，只有自己足够优秀，才能赢得异性的“喜欢”。以此让孩子树立远大的目标和切实可行的近期目标，把时间和精力先放在对学习目标的追求上。

四是鼓励孩子广交普通朋友，多看一些优秀的文艺作品，也是不错的办法。总之，恰当地处理孩子的“异性交往”问题，会有助于孩子的身心发展和学习成绩的提高，反之则会产生很大的负面影响。

环节四：关注孩子的异性交往恐惧现象

案例五：有一个高一的男生，来到学校心理咨询室，认为自己性格偏内向。他说进入新的班级后，班上许多同学非常活跃，朋友多，而和自己关系好的只有两三个男生，自己与班上女同学交往更少，一说起话来就紧张甚至脸红，不知道说什么好，总认为自己嘴很笨，而内心又希望与女同学多交往一点儿，能够很随意自如地去打交道，却不知道怎样做才好，怕她们笑话自己。

这个孩子出现了异性交往恐惧。

它的表现就是：内心渴望和异性交往，但又缺少胆量。和异性在一起总觉得不自然，手脚不知怎么放才好，很紧张，惴惴不安甚至脸红，常常觉得无话可说，缺少异性朋友。

有这种情况的学生性格多为内向，平时沉默寡言。在渴望和异性接触时怕别人取笑，从而压抑自己，久而久之就不敢去接触了。有的是由于青春期的闭锁性所引起，没有及时从中走出来。有的是由于家庭的过度保护，限制了孩子的独立活动，容易使孩子形成恐惧和逃避行为；也有遗传因素的影响。

如果我们发现孩子面对异性交往出现不自在甚至恐惧时，请家长多鼓励、引导孩子与异性交往。

1. 鼓励孩子多交往同学，多参加集体活动，平时多表现自己。

2. 引导孩子先和自己最熟悉的人在一起，然后在他们的带动下跟着一起去活动。

3. 让孩子学会培养自己的多种兴趣爱好，扩大自己的知识面，锻炼自己的能力，这样就让自己同样有话可说，有事可做，容易与别人融在一起。

4. 发掘孩子的闪光点，培养其自信心。让孩子学会友善地对待别人，助人为快乐，在帮助他人时忘却自己的烦恼，同时也可以证明自己的价值。

5. 做孩子真诚的倾诉对象。引导孩子有烦恼说出来，说给自己听，听后想办法帮孩子解决问题，即使不能帮孩子解决，至少也可以让孩子发泄一下，放松心情。

家长朋友们，青春期是孩子们最美好的一个季节，也是最容易受到困扰的季节，希望大家在孩子们的这个阶段，对孩子多加关注，正确引导孩子享受这人生中最美丽的季节。

（福山第一中学　宗健康）

【相关链接】

推荐阅读

《青春期，恋爱是一件美好的事！》

《一位高中班主任的演讲：男儿当自强，致不会痛经的青春》

建议高一家长会用

了解孩子发展特点　营造良好亲子关系

【活动背景】

当下，家长对教育问题越来越重视，但更多的是把目光聚焦在学校教育过程中，而实际上，家庭教育的影响对学生的身心发展至关重要，如果家长不能真正了解高中生的发展特点，仅凭经验，凭认识上的主观感觉对子女行为进行否定和批判，极易引发亲子冲突。因此，本活动的设计旨在帮助家长了解高中生身心发展的特点，从而建立良好的亲子关系。

【活动目标】

1. 让家长了解高中生身心发展的特点；
2. 让家长学会经营良好的亲子关系。

【活动准备】

1. 优秀家长谈孩子成长经验；
2. 拓展阅读材料；
3. 活动课件。

【活动过程】

环节一：案例陈述——这是你家里发生的事吗？

个案 1：孩子说不了几句就开始烦

周女士：

我今年四十多岁了，有一个正在上高一的女儿，她正在经历着一个青春期孩子可能发生的一切。其实从初三开始，我就发现她逐渐开始不听话了，什么事都爱跟我们反着来，而且不爱和我们说话，有时说不了几句就开始烦。现在高一学习压力一大，女儿脾气就更大了，看她不开心，不问吧，不放心，问吧，爱答不理；问多了，她先翻脸了，嫌我话多，一甩门进她卧室了，还不让我进。平时没事整天拿个手机和别人聊天，也不知是男同学女同学。孩子爸爸是单位部门领导，比较忙，和孩子沟通不算多，主要是我照顾孩子。我自己工作也比较忙，又要照顾家庭，面对不服管教的孩子，与孩子拌嘴、吵架是常有的事。

个案2：突然对孩子处处看不上

刘女士：

我的儿子今年上高一，从初升高开始，我发现儿子特别爱打扮，每天早上宁可迟到也要洗头发，而且对发型特别重视，只要有机会就照着镜子摆弄头发，不管用什么样的方式都无法改变他对发型的重视，而对学习却一点儿也不用心，儿子的这些表现让我觉得在亲朋好友面前特别丢脸，恨铁不成钢，所以整天看儿子不顺眼。

个案3：谈“性”色变

王女士：

我的女儿今年上高一。近日，我无意间看到了女儿的手机，发现女儿跟一名男同学电话聊天过密，但我没敢直接问女儿，而是旁敲侧击地问了问，但是却非常不放心，因而一直惴惴不安，却又没有好的办法。

环节二：了解高中生身心发展的特点

亲爱的家长朋友们，这些孩子身上的特点你家孩子有吗？你是如何处理或者应对的呢？你是否感觉束手无策，或办法用尽效果甚微？那么，问题到底出在哪里呢？

请家长交流。

我个人认为，要想解决这些问题，我们先要对孩子的身心发展有所了解。对于孩子的成长，我们家长其实知之甚少。

做一个懂自己孩子的父母很重要。懂孩子，首先就要了解孩子在每个阶段的身心发展特点，然后，才能在爱的前提下，在观察的基础上有的放矢地教育。那么，高中阶段孩子身心发展的规律有哪些呢？（PPT）

1. 生理生长方面

此阶段的孩子，体格接近成人，性逐渐成熟，对与性有关的问题的兴趣比初中生高。这也是我们家长的关注点之一。

心理学研究认为，其实性问题还不是令高中生最感兴趣的，“将来的工作”“理解他人”等问题往往更令高中生感兴趣。所以，家长大可不必“谈性色变”，而应该顺势利导，让他们把关注点迁移到“人生的意义价值”“做人的胸怀气度”等方面。

2. 情绪表现方面

高中阶段已处于典型的烦恼增殖期，不愉快情绪出现的次数与强度要比愉快情绪出现次数多、强度大，所以，高中阶段，孩子愤怒、惧怕、嫉妒、焦虑等情绪较为普遍。

具体来说，这个阶段孩子的情绪体验主要有两个特点：第一，延续性。高中阶段，孩子情绪爆发的频率低了，但作为心境的延续时间加长，“心里存事了”，甚至有的情绪体验可长期发生影响，并可改变一个人的个性特征。第二，差异性。例如，同是忧虑，有人郁郁寡欢，有人深沉宽广；同是消极情绪体验，男生倾向于发怒，女生倾向于悲哀和惧怕；同是日常心境的感知，外向的学生容易兴奋、乐观，内向的学生则容易悲伤、忧郁。

3. 思维力与社会性

高中生的思维、社会性逐渐发展并成熟，已经开始辩证思维，独立性逐渐增强，个性逐渐定型，形成良好的自我意识，社会适应能力、价值观、道德观日益成熟。

表现为能从不同方面、运用多种方法去思考问题，看问题不再那么绝对，思维的深刻性、批判性和辩证性都有所发展。当然，不切实际的想象还时有发生，甚至个别孩子会因意志薄弱，在错误想象干扰下而走上歧途。

小结：了解孩子的身心发展规律，我们会对孩子有一个更好的认识，才可能在孩子出现种种问题时判断孩子正常与否，并能够对问题有效引导。

环节三：家长该如何营造良好的亲子关系

1. 家长改变，孩子才会改变

特别要提醒广大家长注意的是，孩子身上出了问题，归根结底是我们家长自己出了问题，或者说是我们的家庭教育出了问题。有些家长可能会觉得我这句话特别刺耳，怎么我们家长掏心掏肺地爱着自己的孩子，孩子身上有问题，还是我们的责任了？是的，古人讲“子不教，父之过”。我们往往会觉得孩子学习不好或者出了这样那样的问题，会让我们丢面子，可是孩子既不是我们的面子，也不是我们的里子，他是我们的镜子。他的身上处处折射着我们的影子！要想让孩子改变，首先是我们父母先做出改变。希望我们家长多学点家庭教育的知识，跟上孩子成长的步伐。有一句话说“父母好好学习，孩子才能天天向上”，同样，家长做出改变，孩子才会改变，才能营造和谐的亲子关系。

2. 少关注孩子的学习成绩，多经营亲子关系

学生进入高中学习，考大学是第一要务。学习任务重，强度大，时间上抓得紧，同样孩子的压力也很大。很多家长尤其是妈妈对孩子的学习很焦虑，生怕孩子学习成绩不理想，进入不了理想的大学，可是你不知道的是，你的这种焦虑会传染孩子，让孩子也焦虑。如果你对孩子的学习成绩过分关注，无疑会让孩子感到更大的学习压力。

在学校里老师天天催着孩子学学学，回家了家长还是成绩成绩，孩子一天到晚在这种环境里学习生活，会受不了的。请大家记住：家不是学校，孩子回家了让他轻松一下，放松一下紧绷的神经，会更有利于他的学习。而且太过关注孩子的学习成绩，会让孩子感受不到你的爱，不如把你的关注点从孩子的学习成绩转移到经营亲子关系上。

孩子回家不要总是问学习，问问他是否开心，说说孩子在学校或者你在社会上遇到的有意思的事，把家营造得和谐轻松，有利于亲子关系，也有利于孩子劳逸结合，更好地学习。

3. 学会尊重孩子

前面我们已经了解到高中生的心理、生理特点，他们在生理发育上已经达到成熟，在智力发展上也接近成人水平，在心理品质上更加丰富和稳定，虽然还有人处在青春期，但是他们的独立性和自我意识更强，迫切希望成人社会认同他们的自主性，并试图脱离家长的控制，但他们在心智上的青涩、经验上的贫乏、经济和情感上对家长及家庭的依赖，使得他们内心常

处于矛盾困扰和冲突状态；从社会关系上看，高中生也呈现出全新的人际交往模式，开始疏远成人而热衷与同伴交往，且同伴影响力日趋增大。

我们要把他们当作成年人来尊重。与他们进行平等的交流对话，家里的一些大事要与他们商量；尊重他们的隐私，孩子有了自己的秘密，不要感觉孩子失控了；尊重他们的朋友，尊重他们的个性和兴趣爱好，别横加干涉。

“高中生的家庭教育最大特点是青春期的家庭教育，而青春期教育最重要的原则是理解和尊重。”中国青少年研究中心研究员、家庭教育首席专家孙云晓认为，“就像奠定基础一样，小学阶段需要更亲密也更严格的教育；孩子升入高中一个突出的心理变化是成人感，觉得自己长大了，如果没有理解和尊重，无论什么教育都可能失败。”

回头你再看案例一和二，你还觉得孩子问题严重吗？其实是这两位家长没有了解这一时期孩子的身心发展的特点造成的，另外这两位家长也没有尊重孩子，更多的是想管教孩子。

有些家长总认为孩子没长大，吃什么、穿什么、和谁交往都要管，都要插一手，控制欲太强，这会给孩子造成心理困扰的，也会让孩子总想逃脱你的掌控。最近各种媒体上刊发的一篇文章《北大毕业留学生 12 年春节不归，万字书信控诉父母》引起广泛热议，其中就涉及父母对孩子的控制问题。我们常常以为是对孩子的爱，其实孩子感受到的是对他的伤害。所以要学会爱孩子，尊重孩子就是关键的一步。

4. 别对孩子的异性交往太过敏感

孩子在初高中时期有异性交往、性方面的冲动是正常的生理发展。家长对孩子的这一问题无须如临大敌，父母最好的解决方式就是尊重——理解——引导。

案例三的家长就是对孩子的异性交往太过敏感了。其实我们有不少这样的家长，一看到孩子的朋友是异性就如临大敌，好像孩子在谈恋爱了，有的旁敲侧击，有的偷偷跟踪，还有的请老师和同学做侦探。孩子有了异性朋友你该高兴，说明你的孩子长大了，性取向很正常。

家长要做的就是引导孩子搞清楚喜欢和爱情的区别，别错把喜欢当爱情。

鼓励孩子珍惜这一时期的朋友，当然包括异性朋友，初高中阶段的友谊是很珍贵的。

家长的过度反应起到的效果可能和你的愿望相反。我们可以通过交流、心理课、心理咨询等方式告诉孩子：怎样在青春期跟异性朋友建立友好的关系，而不是在初高中阶段就跟异性建立一对一的深入交往。有些话题，家长可以直接跟孩子交流，也可以给孩子买适合看的书籍。如果家长觉得这个话题会使父母跟孩子尴尬，可以采取书信的方式跟孩子沟通。

5. 可以采用“扬长避短”式的表扬（案例二的解决方式）

“扬长避短”而不是“扬长补短”，这的确很耐人寻味，每个人都有优缺点，实际上我们在教育一个人时，突出其优点比突出其缺点更有效。很多时候，当我们将孩子身上的优势放大时，他的不足之处就会弱化，或者，当他感受到向上的力量时，他自然就会改正其不足之处。所以，父母在教育孩子时要学会“扬长避短”。

首先父母要尊重孩子的生活习惯、穿衣打扮等，因为每个人都有自己的审美观。

其次可以用夸奖他优秀的其他方面比如着装整洁、爱清洁等优点，减弱他对头发的过度关注。

第三注意的是对孩子过度关注的方面家长要少提，不要造成事实上的“白熊效应”（所谓“白熊效应”，简单说就是你经常用来否定他的那些语言，实际上正强化了他对自身这些方面的消极印象，从而起到相反的效果）。

环节四：我这样做妈妈——榜样家长现身说法

结合学校德育工作安排在班里举行“首届 CEFM 榜样爸妈”评选活动，学生自荐或评选心目中的“榜样爸妈”，选出三名“榜样爸妈”，并请其中一位家长现身说法，与其他家长分享与孩子沟通的成功经验，充分发挥其引导示范带动作用。

“榜样爸妈”发言稿

被学校推荐到区里参加明星家长评选活动，我很激动，同时也很感激学校对我的认可，这是对我和儿子最好的鼓励。自从孩子进入三中读高中以来，我们接触到了三中的超前新颖的教育理念：复色阳光教育、陪伴是最好的教育、加强家校合作开展家长学堂等，这些丰富了我们的思想，让我们做家长的成长了不少，更懂得了如何与孩子和谐相处，共同进步。

陪伴是最好的教育，这是郭校长跟我们强调的理念。

三中非常注重家校合作的教育方式，学校开展的家长学堂，旨在做好教育事业，先让孩子有一个美好的家庭环境，这有着事半功倍的效果。回顾孩子自小到大，我一直在尽心陪伴着孩子的成长。如在孩子每次考试后，不管成绩如何，我们从来不去单纯就分数评判孩子，而是跟他一起看卷子，一起分析丢分的原因。遇到粗心出错的时候，我不会埋怨孩子，也不是简单地说下次注意就好，而是先肯定年龄小的人容易粗心，这很正常，让孩子不必太烦恼，然后告诉他细心扎实是一种能力，粗心也是一种能力不够好的表现，是不可原谅的，最后会告诉他一些技巧来避免粗心。随着年龄增长孩子粗心的情况越来越少。陪伴和参与到孩子的学习生活中，会更好地帮助孩子成长。

帮助孩子养成良好的习惯——坚持！让他成为最好的自己。

英国萨克雷曾说过：播种行为，收获习惯；播种习惯，收获性格；播种性格，收获命运。一个好的习惯能成就孩子好的人生。坚持，孩子在年龄小的时候，不容易做到，像报兴趣班和补习班，因为不是严格的上学，他想去就去，不想去就不去，后来我严肃地告诉他，任何事情要坚持下来，不能三天打鱼两天晒网，任何事情，养成习惯就好了。

孩子从小对语文悟性较差，初中时，语文总是倒数，后来我不得不考虑给他找补习班，我们慕名参加了一个语文班，老师讲得非常好，可是孩子就是不喜欢去，并且告诉我上也没有用，白花钱，还不如他数学努力得满分提分快。在跟孩子经历了一番斗智斗勇之后，我决定陪孩子一起上课，每次上课我都是在最后一排，认真听课做笔记，回家后跟他分享我的收获。就这样一年、两年、三年坚持下来，慢慢地，上语文课不仅成了他的习惯还成了他的爱好。最终在升入高中后，这种坚持的好处慢慢体现出来了，他的语文成绩在班上可以从前面数了，同时让孩子爱好上了文学阅读。

在孩子慢慢长大后，他自己也知道凡事坚持下来就有收获，后来孩子在治疗近视方面不再需要我督促，一直很自觉地坚持每周一次的治疗，坚持在家按照医生要求做眼保健操，至今孩子眼睛不近视，他自己也体会到了坚持的成就感，他将来的人生会通过这些经历受益匪浅。

努力成就自己，让自己成为孩子的榜样！

听过好多妈妈都说，为了孩子放弃了很多自己的东西，自己所做的所有的事情都是为了孩子。妈妈对孩子的这种爱，毫无疑问是天下最伟大的，但是反过来呢，我们是否常常遇到一种困惑，为什么我们这么大的付出，却未必能换来我们想要的回报？我们怎样做，才能看到孩子成长为我们所希望的样子？那就是努力成就自己。

在十几年带孩子的生活中，我从没有放弃自己的工作和学习。我告诉孩子，工作是我的本分，学习是他的本分，各自要做好自己的事儿。同时也只有我们不断努力学习更新自己的见识和知识，才不至于被孩子淘汰，我们只能赢得孩子的合作，不能强迫孩子。我家儿子对于集体活动除了分内的事情，其他活动参与不多，为了调动孩子的积极性，在他高一班主任姜老师的帮助下，我有机会参加了学校很多活动。如家长体验课——陪孩子上课一天、家长学堂——接受教育、榜样爸妈演讲。这些活动初衷是给孩子做榜样，最终也让我受益匪浅。通过这些活动，我更了解我的孩子，学会了更多与孩子沟通和相处的技巧。相信我所做的这些，孩子都会看在眼里的，也许现在我们看不到孩子的改变，但对他的将来肯定会有好的影响。

我一直在坚持读书和学习，读书多了，我会根据孩子的爱好推荐书给他，推荐好的英语 TED 演讲给他看，每次都能赢得孩子的欢心。同时孩子遇到新鲜有趣的知识也会分享给我，有一次，他看到了墨菲定律的概念，就讲给我听，说这是一个多么有趣的、生活中普遍存在的定律，我们一起开心地看。在他的分享中我长了见识，开了眼界，收获了开心，孩子的成长也是我成长的动力，我们共同进步。

高尔基说过：单单爱孩子，这是母鸡都会做的事情，可是善于教养他们，却是一桩伟大的事业。做一名家长，是我们的另一份伟大事业；给予孩子开心地陪伴、有效地引导和帮助，与孩子一起成长，是我们最大的成就之一，愿天下父母在孩子身上付出爱心，收获孩子成功的喜悦。

各位家长，让我们都做懂孩子的家长，与孩子做好沟通，营造良好的亲子关系，帮助孩子身心健康地成长！

（烟台第三中学　王丽萍）

【相关链接】

一、文章推荐

大夏书系·《家庭教育(第2版)》(陈鹤琴著)

二、"榜样爸妈"发言稿

搭建起学校与家庭之间沟通的桥梁

众所周知，教育包括家庭教育、社会教育和学校教育。三者相互联系，相互影响，只有三者和谐统一，才能共同铸就一个人才。青少年时期孩子教育的主体是学校和家庭，这两者如能建立有效沟通合作、协调亲密互动的关系，最终的受益者还是我们的孩子。如何建立起一种有益、深远、双赢的关系呢？

我国著名教育家陶行知先生说："真正的教育是心心相印的活动，唯独从心里发出来的，才能达到心的深处。"平时与学校和班级之间的沟通交流，就是在这个基础上。

首先，真心热爱学校班级、信任孩子的教育环境是建立有效沟通的基石。

我的孩子是在参加体育中考时，接触学校复光教育理念，并为其所吸引，加上校方几次电话邀请而立志报考三中。一切进行得如愿以偿，顺理成章。

我平时就十分重视与孩子不同阶段的学校老师交流。孩子到了高中后，每天近 15 个小时在校，接送孩子也不能像从前直接到校进班，因而，与孩子、老师的沟通交流问题似乎就成了一个不大不小的难题。

我清楚记得开学一个月后的一天早上，孩子刚踏上去学校的路，电话铃声响起，显示的是班主任王丽萍老师的电话。大家能体会一个家长在接到班主任电话时的反应吧？当我看到手机显示屏上的号码时，大脑瞬间启动超音速旋转模式：出什么事了？好事坏事？学习？纪律……王老师用温柔平静还带有些笑意的语气，简单陈述孩子因头天晚上和同学说话被学校扣分一事。我正在内疚不知所措中，王老师接着说："不要紧张，我们下午见个面，一起商量一个对策，目的就是让孩子更好！"

没想到，我和孩子高中老师的第一次见面竟然是这样开头的。当天，我与另外三名家长一同坐在王老师办公室，听王老师对我们介绍了孩子们的近期表现以及违纪的过程，王老师向我们征求意见，是家长带回去陪伴孩子学习一段时间还是利用晚自习的时间来班里观察一下孩子的自律情况。我们四位家长商量后决定轮流值班看晚自习。

在与孩子共同上过几次晚自习后，我的感触更深。一是意识到学校严格的管理制度是对学习环境和学习质量的保障，二是在更直观的观察与客观的比较中发现了自己孩子在自我管理、有效利用时间方面的有待提高之处。同时，通过看班，我也非常真实体验到了老师特别是班主任的辛苦，他们每天 10 多个小时面对这些风华正茂生龙活虎而又状况不断的孩子，真是不容易。因此，我从心底更加热爱学校，珍惜班级集体的荣誉，更被王老师的沉静从容所打动。由此打开我与学校班级沟通的大门。

其次，诚心与每位接触到的家长相处，取长补短、共同提高是增加班级凝聚力的基础。

事后才知道，那四个孩子平日里关系就铁，学习成绩也相当。经过几次接触我们四个孩子的爸妈也成了无话不谈的好朋友。经常在电话微信上互相打气，交流彼此在教育上的经验。平日，我们也经常坐在一起交流育子经验，比如我的孩子每天上学都是由吕晨同学的爸爸接送，由此我们两家也常会聚在一起互相学习，相得益彰。这样的交流使这几个孩子受益颇多。

尤其是在学校“复光教育”理念下实施行政小组轮流值周管理制度以来，孩子们主动参与班级管理的意识与能力，集体荣誉感，尊重他人、服务他人的意识都有很大提高，对此，我们每位家长都喜在心头。

第三，敢于担当爱的责任，为班级、学校建设不遗余力。

开学伊始，王老师就建立了家长QQ群，家长群里，除了交流孩子们的表现外，还有大家看到的关于教育的好博文、好视频，孩子们写的好作文、孩子们的点滴进步，可以说，我们的家长QQ群那是满满的正能量！学校有事情我们一起在群里探讨，共同商量。我本人虽不是教育专家，但因为也教小孩子们，所以有一点儿教育的经验，因此，我更是经常与王老师一起聊教育、聊孩子们的成长，在这样的交流中，我和孩子一起成长，孩子们也从王老师严格、温婉的引导中学到了为人处世的道理，变得文明、正直、向上。

上学期期末家长会前，王老师让我在班级做一下关于亲子无障碍沟通的经验分享。我把它当成一次难得的与家长们互相学习的机会。因此，接到通知一个周之内，我认真准备资料，反复修改，斟酌自己的发言稿，那次发言的结果使我又多了一些和我一起探讨孩子成长进步的家长朋友。

伴随着孩子进入高中，我觉得自己就像他一样，在成长与完善着我的教育责任。我非常感谢学校、感谢王老师对孩子们的巨大付出，学校发的教育材料、开设的家长学校，让我对教育有了更深的理解，有了更科学的教育方法，因此，尽管自己能力有限，我还是担任了班级家委会主任、校级家委会成员，我愿意为每一个孩子成长尽我的绵薄之力！

我在这里想说：让我们每一位家长都能成为连接学校和家庭教育的桥梁，因为这里有我们的希望、我们的明天、我们最美的基业——我们的孩子！

建议高一家长会用

如何建立良好的亲子关系

【活动背景】

亲子关系是我们每个人来到世间的第一个人际关系，它对我们每个人的身心健康都是十分重要的。亲子关系指父母与未成年子女的关系，亲子关系的好坏是孩子能否走向成功的关键，它对孩子性格的形成、品质的培养、意志的磨炼、与人交往模式的建立，都起到了决定性的作用。

和谐而稳定的亲子关系是孩子心理健康的重要条件，民主而和睦的亲子关系使孩子更容易亲近家长，更容易感受到父母的爱和尊重；在这样的亲子关系中孩子更有安全感、幸福感，更有利于孩子形成独立的个性，性格开朗，自尊自信，拥有良好的集体生活能力。

【活动目标】

1. 让家长了解良好亲子关系对孩子成长的重要性；
2. 让家长了解如何建立良好的亲子关系。

【活动准备】

1. 不良亲子关系案例；
2. 朗读材料：毕淑敏《孩子，我为什么打你？》；
3. 活动课件。

【活动过程】

环节一：热身活动，导入主题

请家长举手回答一个问题。

请问您对自己的孩子满意吗？

A. 很满意　B. 基本满意　C. 不满意

教师点评：请各位家长听好：如果您选择了很满意，那么我特别恭喜您，您的孩子对您也很满意；如果您选择了基本满意，那么我高兴地告诉您，您的孩子对您也基本满意；如果您选择了不满意，那么我很负责任地告诉您，您的孩子对您也不满意。

人际关系是相互的，就像物理中力的作用。

有位家庭教育专家说："你对孩子是怎样的态度，孩子对你就是怎样的态度，你是合格的家长，那么就会培养出合格的孩子。孩子表现如何，关键在家长如何教育。"为了验证专家的话，你不妨在会后问一问您的孩子对您的满意度，看看结果是不是如同专家所说的。其实，我们都知道，任何事都是双方面的，爱也一样，满意度也一样。我们往往对孩子们有很高的要求，但是我们却很少有人想过自己是否达到了孩子对家长的要求。那么，我们怎么做，才能达到"我们对孩子满意，孩子对我们也满意呢"？

我们今天交流探讨的内容就是：如何建立良好的亲子关系？

环节二：良好亲子关系对孩子成长的重要性

良好的亲子关系对我们每个人的身心健康都是十分重要的。

良好的亲子关系主要对孩子的成长有三大影响：

1. 对孩子语言发展的影响（语言的发展更多受益于母亲）。这主要是孩子幼年时期，我们就不多说了。

2. 对孩子人格形成的影响。不良亲子关系会造成幼儿口吃、紧张、易怒，长大后可能成为只顾自己而对别人毫无感情的人，也可能成为缺乏安全感或对人过分猜疑而不信任人，还可能成为具有破坏性和攻击性的人。

3. 对孩子社会人际关系的影响。良好亲子关系中感受到被爱、被需要、被欣赏、被接受，奠定了孩子与他人之间良好的适应基础，家庭冷淡、无爱的孩子长大后不易相信别人，不善建立良好的人际关系，不容易很好地融入社会。

家庭是孩子的第一所学校，也是孩子一生也毕不了业的学校；父母是孩子的第一任老师，也是孩子终生的老师。在现代家庭中，摆在首位的应当是子女教育问题，很多家长望子成龙、望女成凤心切，通过各种方式来教育孩子，但是大家往往忽略了孩子自身的感受，使亲子关系越来越紧张。那么亲子关系与家庭教育又有什么必然的联系呢？在这里，我们可以套用上面那位专家的话来提醒自己："我什么时候跟孩子的关系是好的，我的教育才可能是成功的。我什么时候跟孩子的关系是糟糕的，我的教育一定是失败的。"

据2009年在河南郑州对该市1000名初、高中学生的一项心理问卷调查，中学生们认为被父母忽视的竟然高达98.6%；而另一项调查结果发现，亲子关系占中学生人际关系困扰的53.2%，远高于同伴关系（30.5%）和师生关系（13.3%）。

父母对于孩子的感情可以用"爱"这个字来概括；同样，"爱"也可以描述孩子对于父母的感情。但是这种"爱"完全甜蜜和谐吗？

环节三：出示案例，引发思考

案例资料：G某某，女，17岁，高二年级学生，独生子女。家庭成员：父亲，高中文化，供销员，后自己当老板。母亲，高中文化，农村妇女，在家待业。

她小学在农村就读，小学时成绩很不错，家庭条件当时在乡下算好的，等到读初中时家里就到城里买了房子。初一时她的成绩在班上中等，初二时成绩退步了，到初三下学期她才意识到必须奋发努力、刻苦学习，否则，就没有希望进高中了，最后通过自己的努力，终于考进重点高中。

这个孩子存在的问题是：第一，组织纪律性差。上课经常迟到；课堂上不听讲，经常趴在课桌上睡觉；晚自习时有缺席。第二，学习成绩越来越差。高一分班时，在班上排名35名（全班共54人），到高二上学期期中排名52名，期末没参加考试。第三，在班里人际关系不好。孤独、不合群，不愿和同学交往，也不愿意与老师说话，与父母的关系很紧张、很糟糕。第四，无视校规校纪。对老师、家长的教育、管理不予理睬，经常与父母争吵，并说对父母一点儿感情也没有，离家出走过。第五，身体不好，经常胃痛。

通过咨询我们了解到：该生长期生活在严厉惩罚型的家庭里，常受到父亲的痛打、母亲的责骂，家庭缺乏亲情。

各位家长，先请你为这个孩子诊断一下：她的问题出在哪里？

家长交流、发言。

教师案例分析：

首先，家长对子女的教育简单粗暴。言语粗鲁、方法简单，损伤了孩子的自尊心。这种教育方式，一方面可能使孩子的性格压抑和孤僻，心理自卑，影响孩子健康人格的发展。另一方面也可能导致孩子像父母一样粗鲁、冷酷，没有教养。可以说简单粗暴的教育方式，容易让孩子形成怨恨、说谎等不健康心理。

其次，家长对孩子学习要求和期望太高。在学习上，家长关心的是学习结果，即考试的分数，考不好就打一顿，而没有注重孩子的学习过程，即在学习过程中会遇到什么样的困难，如何来帮助和指导孩子克服困难，如何培养孩子良好的学习品质；在生活上不能给予更好的关心；对孩子的要求不管不问，都是强制孩子接受自己的要求，不能与之很好地沟通，不尊重孩子的想法，这势必伤害孩子的自尊心和上进心。

第三，在孩子成长的过程中，家长没有注意到孩子的心理需要。从本案例可以看出，该家长非常缺乏教育知识和教育方法，对待孩子不良的习惯和行为不能正确引导和教育。用的唯一的方法就是简单而粗暴的打骂方式，这不但伤害了孩子的自尊，导致了孩子的自卑、怨恨等心理，她的离家出走行为正是对不良亲子关系的抗议。

第四，从她的情绪看，在家里经常处于消极情绪状态，如委屈、苦恼、悲伤、不愿与父母讲话，导致情绪很不稳定；在学校里也表现出较大的行为变化，如成绩下降、不与同学交往、时常无视校纪校规，经常表现出抑郁的情绪。经常的胃痛，极有可能是心理问题带来的躯体化症状。鉴于以上症状表现，该学生所有的心理问题都源于不良的亲子关系，可诊断为亲子关系问题。

这个案例非常值得我们家长们去深深地思考。孩子本属于花季的年龄，应有许多美好的憧憬，有许多美丽的梦想。可是，这个孩子的生活却充满着阴霾，她有较重的心理问题，从咨询过程可以看出她所有的心理问题都是源于亲子关系不良。可见，家庭教育中的亲子关系对一个人心理健康有着不可忽视的重要性，对一个人的成长和发展起着巨大的作用。

环节四：如何搞好亲子关系

我先问大家一个问题：你觉得在家庭关系中，哪种关系最重要？

A. 亲子关系　B. 夫妻关系　C. 二者都重要

家长发言、交流。

正确答案是 B. 夫妻关系。刚才有些家长答错了，为什么说夫妻关系是家庭关系中最重要的呢？

一、搞好亲子关系首先从搞好夫妻关系开始

夫妻恩爱和谐是良好亲子关系的前提，孩子在一个家庭中，既不是只对应父子关系，也不是只对应母子关系，孩子对应的是父母的夫妻关系。家庭因夫妻二人而来，夫妻关系是家庭关系中的第一重要关系。

最近一二十年心理学家对家庭问题的研究表明，孩子出了问题，通常是孩子的家庭教育出了问题，更确切说是父母的关系出了问题。要想从根本上祛除孩子的病症，该去治疗的不是孩子，而是父母。

解决孩子的问题，要从夫妻关系的改善做起。很多家长难以接受这样的观念。但是这是孩子出问题的根源所在，自然也是解决问题的突破口。

夫妻之间关系是否稳定，是否恩爱、和睦，是孩子是否拥有安全感的最重要因素，也决定了孩子是否有滋养成长的环境，人生发展是否顺利。家长更多要学习的，是如何用良好的心智模式与观念，去面对现实家庭，修复亲密关系，达成夫妻和谐，进而修复亲子间断裂的爱，让孩子回归他们本来该在的位置。

二、家长要正确定位自己的角色，塑造易于亲近的、美好的形象

中国传统的亲子关系大多是强调以长辈为中心，强调父母的尊严，要求孩子绝对服从家长。家长总是从自己的角度出发，用自己的生活经验来教育孩子，认为自己的认识和方法是最正确的，最适合孩子的，却忽视了孩子心理发展的需求，没有意识到孩子已有自己对事物、对问题的独立看法。

这种专制的亲子关系在孩子年纪小的时候还不会表现出太多问题，随着孩子年纪的增长，尤其是到了青春期，孩子要求独立的需求越来越强，就会使父母与孩子之间出现越来越多的矛盾。到了高中阶段，孩子会逃避与父母沟通和交流。由于缺少沟通，两代人之间就难免产生这样那样的交

流问题，这对孩子的教育是一个极大的障碍。

1. 家长要加强学习，跟上孩子成长的步伐。我们的高中生是一群在全球化和信息化背景下成长起来的孩子，他们的见闻和视野远远超越了我们。他们乐于接受新鲜事物，受传统价值观的约束较小，进入高中后，这一年龄段的心理发展使他们开始挑战父母的尊严和权威。如果我们跟不上孩子成长的步伐，还端着为人父母高高在上的架子，很容易和孩子形成代沟，产生矛盾冲突。所以我们家长要多学习，有一句话说，“家长好好学习，孩子才能天天向上”，仔细琢磨，这话有一定道理。

2. 正确定位自己的角色。家长既是孩子的父母，又是孩子的朋友；既是孩子生活上的“伴侣”，也是他们精神上的“战友”。因此，家长单纯地以为身为父母即为圆满是不对的，其实家长的角色是多彩的，而且随着孩子年龄的成长，家长的角色也会随之变化，家长要有与时俱进的角色意识，也要有与孩子成长相适应的角色调整和定位。

高中生家长，应该做关心孩子的知心朋友、做孩子文明行为的表率、做孩子树立责任心的引导者、做孩子进步的赞美者，既是父母师长，也是朋友伙伴，甚至有的时候家长也是孩子的学生。在这个“文化反哺”的时代，做家长的如果不想与孩子产生代沟，不想被时代落下，那最好的办法莫过于向下一代学习，让他们对自己进行“文化反哺”。通过“文化反哺”，你和孩子的共同语言多了，彼此的了解也就更多了。彼此的认可和理解多了，抱怨和误解自然也就少了。

3. 多关心亲子沟通，少关注学习成绩。进入高中后，有些家长过分关注孩子的学习成绩，反而导致孩子厌学，最后辍学。有些家长也许会说，不可能吧，可是，这是真实发生的事。

有个男孩读到高二坚决不上学了，学习成绩不差，考上大学没有问题。父母感觉不能理解，以为是孩子的心理出了问题，于是领着孩子去咨询心理医生。在咨询的过程中心理老师发现，不是孩子的心理有问题，是父母出了问题。孩子的父母眼里只有学习成绩，三句话不离学习；怕孩子考不上理想的大学，为了孩子的学习焦虑不安；关心孩子的学习成绩远胜过关心孩子这个人，孩子完全感受不到父母对自己的关爱。

高中的孩子原本学习压力就大，父母过度关注成绩，无形中让孩子压力更大，孩子苦不堪言。一句话或者一件小事就会摧垮他们原本脆弱的神经，激发他们强烈的逆反情绪，孩子索性不念了。

其实，孩子的健康成长远比学习成绩重要，家长不如多关心与孩子的沟通，经营好亲子关系。孩子 12 岁以后，家长就要注意和孩子营造良好的亲子关系。

三、良好亲子关系需要有良好的沟通

家长和孩子的沟通是否顺畅，是高中阶段家庭教育成功与否的判断标准。可是实际生活中，经过调查发现家长与孩子沟通顺畅的不足班里学生的一半。

请家长注意：沟通不是说服孩子，让孩子顺从听话，也不是给孩子讲道理，教育孩子。沟通是你说出家长的要求，也要听听孩子的需要。

比如孩子想吃巧克力，父母亲首先要听听他的理由，知道他有这种需要，也肯定他有满足这种需要的权利，父母亲可以表达对孩子吃巧克力的要求，一天不能超过多少块等，甚至可以表达自己也喜欢吃巧克力（如果确实如此），这便是沟通。有了沟通，便有可能通过商量就解决问题的途径达成共识。如果没有沟通而采取说服的方式，不论父母说服成功或失败，总有一方感受到挫折，而挫折感的积累，必然导致亲子关系不健康。

沟通的前提是倾听。“倾听”二字，就是家长和高中孩子相处的秘诀。

有些家长说，孩子大了，尤其是上高中后的男孩子，不愿意和家长交流了。其实这是家长造成的结果。高中生有一种强烈的自我成人感，如果在他们还没把话说完的时候，就被家长贸然地打断，或者家长把自己的意见强加给孩子，都会引起他们的反感。久而久之，他们就会关闭心门，不和你交流。

所以家长在和孩子沟通交流时，要耐心地无条件地倾听，不要急于开口，等孩子说完后，站在第三方的角度，以建议的口吻启发他该如何做，这样的效果会更好。在倾听之后，家长甚至可以缄口不语，孩子内心的矛盾同样会得到缓解，因为倾诉的过程本身就在帮助他们梳理思路。所以倾听还是一种很好的疏导孩子心理的方式。

一个人如果在与父母交往中学会了沟通（善于理解别人也善于让别人理解自己），他与同学、老师、朋友，甚至将来与同事、上下级等的关系也很可能得到良好的发展。

列举几个情景，请家长说出不同的处理方法及结果。

情景一：女儿异性的同学来电话，妈妈对女儿追问不休，女儿很烦……

情景二：晚饭后，儿子在电脑前玩儿游戏玩儿得入迷，妈妈催促他做作业，儿子不理会，妈妈和儿子争吵起来……

情景三：期中考试过后，小叶考试成绩不理想，他将成绩单藏了起来，父母发现成绩单后……

总结：亲子沟通中，家长要给孩子充分表达的时间和机会，让孩子把话说完，把事情讲透，家长要避免先入为主的错误思想来主观判断孩子，也许事情并不像我们想象的那样。孩子表达完后，我们要及时反馈我们的理解情况，以便核实我们的理解是否正确。

四、遵循高中生心理规律，营造良好亲子关系

父母既是孩子的第一任老师，也是孩子的“心理导师”。孩子在人生的道路上，会遇到方方面面的困扰。作为家长，既要密切关注孩子的心理变化，根据孩子的心理发展规律，选择合适的教育引导方法，同时也要运用合适的方式方法帮助孩子解决心理上的困扰，尤其要避免不恰当的教育方式，给孩子造成心理上的创伤（亲源性心理障碍）。

高中生在交往需求和交往方式上带有的鲜明特点：与父母出现了情感、思想观念以及行为上的疏远；老师不再是他们心目中的权威；交友范围一般限定为同龄人，男女同学之间表现出彼此接近、向往的心理等。其实这都跟青春期孩子特有的生理和心理发育有关。比如他们开始更加注重两性的关系，对异性的兴趣急剧增加，原因不在于思想意识有问题，而只是随着青春期的到来，性发育的逐渐成熟和性意识的不断增加。为了和孩子之间能有一个良好的亲子关系，给孩子上好人际交往的第一课，父母应该了解孩子的一些心理特征。只有遵循孩子心理规律的教育，才是有效的教育。

特别是作为高中生的家长，在孩子青春期时处理好亲子关系，对孩子顺利度过青春期大有帮助。

五、尊重孩子，理解孩子，给予孩子理性的爱

爱孩子，这是人的本能，关键是怎样才算真的爱孩子。

首先是尊重孩子。“己所不欲，勿施于人”，尊重孩子自己的选择，不把家长的意志强加给他，不代替孩子做决定，这就是尊重。要想和孩子做好沟通交流，尊重是必备的条件。高中生已初具成人感，用对待成年人的思维对待孩子，让孩子感觉到家长对孩子的尊重与理解，他们会更有责任感，更会负起自己的责任。

其次是理性地爱孩子。家长爱孩子往往是不求回报的，无附加条件的。但这不同于溺爱，溺爱是给了孩子过度的关爱，是一种非理性的爱。有些家长，孩子都上高中了，也不舍得让孩子做点儿家务，孩子的大事小情一手包办，“你只要好好学习，家里什么活都不用干”，结果导致孩子衣来伸手，饭来张口，如果孩子学习成绩好，达到了家长的要求，家长会很欣慰，可是如果孩子学习成绩不理想，家长就会备感委屈：“我这么辛苦，你还不好好学习，考这么差，为了你我连自己的事业都耽误了。”尤其母亲在孩子面前时常会这么说。孩子会领你的情吗？未必！

家长应该疼爱但不包办，宠爱但不骄纵，放手却也关注孩子的脚步，多给一点儿时间，多一点儿耐心，多一点儿尊重，倾听孩子的声音。这样的爱就足以陪伴孩子走过风雨。

家长给予孩子理性的爱，对家庭教育具有非常深远的意义。

六、坚决杜绝家庭暴力，营造和谐家庭关系

我们要学习科学的教育理念，给孩子成长的空间，支持孩子独立正视挫折，解决问题，让孩子从小养成尊重师长、关爱朋友等好品格。遇到事情要以感受对感受，要以理服人，以德服人，而不是用武力征服孩子。

2016 年 3 月 1 日国家已颁布施行《中华人民共和国反家庭暴力法》，第十二条规定未成年人的监护人应当以文明的方式进行家庭教育，依法履行监护和教育职责，不得实施家庭暴力。

在一个文明法治社会，家庭暴力不仅是对家庭秩序的破坏，对家庭成

员身心健康的威胁，更是对社会文明和法治底线的突破。反家庭暴力法若最终获得立法通过，这对于我国反对家庭暴力具有里程碑式意义。

温暖的家庭环境、和谐的家庭关系、良好的亲子关系，是孩子安全感的来源，会让孩子养成乐观的生活态度，正确面对生活中的各种问题，游刃有余地解决人际交往问题，身心健康地成长。希望在大家的努力下，我们都能营造良好的亲子关系。

（招远市第九中学　刘继东）

【相关链接】

推荐阅读

《与孩子一起成长——亲子关系中的心理学智慧》 编著者 葛操 申景玉

建议高一家长会用

成长比成绩更重要

【活动背景】

现在有很多家长或者因为面子问题，或者是因为错误观念，过分看重孩子的学习成绩，不顾自己孩子的实际情况盲目要求孩子追求高分，考个好名次。针对上述现象，我们召开这次家长会，目的就是希望转变家长的教育观念，区分成长和成绩，明白孩子的成长比成绩更重要。

【活动目标】

1. 通过本次活动，让家长对自己的孩子有清楚的认识、准确的把握；
2. 让家长明白孩子的健康快乐成长比成绩更重要；
3. 通过成功案例的分享，让家长转变教育观念。

【活动准备】

1. 活动课件；
2. 视频材料。

【活动过程】

导入：各位家长，您能在百忙之中来参加学校组织的家长会，我在这里表示感谢！今天您能坐在这里说明您对我们学校工作的支持，对自己孩子的关心，您肯定是一位负责任的家长。今天我们在这里，要一起探讨孩子的成长与成绩的问题，您是更关注孩子的健康成长呢，还是更关注孩子的学习成绩呢？有些家长可能要说了，我们孩子都上高中了，就是奔着考大学来的，我当然更关心孩子的学习成绩了。可是仅有一个好的学习成绩就行吗？我们来看一个事例。

环节一：对孩子的教育我们忽视了什么

案例一：史学天才的去世留给我们哪些反思？

林嘉文，就读于西安中学高三某班，是班里的天才少年。酷爱历史，资深历史学者评价他为“最年轻具有研究能力者”。在同学们眼里他是神一般的存在，大家都称他为“林老师”。虽然这个架着黑框眼镜的大男孩，有时不大合群，也有同学因为他“不爱打扫卫生”而不大喜欢他，但还是不得不承认：他学业上那么优秀，这让他的孤傲也变得“有理”。当同级的同学们正为高考拼命，他却一边复习，一边出了两本书——《当道家统治中国：道家思想的政治实践与汉帝国的迅速崛起》《忧乐为天下：范仲淹与庆历新政》。仅看书名，就令人称叹，如果不告诉你这是一个高中生的作品，你一定会以为是某个学者的著作。出书没有耽误他的学习，他的学习成绩也一如既往地名列前茅……

就这样一个优秀的18岁少年，却出人意外地跳楼身亡，留给父母无尽的伤痛，留给世人无尽的惋惜。但在这个被称为“史学天才”的高中生看来，这样的离去并非“草率的轻生”，而是经过“对生死的深思熟虑”。

面对这样的事例，你有怎样的感受？请家长思考、交流。

教师总结：事件的发生，原因可能是多方面的，但是有一点需要我们特别注意：当今的父母对孩子过高的期望，过分重视孩子的学习成绩，忽视了孩子的健康成长，尤其是忽视了孩子的心理健康教育，这导致我们很多孩子只会一心读书，缺失了很多基本的生活技能。

生活不会自理，不知该如何应对遇到的困难挫折；遇到有心理困惑的时候，不会调整自己的心理状态，也不会向别人求助。而即便有些父母知道了孩子的问题，也不知道如何去帮助孩子，不懂得孩子内心的真实需求是什么。

这类学生问题的本质，是他们自我评价低，找不到活着的意义，不知道自己生活的目的是什么，甚至都不知道自己的未来在哪里。他们为父母的期望活着，为亲朋的艳羡活着，却唯独不是为自己活着。在巨大的压力下，他们的心灵会承受不起这重压，丝毫的挫折或失败就会把他们压垮，他们只想着逃避，这样的想法日日增强，终于在某一天到了极限，出现了人们不愿意看到的局面……

案例二：一条围巾撕裂6个家庭，杭一女高中生命丧同学之手

杭州萧山区发生一起令人震惊的女高中生被害分尸案。记者获悉案件大致经过：被害者阿红，17岁，就读于萧山某高中。因一点小矛盾，阿红与同学阿洁发生争吵。2月17日那天，怀恨在心的阿洁，纠集其他4人，将阿红骗至阿华家中，用围巾将阿红勒死，并肢解，随后弃尸野外。不久，案件得以侦破，5名加害者悉数被杭州警方抓获。令所有人吃惊的是：这几个作案人都是死者的同学。

这件事又给了你怎样的思考？家长交流。

教师总结：我们不能只以成人眼光谴责现在孩子的冷漠与残暴，更应该反省我们对孩子的教育中缺失了什么。我们可能在关注孩子学习成绩的时候，忽视了“对生命尊重”的教育，忽视了对孩子责任意识的培养，忽视了宽容、与人为善等道德意识的培养，甚至是遵纪守法意识的培养。

孩子们可能学习成绩很好，于是我们便“一好遮百丑”。家庭情感教育的苍白，让孩子少了善良之心、同情之心。无论是学校、家长，还是社会，更关注的是学生学习成绩如何，能考上什么大学。而至于孩子的品德教育，如何做人，做一个什么样的人等却慢慢淡化。其实对孩子们来说，能身心健康地成长，能品学兼优，远比一个好的学习成绩更重要。

环节二：学习成绩好的孩子将来就一定有出息吗

我们都巴望着自己的孩子好好学习，希望孩子能考上一所好大学，毕业后找个好工作，挣个好前程，我们做父母的也就特别荣耀。可是，学习成绩好的孩子将来就一定有出息吗？

国际数学大师、著名教育家陈省身先生曾给中国科技大学少年班题词：不要考100分。

这个题词会让很多父母感到不理解，谁不希望自己的孩子考100分啊？对于“不要考100分”，时任中国科技大学校长的朱清时先生非常理解其中的深意，他指出：“少年班的学生做学问，掌握精髓要义，考个七八十分，就可以了。不要为了考100分在细枝末节上浪费时间，原生态的学生一般考试能得七八十分，要想得100分要下好几倍的努力，训练得非

常熟练才能不出小错。而要争这100分，就需要浪费很多时间和资源，相当于土地要施10遍化肥，最后学生的创造力都被磨灭了。”也就是说考100分不意味着你的能力就最好，考六七十分也不意味着你的能力就差，这不得不引起我们的深思。

有此观点的还有武汉大学老校长刘道玉先生，刘道玉先生以培养优秀人才为己任，在他看来，知识能力的过度开发会抑制人的其他能力和发展。保持第一名要用掉学生太多的精力，高考的状元也并不能代表将来优秀的程度有多么高不可攀，所以我们现在不再大肆宣传省市县各级的高考状元。

给大家讲个真实的故事：美国能源部部长、诺贝尔物理学奖获得者朱棣文，上学时成绩徘徊在十名左右，而他的哥哥朱筑文成绩则一直是班级第一名。参加工作后，朱棣文当上教授时，哥哥才是副教授，在他获得诺贝尔物理学奖时哥哥才当上正教授。

这一现象被称为“第十名现象”，也就是将来到社会上发展最好的，不是班里考第一名的同学，而是考十名前后的同学。教学中我们也发现，高中期间的尖子生在升入大学乃至工作之后，有相当一部分人会“淡出”优秀者的行列，而许多成绩在第十名前后的学生，在以后的学习和工作中竟有非常出色的表现。

看完这两个案例我想说：孩子学习成绩优异不意味着孩子将来就一定有出息，高分未必高能。对于孩子来说，成绩的影响是一时的，而成长却是终身的。我们的孩子只要在高中阶段认真学习，考上大学基本没有问题，就是上什么大学的问题。无论考上什么样的大学，我们的孩子将来成为社会精英的是极少数，更多的孩子都是社会上普通的劳动者。我们父母和老师，应该更关注孩子的健康成长，教给孩子全面发展所需要的东西，如健康的身体、成熟的心智、健全的品格与高尚的道德情操、强大的心理承载力、达观健康的生活态度、孜孜不倦的学习热情、受益一生的良好习惯、从优秀到卓越的能力基础、人际交往的大智慧等。所以我们家长需要牢记的是，孩子的健康成长永远是第一位的，远比学习成绩更重要。

环节三：孩子成才的标准是什么

我们都希望自己的孩子成才，那么孩子成才的标准是什么？有健康的身体，有健康的心灵和健全的人格品质，有责任担当，这是孩子必须具备的，除此之外我们还要注重培养孩子的一些能力。

1. 具有团队合作能力。世界上获得诺贝尔奖的人已经不是某一个人，而是一个研究组、一个团队。以一当十并不难，难的是以十当一。单打独斗的时代已经过去，现代社会需要的是团队合作意识。

2. 具有沟通交流能力。沟通交流是拉近人与人之间距离的基本方式。善于沟通、乐于沟通、勤于沟通的人才能融于集体中，不孤立。

3. 具有生存技术能力。生存技术能力包括很多，如：运用外语、使用电脑、驾驶、理发等。任何一门技术都是生存的拐杖，多一个拐杖就多一个支撑，其实这才应该是我们家长最关心的。

4. 具有独立办事能力。合作并不等于依赖，依赖他人的人永远不会成功。成功者需要自信、自强和自立。在具有这种能力的基础上再与他人合作才有意义。

5. 具有学习研究能力。终身学习是世界发展不可抗拒的潮流。善于研究，勤于思考，掌握学习方法，为终身发展和学习奠定基础是高中学习的主要环节。

6. 具有承受挫折能力。世上没有完人，也没有一帆风顺的人生，受到批评、遭受挫折是常有的事情，甚至某些批评或挫折是不公正的，孩子如何去对待？是以一种正确的心态去承受，以一种恰当的方法去排解，还是沉闷压抑，无法排解和承受，造成心理包袱？这就看他是否具有良好的心理素质了。

7. 具有关爱他人的能力。从培养孩子关心父母入手，学习为他人服务的意识。爱是相互的，付出比获得更高尚。关爱他人是一种美德，是大公无私的表现。

8. 具有语言表达能力。能否把一件事情的原委说清楚是语言表达能力的体现，这种能力在人际交往中、在工作与学习中是很重要的。

联合国教科文组织提出，21 世纪人类教育的四大支柱是：学会学习，学会做事，学会共处，学会生存。如果一个高中生在学校学习阶段具备了以上八种能力，就是具有独立生存和发展能力的人才。

环节四：家长如何做到关注孩子的成长

家长讨论交流：你认为孩子哪些方面的表现令你最满意？你认为你的哪些教育方式对孩子的成长最有意义？

1. 不要对孩子的学习成绩期望过高

父母要充分认识到孩子的成长比分数重要，放弃对孩子的过高期望值，尤其不能把自己的梦想强加到孩子身上，减轻孩子的心理压力。有些家长是很贪心的，总是对孩子的成绩给予最大的期许，有时候甚至忽略了孩子的实际情况，这会导致孩子压力太大，甚至会导致孩子的学习成绩直线下降。我们要多与孩子沟通，给孩子的心灵和品格成长留出足够空间。

2. 正确对待考试成绩

（1）不要过度关注孩子的考试成绩

我们高中生的家长关注孩子的考试成绩，这无可厚非，但是不能过分关注成绩。有些家长眼里只看到成绩，看不到自己的孩子，最后的结果不是孩子学习成绩越来越好，而是导致孩子厌学甚至辍学。我认识这样一对母子，孩子上到高二严重厌学，坚决要辍学，其实孩子的学习成绩还可以，考上大学没有问题。导致他厌学、辍学的原因不是他功课学不会了，而是他的妈妈太关注他的学习成绩，每天见到孩子说的就是学习学习学习、成绩成绩成绩。妈妈说她爱自己的儿子，很爱！掏心掏肺地爱！正是因为她很爱自己的孩子才希望他学习好……其实问题就出在妈妈的爱上，其实这个妈妈更爱孩子的学习成绩，而不是孩子这个人。要想让孩子重回校园，首先需要改变的是妈妈！

（2）孩子的努力比成绩更重要

播放新加坡视频《孩子的努力比成绩更重要》

饭桌上，妈妈询问哥哥 Jack 和弟弟 Sam 的考试成绩。哥哥回答了自己优秀的成绩：数学 90 分，英语 85 分……还挖苦同学比他努力却没他分数高。妈妈听完不觉得满意，淡淡地说："你应该更加努力才对！"

妈妈然后问到了弟弟的成绩，弟弟看着手中的成绩单，不禁往下掖了掖，迟迟不肯拿出来....直到哥哥从他手里一把夺过，看到成绩说了一句：“你完了！妈妈可能会杀了你！”弟弟恨不得找个地缝钻进去。

当妈妈看到孩子不堪的成绩单，正准备爆发时，她突然想起某天深夜，孩子伏案用功复习的一幕：困了也不放弃，继续埋头苦读。想到这些，妈妈的表情慢慢变了，她将一个丸子夹进了弟弟Sam的碗中，接着，又往哥哥碗里夹了一个。她称赞Sam做得很棒，也称赞哥哥做得很棒。并告诉他们：“只要努力了就没有什么遗憾的。”

妈妈出乎意外的微笑，让弟弟释放了自己内心一直压抑的情绪，露出灿烂的笑容，重拾自信.....最后，一家人吃了一顿温暖的晚饭。

看完这个视频，你有怎样的感受？

人与人之间是存在差异的，这是客观存在。有的人擅长逻辑思维，有的人擅长形象思维，有的人对电子产品感兴趣，有的人对花花草草感兴趣，每个人都有自己独特的天赋，也不可避免有自己的短板。如果孩子确实尽力了，家长再过分苛求孩子的分数，就不可避免会对孩子造成过大的压力，打击孩子的自信心。

这个妈妈做得很好，值得我们学习。面对孩子的考试成绩，我们要高分不“捧”，“捧”也就是过分的喜悦和过重的奖励；低分不“棒”，“捧”就是训斥、挖苦甚至打骂。其实孩子考试成绩不佳时更需要家长和风细雨般的安慰与鼓励！我们要先在语言上给予安慰与鼓励，看到孩子的努力付出，教育孩子只要平日里认真学习了，考试时尽力发挥了，就没有什么好遗憾的。然后，让孩子静下心来，找到分数低的原因，是基础掌握不牢、还是方法不对、还是粗心大意，还是压力太大等。分析考试成败的原因，总结自己的得失，整理好错题本，为以后的成功打下基础。

（3）要看到孩子的进步

不要忽视孩子的进步。高中阶段经常是全校排考试名次，有时是市区、全县排考试名次，所以我们不要横向与别人家孩子比，要多让孩子和自己的过去比，这次考试成绩虽然分数低了，但是孩子不再马虎大意，心理压力没有以前那么大，这就是进步，就要鼓励孩子。

3. 放手孩子参加各种活动，承担一定家务劳动

在活动中发现孩子的潜质，发挥孩子的特长，密切孩子和同学的关系，陶冶孩子性情，劳逸结合，增强孩子学习的积极性和主动性，培养孩子积极向上的心态。通过活动，还消耗孩子过剩的精力和体力，既锻炼了身体又锻炼了孩子的能力。

一是参加社区活动，打扫卫生、送温暖等社会公益活动，可以增强孩子关爱他人的能力，加强孩子基本道德观的培养。

二是节假日走朋访友、拜年祭祖，同学间的正常交流聚会，可以锻炼孩子沟通交流能力、关爱他人能力、语言表达能力。

三是家庭有条件的可以让孩子参加夏令营、大学游等活动。可以让孩子发现自己的专长与发展方向，从而激发孩子学习的热情，明确自己的努力方向，增强孩子的学习主动性、目标性。

四是做点儿家务活。虽然高中生学业紧张，但是也要让孩子承担一定的家务劳动，可以锻炼孩子的生活自理能力、基本生存技术能力和独立办事能力。很多家务本来是应该在小学和初中就具备的基本生存能力，可是我们很多高中生还不具备。不信？我们在座的家长，孩子在家做过一顿完整的饭的举手（我所教的班级，一大半的家长没举手）。有条件的家长可以领孩子到农村帮忙做农活，体会生存艰辛的同时也培养了孩子吃苦耐劳的精神。

结语：教育不仅仅是捧上一张大学录取通知书，而是捧出一个个有鲜明个性的活生生的人；教育不仅仅是追求百分之多少的升学率，而是追求每一个学生的生动、活泼、主动的发展。要知道，孩子的成人比成功重要，成长比成绩重要，经历比名次重要，而家长的用心付出比简单给予重要，鼓励比指责重要。要想让孩子成为一个不仅成绩优异而且人格健全的人，就要让孩子有丰富的人生经历。既要有成功的经历，也要有失败的经历。家长要对孩子的一生负起责任，那就要想明白自己培养的是一个孩子，而不是一架考试的机器。

各位家长，每个人的青春只有一次，成长不能重来；分数不是目标，成才才是关键。这个道理，既被心理科学的研究所证明，也被无数的事实所检

验。作为孩子的家长，怎么能简单地忽视孩子的个性塑造而让孩子牺牲一生的成功和幸福，去搏一纸分数呢？让我们更多地去关注孩子的成长吧。让孩子健康成长，成为自立自强的人，为社会做出贡献。

（蓬莱市第二中学　王铁军）

【相关链接】

一、成就感和尊严

孩子，我要求你读书用功，不是因为我要你跟别人比成绩，而是因为，我希望你将来会拥有选择的权利，选择有意义、有时间的工作，而不是被迫谋生。当你觉得你的工作有意义，你就有成就感。当你的工作给你时间，不剥夺你的生活，你就有尊严。成就感和尊严，给你快乐。

——龙应台

二、健康的标准

一般说来，人体的健康指标是由身体的健康、精神的健康和社会的健康三方面因素构成。

1. 身体健康。衡量身体健康有以下几个方面

（1）没有疾病、无须治疗；

（2）身体的发育正常；

（3）有良好的生活节律，食欲、睡眠好；

（4）体态、脸色好，有精神；

（5）能很好地进行日常活动，消除疲劳快。

2. 精神的健康

这包括一个人的行为思想与其基本价值观一致，觉得生活充实有意

义，对美和善的向往，能精力充沛地履行各种职能，完成各种任务，而且能从中发现并享受乐趣，感到自身的价值，使生活变得更有意义。

3. 社会的健康

能够融洽地愉快地扮演生活中的各种角色，如朋友、邻居、同学、恋人等，在社会各领域的生活中发挥积极的作用。

世界卫生组织（WHO）认为健康应具备以下标志：

（1）有充沛的精力，能够从容地应付日常生活和工作的压力而不感到过分紧张；

（2）处事乐观，态度积极，乐于承担责任；

（3）善于休息，睡眠良好；

（4）应变能力强，能适应外界环境的各种变化；

（5）能抵抗感冒等一般性传染病；

（6）体重适当，身体匀称，站立时头、肩、背位置协调；

（7）眼睛明亮，反应敏锐，眼睑不发炎；

（8）牙齿清洁、无空洞、无痛感，齿龈颜色正常、无出血现象；

（9）头发有光泽，无头屑；

（10）皮肤有弹性，肌肉丰满，走路轻松。

这个新概念的提出，标志着健康不仅是没有疾病和伤害，而且包括身体、精神方面能迅速完全地适应自然和社会环境。

三、成长比成绩更重要

当大家忙于追求成绩的时候，我想敲个警钟。

深圳市疾控中心《深圳市青少年心理问题调查》的结果显示：12.1% 的受访学生表示曾考虑过自杀，2.2% 的学生曾采取措施试图自杀。产生自杀行为的原因中，24.4% 的学生认为是学习压力过大。2008～2010 年间，仅深圳就有 16 名中小学生自杀。这样惊人的数据，怎能不让人痛惜？本来，花季应该充满阳光和歌声，那应该是满怀梦想、憧憬未来的青葱岁月。是怎样的压力，让一些孩子这么苦这么累，选择了这条不归路？

1. 压力来自父母把自己的意志强加给孩子

显然，压力首先来自他们的父母，来自所谓最爱他们的亲人。许多父母望子成龙、望女成凤心切，或把成功狭隘定义为考分，或把自己未曾实现的梦想全部寄托在孩子身上，让孩子背上了沉重的心理包袱。这样的父母，高举着“爱”的旗帜，落实着“害”的举措，根本没有把孩子看作一个活生生的、独立的人。

当成长的空间被压力填满，被遏制的生命就很容易走向另一个极端。等到父母惊觉孩子也是一个独立的个体，哪怕父母也不能把自己的意志强加给孩子时，往往悲剧已经发生。

对父母来说，成长比成绩更重要。

所以，为孩子们的成长留出足够空间，首先要从家庭做起。教育是辩证的科学，在这个语不惊人誓不休、只求偏颇惹眼球的年代，我们的父母应该学会穿过“虎妈狼爸”的喧嚣，学一点儿基本而正确的教育理念：一方面，父母要放弃对孩子的过高期望值，尤其是不能把自己的梦想强加到孩子身上。另一方面，父母要无限相信孩子的潜力，帮助孩子发现自己的天赋、挖掘生命的潜能，鼓励孩子自信大胆、坚定地走自己独特的成人、成才之路。父母应该坚信，世界上没有两个完全相同的人，所有的孩子来到这个世界上都有他存在的理由，所有的孩子都有机会成长为真正独一无二的自己。当孩子成为他自己，潜能必将得到发挥，孩子必将感到幸福，这时，成功就只是幸福的一个副产品。

同时，成长比成绩更重要。父母应该更关注孩子的心灵和人格成长。现在，许多家庭教育是“一分遮百丑”。只要考试分数好，父母就百般宠爱，给予各种奖励，甚至“教育”孩子不要把自己的学习方法教给其他的孩子。如果分数不理想，其他方面取得再优异的成绩，父母也会不分青红皂白地惩罚。这样教出来的孩子，会变得越来越自私，越来越只关注自己，甚至渐渐地会对家人都不关注。厚德方可载物，这样的孩子，就算考分再高，无疑也走不远。

2. 压力来自学校用升学率绑架了学生

其次，压力当然也来自学校。在应试教育的背景下，一些学校已经失去了教育的理想。由于缺乏科学的评价体系，分数和升学率成为衡量学校的唯一标准。“考试才是真功夫，分数才是硬道理”成为许多学校信奉的教育哲学。在一所学校的教室，甚至写着“人生总要长眠，何必今日多睡”的“励志”语录。诸如“只要学不死，就往死里学”等口号更加令人惊悚。有人说，现在学校被“绑架”了，绑绳就是“成绩”“升学率”。学校用“成绩”绑架教师，教师又绑架着谁呢？学生！

这样的教育已经畸形，过于重视知识的掌握，人性的温暖在哪里？这样的教育试图用统一的大纲、统一的教材、统一的考试为每个人塑形，本来具有无限发展可能性的人，最后培养成怎样的人？这样的教育用分数、考试、升学率、就业率等冷冰冰的单向度指标衡量，学生的个性、创造性从哪里得以成长、发挥？这样的教育用简单的分数排名代替多元的评价，孩子的心灵如何得以丰盈？

真正的学校，一定是关注孩子心灵成长远胜过关注分数的学校。

好教育首先应该让孩子有身体心灵成长的空间，与大自然亲近的时间，与社会接触的时机，应该让知识与生活、生命真正共鸣。苏霍姆林斯基曾经说过，学校是儿童精神成长的场所，如果学校只关心分数、成绩，而对孩子们的思想、情感和意愿不闻不问，这样的学校是没有出息的，这样培养出来的孩子也是走不远的。他形象地说，在这样的学校，教师的一座讲台有时会变成一堵高墙石壁，教师在墙壁后面向他的学生“敌人”发动进攻。但更多的情况则是讲台变成被包围的堡垒，“敌人”围攻它，而躲藏在里面的“指挥官”则感到手足无措。

真正的学校，一定是关注孩子心灵成长远胜过关注分数的学校。与此同时，我坚信，好的教育不惧怕考试。越是能够尊重教育的内在规律，越是能够激发学生的内在学习兴趣，学生的学习效率就越高，成绩就越好，这已经是被反复证明的事实。

因此，为孩子们的学业成长、心灵成长留出足够空间，也要从学校做起。许多学校的校长诉苦，认为学校的空间很小，“庆父不死，鲁难未已；考试不改，教育难兴”。我一直认为，哪怕戴着“镣铐”，也可以跳出精彩的“镣铐舞”。关起学校的大门，校长就是国王。无论外部环境如何，勉力为孩子撑起一片成长空间，应该是每一位教育工作者责无旁贷的使命。

3. 压力还来自政府像抓 GDP 一样抓分数

最后，压力来自社会，来自各级政府和教育行政部门。在许多地方，政府像抓经济一样抓教育，像抓 GDP 一样抓分数，用简单的分数、升学率甚至高考状元等指标来评价学校。某地的教育行政部门领导向学校发出“只要干不死，就往死里干”这种违背教育发展规律的指示，与屡屡曝光的“优秀教师”体罚学生、“优秀教师”遭学生贬低不无关系。政府只知用成绩指标衡量学校的品质，结果产生一批培养考试高手的“优秀教师”和一些有学历没品格的“优秀学生”。

教育在功利的目标下，在政府、家庭、学校的绑架下，已经面目全非。急功近利的教育必然会付出惨重代价，问题教师会把压力转嫁给问题学生，而最终出问题的是孩子，是教师！俗话说得好“一丑遮百好”，也只有到了那时，教师和学生的健康成长高于一切才会被重新提起。就像很多年前，以环境污染谋求经济一时发展一样，在环境恶化危及人类时，政府开始实行“一票否决”的可持续发展指标，环境尚且还能治理，那么学生呢？教师的身心健康呢？

十年树木，百年树人。

教育是慢艺术，不可能“立竿见影”。

教育是一种慢的艺术。一个地方的教育质量、教学成绩不可能像搞“政绩工程”那样“立竿见影”。而且，不同的学校，不同的生源，应该有不同的评价标准。无论评价学校还是评价教师和学生，都应该看学生在原有的基础上有多大的进步，而不是简单看他们的绝对分数。

所以，各级政府也应该积极行动，努力为学校松绑，从而帮学生减负。应当有效运用市场和法律手段管理学校，自觉适应政府控制模式向政府监督模式的转变，而不应该一味追求分数，甚至于搞唯分数论，单纯以分数评判办学质量和效益。

教师成长比排名更重要，学生成长比成绩更重要。有了心灵健康成长的教师才会有健康的教育。有了健康的教育才会有学生的健康成长。

教育的警钟，因孩子们的生命健康而鸣。

建议高二家长会用

陪伴孩子走过高二

【活动背景】

高二是一个比较特殊的年级，一方面已经适应高中的学习生活，另一方面紧张的高三还没有来临，所以心理上比较轻松。同时，高二还要面对多个科目的会考，会分散学生在高考科目的注意力。在学习上两极分化日益明显，有些同学偏科现象严重，孤独感和焦虑感较强。因此，这就要求父母、教师同关心他们，为他们创造良好的条件，保护他们的健康，增强他们的体质，促进身心健康发展，让他们能够顺利地度过人生不平凡的青春发育的最后阶段。

【活动目标】

1. 引导家长了解、重视高二学生身心发展的特点；
2. 帮助家长掌握一些应对处于青春期孩子的方法；
3. 鼓励家长尝试营造良好的亲子关系、家校关系。

【活动准备】

1. 典型案例；
2. 相关材料；
3. 学习书目。

【活动过程】

环节一：情境再现，各抒己见

1. 情境故事

情境一：

周日放假在家，一名高二女生接到了男同学电话。

妈妈："他是谁？哪个班的？学习好吗？家在哪里？父母是干什么的？……"查完祖宗八代，然后重重抛出一句话："你可别给我丢人！"

不少学生说，看到自己和异性交往，父母几乎到了草木皆兵的地步。偷看自己的日记，偷拆自己的信件，偷听自己的电话，像特务一样在后面盯梢。

女孩哭着说，妈妈这么不信任她，真想"早恋"一把让妈妈看看。

情境二：

一次，一名高二的女生在夏令营认识了一个男孩子，不知为什么怎么也忘不掉，借故给该男生打过几次"正规"的电话。

妈妈知道后没有批评，借机跟女儿讲起了青春期心理、生理发育的特点，并且讲了她年轻时的经历。"妈妈的理解、帮助和信任，使我顺利地走出最初的迷惘……我真幸运，生在这样一个家庭。"

她说，她的家长特别民主，妈妈更理解她。有时，她的日记本忘在书桌上，妈妈保证不看，而是小心替她保管好。同学来电话时，不管男女，妈妈总是自动避开。她不说，妈妈绝不问对方是谁，自己反而更愿意跟妈妈敞开心扉。

2. 情景讨论，分享交流

亲爱的家长朋友们，上述情况是我们学生难以回避的话题。同样是与孩子沟通，两种情境两种效果，原因出在哪里呢？孩子更喜欢什么样的处理方式一目了然。你有怎样的感受？或者有怎样的经验？

家长进行分享交流。

3. 教师小结

按理说，父母应该是子女最亲近的人。可事实上，越来越多的中学生不信任父母，有话不愿说给父母听，甚至不愿意回家……

上述情形，一方面说明中学生由于身心的不断发育成熟，独立意识、自我意识开始增强，试图摆脱家长的约束和管教；另一方面，可以说是不科学的家庭教育和传统的家长专制作风加剧了问题与矛盾。

环节二：走近孩子，了解特点

心理学研究发现，进入高中阶段的孩子已经进入青年早期，不再是青春期。他们在生理发育上基本达到成熟，在智力发展上也接近成人水平，心理品质上表现更加丰富和稳定。17 岁的孩子最有想法，思想最活跃，是一个人最富有创造力的时期。当然这是普遍现象，也有个别，不是有些人到了24 岁还在叛逆期吗？所以，有不少孩子依然有青春期的症状。

孩子们独立性更强，知心话再也不愿和父母说；变得更加敏感，不愿听从别人的话，很喜欢顶嘴，动不动就发怒，爱说“烦死了、累死了、别管我……”同时也更加叛逆：家长的关心变得不再温暖，嫌你啰唆管得太多。可能还有的家长会发现，孩子坚守自己所谓的“秘密”“隐私”，回避见你，却抱着电脑、手机不肯放。一方面我行我素，自以为是；一方面又不愿脱离同伴，从众心理明显。是非观还有些模糊，心理承受能力差，喜欢出人头地，但在“应试教育”下常有紧张的感觉，在分数的压力下常有学不进去的心理；青春期躁动明显。这个时候就要适当地注意异性交往问题了。

另外高二是高中阶段的特殊时期，离刚入学时的冲动远了点，离高三冲刺奋斗也远了点儿。既没有了高一时的兴奋和新奇，又没有高三时的拼搏和压力，高二的学生最容易散漫、自由、迷茫、浮躁，有的缺乏目标和动力，有的学业压力倍增，有的陷入青春期困惑，相比高中其他年级，高二的确属于心理危险期。

正因为这个年龄段的孩子生理上接近成熟而心理上处在“第二断乳期”，知识、生活实际能力还欠缺，所以，最容易出现青春期问题：抽烟、喝酒、厌学、打架、早恋、憎恶老师、沉迷网络游戏等。所以，这个时期孩子的心理健康，非常值得家长关注。

环节三：发现误区，反思教育

很多家长很爱孩子，但因为方法不当，常常陷入家庭教育的误区。下面的误区，你是否身陷其中呢？

误区一：勉强尽责，自生自灭。放松了家庭的监管，学生就没有了守规矩的底线。

误区二：越俎代庖，包办一切。大人习惯了为孩子做事，孩子也习惯了依赖，养成了好吃懒做、不爱动手、不体谅父母的习惯，缺乏独立性和生活自理能力差等。

误区三：以偏概全，只盯成绩。只在乎孩子的学习成绩，不在乎孩子的爱好兴趣，放松孩子意志品质、独立精神、办事能力、生活自理能力等综合素质的培养，导致孩子高分低能。

误区四：急功近利，互相攀比。总喜欢拿孩子的成绩与别人家的孩子进行比较，把孩子当成维护面子的工具，扼杀孩子个性，影响孩子一生。

误区五：异性关系，如临大敌。孩子只要和某个异性同学接触，就以为孩子是在早恋，草木皆兵，如临大敌一般，生怕孩子因为恋爱耽误了学习，考不上大学。

环节四：换位思考，倾听心声

对于孩子的生活父母可谓关怀备至，对于孩子的心声，你们是否了解呢？让我们一起来听听孩子的心声。（播放录音材料——班里孩子的心声，最想对父母说的话。）

听完孩子的心声，大家做何感想？我们把孩子们的诉说总结一下，他们希望自己的父母：

1. 理解尊重他们。能真正走进孩子心里，了解孩子的思想动态、兴趣爱好、喜怒哀乐，从而理解、支持他们的选择和追求。把他们当成人而不是当小孩看待，别把自己的意志强加给他们。

2. 不摆家长架子。父母的尊严很重要，但是不要总是一副不可亲近的样子。希望父母既是子女的保护者，又是子女的知心朋友；既尊重孩子的主动性和独立性，又施以必要的教育和引导。

3. 家庭和睦。夫妻恩爱，家庭和睦，子女生活在温馨的家庭氛围中，得到关心和爱护，获得爱和尊重的体验，从而心情愉快，身心皆健。

4. 赏识自己。无条件接纳自己的孩子，接纳孩子的缺点，接纳孩子的不可爱，接纳孩子学习成绩不理想。学会用赏识的目光看待自己的孩子，赞美子女的优点，不用放大镜去寻找孩子的弱点。不要总拿自己的孩子与别人家的孩子比，多鼓励，少批评。

5. 关心孩子而不是关心成绩。不只看重学习成绩，更能关心身心发展状况，关心孩子的心理和思想。多与孩子沟通，了解自己的孩子，他的兴趣、爱好，他的学业水平，他与老师同学的关系，他有几个好朋友，他与什么样的孩子是好朋友等。

6. 合理期待。别给孩子过高的期待，过高的期待会给孩子过多的压力，会压垮孩子。对孩子的期待合乎孩子发展的实际情况，能接受比实际情况稍高一点儿的目标。

环节五：陪伴孩子，健康成长

1. 分享交流，介绍经验

请两位优秀学生的家长做经验介绍，希望家长们互相交流，共同促进孩子的健康成长。

2. 对青春期孩子教育的原则

（1）多观察，少定论。

（2）多引导，少训诫。

（3）多预防，少惩罚。

（4）多学习，少想象。

（5）多间接，少直接。

3. 给家长的几点建议

（1）尊重孩子的独立性。培养孩子的处事能力，让孩子自己管理自己。

（2）理解和倾听孩子的需求。主动倾听，一边倾听一边帮孩子分析问题，共同找出建设性的解决方法，尊重孩子需求，满足孩子需要。

（3）建立友好的信任关系。善于发现孩子的闪光点，及时给予鼓励。当孩子表现得不令自己满意时，保持友好与冷静，多疏导，勿强硬。

（4）适时进行性教育。坦然面对孩子与异性之间的交往，创设正常交往的时间和空间，鼓励孩子参加各种集体活动，让孩子拥有丰富和充实的精神生活。

（5）既要关心孩子的学业成绩、生活起居，更要关注孩子的内心渴求，培养孩子积极向上的心理品质。

（6）营造和谐的家庭氛围，少打麻将少上网，多读书多看报，为孩子提供良好的学习和生活环境。

另外，在对待子女的学习上可以采用几个策略：

一是激发孩子的学习兴趣，提高学习积极性和自觉性。

二是帮助孩子进一步改进学习方法，提高学习能力。

三是创造良好的家庭学习环境，做到及时、有效的陪伴。

环节六：活动总结

高二年级是孩子成长波动较大的时期。家长不必将这一时期视为洪水猛兽，这是孩子人生成长的必然表现。我们家长一方面要给予理解和宽容，另一方面要提高自己的教育方式和水平，让自己的教育思想、教育理念跟上孩子成长的步伐。希望各位家长多和孩子交心、和老师交流、和学校配合，让我们家校携手，共同努力，让孩子们都能健健康康，快快乐乐成长！

龙应台在《目送》中写道："所谓父女母子一场，只不过意味着，你和他的缘分就是今生今世不断地在目送他的背影渐行渐远。你站立在小路的这一端，看着他逐渐消失在小路转弯的地方，而且，他用背影默默告诉你：不必追。"愿我们的家长，能陪伴孩子走过高二，走过高中，走过青春岁月，并目送他们迈着踏实的步伐远离我们，走自己精彩、灿烂的人生旅程。

（莱山第一中学　栾聪胜）

【相关链接】

一、学生家长会反馈表

姓　名		学　号	
参会感觉			
今后的努力方向			
你期望的 家长会主题			

签名：________

日期：____年____月____日

二、中国家长的身上藏着十把刀

魏书生

中国家长的身上藏着十把刀，家长往往在不知不觉中使用这十把刀，使孩子天生纯真的品性一步步受到伤害。

第一刀：砍去民主　种下家长专制的种子

在传统的中国式家庭里，家长说一不二，强行决定孩子应该怎么样，不能怎么样。现在的孩子不用下跪了，但在家庭生活中我们有没有做到最基本的民主呢？比方说，涉及孩子利益的事情，家长有没有征求过孩子的意见？当家庭内部出现争执的时候，无论有没有道理，家长总是习惯于用简单粗暴的办法，以“都是为了你好”的名义来代替孩子做出决定。而这种行为就是一刀砍去了孩子的民主意识，而让他觉得强权就能战胜一切。

第二刀：砍去爱心　种下自私的种子

当你为如何抚养年迈的父母而与你的兄弟撕破脸皮，为分父母的那点儿遗产与你的姐妹大打出手的时候，有没有注意到有一双惶恐的眼睛正疑惑地看着你的表演？

当你看到小偷在撬邻居家的门，而你拉着儿子匆忙离去的时候，有没有发现儿子的另一只手握成了拳头？当女儿告诉你小区花园的水龙头坏了，你是提上工具去修理或者立即给物业打电话，还是告诉她别多管闲事？你假装没有看见公共汽车上站不稳的老人，当孩子想起身让座的时候，你却用眼神去制止他。你的这些表现是对孩子潜移默化的家庭教育的一部分，你的每一个行为都在一刀刀砍去孩子的爱心，而在他幼小的心灵里埋下了自私的种子。

第三刀：砍去诚实　种下说谎的种子

孩子一旦明白说谎就可以不挨揍、不挨骂，或者可以让皮肉之痛迟一些来临的时候，他就可能慢慢变成说谎专家。小孩子说谎都是被逼出来的。如果我们说实话可以得到实惠，那谁还愿意冒险去说谎呢？很多的孩子都有一个困惑——为什么大人可以说谎，而小孩儿就不能呢？小孩儿在思考这个问题的时候说明他已经发觉了大人是经常说谎的。我们给孩子的解释往往在辩解说我们的谎言是“善意”的。但对孩子来讲，善意的也好，恶意的也罢，那都是谎言！

第四刀：砍去冒险　种下平庸的种子

孩子要下河游泳，成人不是教会他怎样在水中保护自己，而是简单地拒绝——理由当然是危险。孩子要登高也不被允许，当然也是出于安全的考虑。

孩子都十多岁了，还不敢一个人到门口去买东西，因为大街上是危险的。不会自己削苹果，因为刀子是危险的。二十岁的孩子还不会开火做饭，因为煤气是危险的。

是啊！现在的社会有些乱，出门有危险，在家也不安全。但就这样一直抱着，他们又如何能长大呢？一点点危险都不能经历的孩子肯定是平庸的。危险处处存在，躲是不能解决问题的，关键是要教会孩子识别危险，处理危机。

第五刀：砍去守纪　种下违法的种子

孩子自己过马路很少会去闯红灯。孩子骑车也会规规矩矩地在自行车道里行驶。孩子在幼儿园的时候就背“红灯停，绿灯行”的口诀。可是当他们跟父母一起上街的时候，总是被大人拉扯着不走人行横道，不走地下通道，也不走人行天桥，而是翻栏杆、横穿马路。大人的借口是我忙，赶时间。殊不知这一刀让孩子体会到：规则是可以不遵守的，自己的利益大于规则的严肃性。很多人开车时带着孩子，脑子里没有交通规则，眼睛里没有交通标志，在街上横冲直撞，非得看到警察才收敛一些。这就教会了孩子：人治大于法制。在法规的执行者看不见的情况下，可以为了自己的利益而肆意践踏法规。

第六刀：砍去善良　种下恶行的种子

古人云：勿以恶小而为之，勿以善小而不为。我们不愿意带着孩子去为灾区捐献衣物，因为我们交过税了，那是政府的事。我们不给街角的乞丐一点儿施舍，因为他们肮脏。

当孩子想给交不起学费又体弱多病的同学捐款时，你问，是不是学校规定必须这样做的？还会问，规定最少捐多少？你在一点儿一点儿砍去孩子善良的本性。买东西时别人多找了钱，你拖着孩子快速离开。同事得罪了你，你指使孩子偷偷拔掉他自行车的气门芯。家里做饭少几棵大葱，你不去找邻居借，而是叫孩子到走廊去“拿”几根。你又一点点地在孩子身上播种着恶行的种子。

第七刀：砍去自然　种下破坏的种子

在公园游玩时你带着孩子去攀枝摘花。离开的时候，孩子要带走垃圾，你说不用管，有清洁工干。为了让孩子高兴，违反规定向笼中的猴子投喂食物。喝完饮料，你随手扔瓶子；抽完烟，随地扔烟头。孩子的天性是热爱自然、喜欢动物的。我们却当着孩子的面杀掉了他喜欢的鱼，杀掉了他喜欢的鸡鸭。让伤心的孩子再也不愿意吃这些动物了。

我们在劝说孩子的时候用的是“万物为我所用”的逻辑。告诉孩子的是为了人类自己的生存，可以戕害一切生灵。

第八刀：砍去创新　种下机械的种子

我们可怜的孩子在学校和家长的双重压力下，已经不懂得什么是创新了。当孩子多问几个为什么的时候，我们或许会因为自己工作的劳累而懒得回答，或许因为他问的问题已经超出了我们的知识范围而敷衍。我们惯用的伎俩就是“等你长大了就懂了！”“这个不要求掌握，你记住就行了！”“这个是不会考的！没有为什么！”等自以为聪明的说辞。殊不知这会让孩子慢慢变成考试动物，脑子机械化了，不会思考了。几十年应试教育的恶果，使我们在为孩子选择学校的时候，首先考虑的就是它的升学率。不管学到了什么知识，只要能上清华、北大就好！

第九刀：砍去欣赏　种下嫉妒的种子

孩子小的时候总会毫不掩饰对一个人或者一件东西的欣赏，会毫无顾忌地表达自己的喜爱。孩子告诉家长某某同学多么优秀时，家长总是拿孩子的短处跟他崇拜的人比较，要么说看人家多聪明，多努力啊！哪像你这么懒！要么说要向他学习啊，给父母争光！这种批评式的比较很容易挫伤孩子的积极性，伤害孩子的自尊心。

最初，孩子会说：“我要比他还棒。”可当一次次地超越不了自己欣赏的对象，又被父母奚落之后，孩子那良好的欣赏的心态就会变成糟糕的嫉妒心了。嫉妒，这个人生的一大公害就被天真的孩子学会了！

第十刀：砍去竞争　种下仇恨的种子

竞争本来是社会发展的动力。一个没有竞争的社会将失去向上的冲劲儿。人都是在这个竞争的环境中生存的。人类本身就是在动物的竞争中优胜出来的，所以人天生就有竞争意识。一个再正常不过的事情就是，失败者要学会握着优胜者的手真心地向他表示祝贺。

我们都可能会在单位被同事超越，在生意场上被对手打败。回到家里，我们不是客观地分析失败原因，争取下次胜利，更多的是找客观理由，辱骂竞争对手。别以为你的孩子还小，听不懂大人的事情。他已经从你的身上学会了仇恨超越他的人。我们每个做家长的人都应该反思。在我们指责社会的不公、指责教育的失败、指责别人道德沦丧的时候，我们自己又是在怎样培养孩子？收起你手里的刀，让我们的孩子能够健康茁壮地成长。保留他们天生的优良品质，给社会以希望。

摘自《中国青年报》

建议高三家长会用

竞争合作　实现双赢

【活动背景】

学生升入高三以后，学习压力大，考试次数多，竞争激烈，学生日益关注考试成绩。怎样引导孩子正确地看待学习上的竞争，理性地看待高考，培养孩子良好的竞争意识和健康的竞争心理，在竞争中学会合作，是每个家长非常关注也亟需解决的问题。

【活动目标】

1. 通过本次活动，希望家长能引导孩子理性地看待高考，理性地对待孩子在备考过程中表现出来的种种问题；

2. 让家长引导孩子理性看待竞争，培养孩子健康的竞争意识；

3. 引导家长学会与孩子沟通，教孩子学会合作。

【活动准备】

1. 家长会活动 PPT；

2. 相关资料、视频；

3. 优秀家长要交流的经验。

【活动过程】

环节一：列举学生问题表现，导入家长会主题

各位家长，前几天我们对学生做了一个调查，发现升入高三以来，不少孩子面对繁重的学习压力，激烈的竞争，频繁的考试，表现出了焦虑、不适应以及一些不正常的竞争心理和做法，我把它们总结了一下：

1. 同位或者好友在小测中的成绩高于自己的时候就心里不舒服，有

时沉默不理，有时自己难过，有时冷言冷语。（特别是女生）

2. 害怕同学超过自己。不愿意将笔记借给同学，也不愿意给同学讲题，买到好的复习资料自己偷偷做，怕让同学看到也去买。

3. 面对考试成绩，有的特别关注，一分一分的核对，却不太关注失分原因，只关注分数本身；有的表现得非常不在乎，不愿意和家长交流考试情况，更是忌讳谈论考试成绩，不是他们把考试看淡了，而是在躲避。

4. 害怕考试，每次测试就以身体不舒服为由不参加，同一份题，如果是练习就能好好做完。

5. 高三竞争太激烈，压力太大了。个别学生经常大脑空白，对任何事情都不太感兴趣，晚上睡不着，焦虑，有的甚至出现轻微的抑郁症状。

这些表现所折射出来的问题是：有的孩子不能吃苦，逃避考试、逃避努力；有的孩子内心自卑，害怕失败；有的孩子来自各方面的压力大，过于紧张，焦虑、压抑；有的孩子不能正确认识竞争，不会与同学合作，以致与同学的人际关系紧张。总结起来一句话，就是我们很多孩子不能正确面对高三激烈的竞争生活。

针对孩子的这些问题，我们及时召开了班会，引导孩子正确面对高三，合理定位自己，缓解压力；正确面对竞争，在竞争中学会与同学合作。并且单独找了几个问题比较突出的同学谈话，做他们的心理疏导工作。但是全班几十个孩子，我们的工作不可能面面俱到，需要与家长携手。那么我们家长该做什么呢？这就是我们今天开家长会的目的。

环节二：如何正确面对竞争

一、在竞争中合作，实现双赢

我曾经读过这样一篇文章，和大家分享一下：

美国俄亥俄州，每年都要举行种南瓜大赛，汤姆的成绩相当优异，连年获首奖。得奖后，汤姆毫不吝惜地将自己辛苦得到的南瓜种子分送给邻居。一个邻居不解地问：“为什么把种子送给我们？难道你不怕我们的南瓜超过你的？”汤姆则回答：“我把种子送给大家，其实也是在帮助我自己！”原来，各家瓜地相连，汤姆把自己优良的南瓜种子分给邻居，可以防止蜜蜂在传授花粉的过程中，将劣种南瓜花粉传播到自己的优良品种上，避免优良品种的退化。

听完这个故事，你有什么感想？

请家长交流。

这个故事其实就是告诉我们如何面对生活中的竞争问题。生活中的竞争无处不在，从校园到社会，从学习到工作，甚至一母同胞的亲兄弟之间都会避免不了竞争。尽管我们说优胜劣汰是经典的丛林法则，但是竞争毕竟不是战争，不是面临着你死我亡。

我们孩子面临的高考虽然竞争激烈，但是竞争中最好的状态不是单打独斗，而是与同学合作，实现双赢。你家孩子会做的题，给不会做的同学讲一遍，其实等于又复习巩固了一遍，所以帮助别人，就是在帮助自己！没必要藏着掖着，显得心胸太狭隘，影响了同学之间的交往。有句话不是说“赠人玫瑰，手有余香”？帮助是互相的，今天你帮了同学，等你遇到难题时，同学也会伸出援手帮助你。高考的路上同学们虽然是竞争伙伴，但是这个竞争是全省范围内的竞争，全省的高三生都是竞争伙伴，高校又不是只招一个人，完全可以和你的同学携手进入同一所大学。

二、要学会感谢竞争对手

播放林丹、李宗伟最后一届奥运会的羽毛球比赛视频。

这是世界羽毛球大赛上的两个对手，他们从十七八岁的小伙子时期开始在比赛中交手，一直到为人父，在已有的37次交锋中，林丹25胜12负。两个人是赛场上竞争对手，斗智斗勇，奋力厮杀；场下他们尽情相拥，是惺惺相惜的最亲密的对手；也是兄弟，彼此激励，彼此成就。有人说，遇上和林丹一个时代，是李宗伟的悲哀，可是大家别忘了，因为林丹的存在，才激发了李宗伟顽强的斗志，不服输也不怕输，使他不断进取。反过来，也正是李宗伟成就了林丹。人都会有懈怠的时候，优质强大的对手，会不断鞭策与激励着我们的孩子成为更好的自己。

三、培养孩子正确的竞争意识

宁可教子猛如狼，不可教子绵如羊。这并非真想把孩子培养成一个凶狠残暴的人，而是希望后辈能有参与竞争的机会，有进行竞争的能力。要让我们的孩子在未来的竞争中占据更为有利的位置，我们就要始终不渝地坚持把他们培养成更优秀的人，让他们更强壮，更聪慧，更有力！

高考竞争是孩子人生竞争的一部分，是不能逃避的。作为家长，必须告诉孩子要正视竞争，竞争不可怕，好好复习，做好充分的准备就行。有些同学想赢怕输，又不想吃苦，可是高考路上没有侥幸！这种想法要不得。我们有时说某人真幸运，可是你看到的是他幸运的表象，你没有看到的是他背后的努力付出。孩子们只要踏踏实实、认认真真学习了，所有知识都掌握了，还有什么好怕的？要学会自信快乐地面对竞争，参与竞争，别逃避，别怕输。即便输了，也是孩子成长过程中的一次磨炼，不是有句话“不经历风雨，难以见彩虹”吗？更何况现在的高考，录取率已经比较高了，上大学的机会很大。

环节三：给家长的几点建议

1. 经常与孩子沟通交流

建议家长经常与孩子沟通交流，了解孩子的思想状况，与老师、朋友相处的情况，了解孩子对竞争的认识，及时帮助孩子处理情绪和心理上出现的问题。

2. 帮助孩子建立正确的高考观

（1）高考的重要性：高考虽然不是人生的全部，但是，是一个高中生最重要的事情。当下每位同学都不能回避，必须有信心把这件最重要的事情做好，这是参与高考竞争的心理基石。

（2）辩证地看待高考：上一所好的大学只是我们走向成功的一个平台之一，肯定不是唯一平台，当然也不一定是最快捷的平台。（举自己教过的名牌大学成功和普通大学也一样成功的学生的例子）

（3）要清晰地知道高考竞争带给孩子什么：文化知识学习只是高考学习的一部分，意志品质、与老师同学相处的情商、应对压力的心理素质等也是高中生要学习的内容，也许这些没有出现在高考试卷里，却会影响着孩子的学习和高考成绩。学习的最终目的是能够自我教育与自我完善，高考竞争带给学生的不仅仅是知识的提升，更是综合素质的全面提高，高考竞争是一场智慧之争。

（4）让孩子做最好的自己，参与竞争，注重过程，顺利参与并成功走过高考就是胜利，如小马过河，走过才知道。高考竞争争的不仅是成绩，而是成功成长的过程。

3. 与孩子一起参与竞争，家长该怎么做

（1）当孩子因竞争落后而焦虑时，家长要及时开导，帮助孩子分析目前学习中出现的困难、落后的原因，必要时可以帮助孩子找家教进行辅导，最主要的是鼓励孩子向老师和同学求助，在相信自己一定能行的同时，相信老师和同学。

（2）帮助孩子理性地认识自己，合理地给自己定位，有自己的理想和奋斗目标。这种定位千万不要过高或者是过低，这种定位实际上是让孩子用现实的自己去超越理想中的自己，必须有可行性和引领性。

（3）不要溺爱孩子，应该鼓励孩子挑战自己，学会吃苦，参与任何一项竞争，都免不了吃苦。

（4）引导孩子主动帮助别人，关心集体。学会合作往往都是从主动帮助别人开始的，学习是需要相互合作共同提升的。（举以往的班干部为班级付出很多最后却考得很好的例子）

4. 给孩子的一封信。让孩子感受到家长和孩子是在一起努力的，增强孩子的竞争力。

（烟台第二中学　王清华）

【相关链接】

一、需要敌人

“要成功，需要朋友；要取得巨大的成功，需要敌人！”

——马云

有竞争才有发展，因为有了敌人的存在，因为有了不服输的决心，才会努力地做好自己的事，所以，有时候，敌人比朋友的力量更大，天下没有永远的敌人，却有永远的朋友。有些时候，敌人也可以变成朋友。

二、推荐阅读书籍

《高三家长》

《学习哪有那么难》

家校携手培养高中生的意志力

【活动背景】

高中生的意志力问题日益突出，有些学生上课集中注意力听课的时间越来越少，有些学生遇到稍难一点儿的题首先选择躲开，还有的学生自控力差，听到外面有声音便抬头观望，放假回家不是写作业而是先玩儿游戏，手机等高科技产品成了有些孩子形影不离的“密友”……包括很多学习成绩优秀的孩子在内，不少高中生的意志力品质没有培养好。尽管原因是多方面的，尽管原因是多方面的，但不可否认的是，培养高中生的意志力早已成为摆在家长和学校面前的一道必做题。

【活动目标】

1. 让家长了解高中生意志力薄弱的表现及其成因；
2. 分享经验，引导家长帮助高中生培养意志力品质。

【活动准备】

1. 高中生意志力调查问卷；
2. 体现意志力的相关视频；
3. PPT 材料。

【活动过程】

环节一：了解高中生意志力的现状

先和大家分享几个案例。

案例一：一名男生中考时以优异成绩考入重点高中，在重点班就读，如果他能够遵循老师的教导，勤奋学习，高考时就能考上一所很好的大学，但是该生从高一开始便沉迷手机，违反校规带手机入校，下课、吃饭、睡觉都要玩儿手机，以致学习成绩一降再降，虽然受到学校处分但依然抵制不了手机的诱惑，结果高考一败涂地。

案例二：某生初入高中，雄心勃勃，立志发愤学习。可是没多久，便因功课太难而打了退堂鼓，期中考试成绩下滑极大。他看到很多同学受到老师表扬，又痛下决心改掉自己的惰性，可是结果坚持了没有几天，看到周围同学在看小说，他便又放弃了学习。如此反复多次，经常立志，可是不能坚持，三年下来终究没有实现自己的理想。

这两个高中生的身上是否有你家孩子的影子？如果有，我们该怎么办，如何帮助孩子？

家长交流。

孩子进入高中，生理发育和智力水平已接近成年人，对外界或成人的依赖性逐渐下降。随着年龄的增长、社会交往的增多，他们的主观能动性与自我控制能力也在逐渐增强。然而我们在很多孩子身上，依然看到了学习意志力还相对薄弱的情况存在。前几天我们对孩子的意志力情况做了一个调查，请大家看我们的调查结果。

调查情况汇总（PPT）：

1. 82%的同学每天早上能自己按时起床。

2. 在学习和娱乐发生冲突时，77.5%的同学不一定会马上去学习。

3. 在做一件事情之前，60%的同学总是考虑做与不做的后果。

4. 64%的同学喜欢先做客观容易的事情，困难的能拖就施，不能拖时就应付了事。

5. 77.5%的同学给自己制订的计划，常常因为主观原因而不能如期完成。

从这份问卷结果里我们可以看出孩子们的意志力情况。

学习成绩优秀的学生自我期望较高，这些同学在初中一般都是尖子生，自我发展的意识强。但是高中的学习内容不论从量上还是从难度上都大了许多，对学生的要求也高，所以他们遇到困难时的感受也就特别强烈。另外，强大的学习压力往往会使这些学生在遇到困难时产生挫败感，无所适从，思维混乱，乱了阵脚。

学习成绩偏差的学生在学习中碰到困难时，或者垂头丧气，或者一蹶不振，不能刻苦努力。他们上课不能集中注意力，不是走神，就是做小动作或睡大觉，认为自己不是读书的那块料，不愿意多看书，多钻研，一拿起书本就头疼；不能够很好地利用时间，也不能很好地控制自己，专注于学习。这些孩子经常立志，经常下决心，但是遇到情绪不好时，或是遇到挫折时，又灰心丧气，什么也不愿意学。

其实学习活动不仅靠智力，也要靠意志。尤其是高中阶段的学习，学习强度高，压力大，在有些学生的眼里，学习过程枯燥且痛苦，所以很大程度上需要孩子有坚强的意志力来支撑。

俗话说“兴趣是最好的老师”，但是对学习有兴趣的同学少之又少，更多的高中生都是被逼无奈，被生活、被社会、被父母逼到考大学这条路上来。长期面对高压力、高强度的学习，就要靠学习热情、信心、意志来支撑。当孩子们克服了困难，取得了成功时，也就慢慢有了学习的兴趣，坚定了自己一定能学好的信心。许多高中生正是因为缺乏意志力，学习上遇到的困难多了就自暴自弃，心理的堤坝垮塌了，就会导致全盘失败。

环节二：分析高中生意志力薄弱的原因

您了解我们的孩子意志力薄弱的原因吗？

1. 来自家庭的影响。由于社会经济的发展，人们生活水平的不断提高，再加上国家实行计划生育政策，现在许多中学生都是家里的独生子女。我们的孩子从小就没有经受艰苦的磨炼，生活上对父母依赖性强，自理自立能力差，很多孩子缺乏克服困难的信心和顽强的意志力，这也是当前独生子女承受挫折与失败的能力差的根本原因。

我们家长爱孩子，恨不能把一切最好的都给自己的孩子，让孩子吃好、穿好，凡事家长亲力亲为，不舍得让孩子干家务活，不舍得让孩子吃苦，也不舍得让孩子受委屈，一心为孩子提供最好的条件，让孩子接受最好的教育。

孩子考进高中了，我们家长依然舍不得放开手，舍不得让孩子吃点儿苦。很多孩子一考进高中，父母便在学校周围买房或者租房，全力以赴伺候着，孩子们更加地衣来伸手，饭来张口。家长的希望就是孩子有时间就好好学习。在家长眼里，文化课的学习是高中生的第一要事，学习成绩好是我们家长最关注的事情，再就是关心孩子身体的健康，而忽略了孩子心理素质、劳动技能、意志力品质的培养。

2. 来自社会、学校的压力。由于现代社会竞争激烈，学校又过于看重升学率，学生学习心理负担过重。报纸、杂志也曾多次报道，中学生因考试受挫折而出现逃学、离家出走甚至自杀等现象。

3. 学校教育方法的失当。有的教师把意志力薄弱的学生武断地归类为“差生”，却很少从他们“怯懦”的表象去探索其“怯懦”的心理本质，使得这部分学生越来越差，意志力也越来越薄弱。

环节三：培养高中生意志力的方法

意志力是心理学中的一个概念。是指一个人自觉地确定目的，并根据目的来支配、调节自己的行动，克服各种困难，从而实现目的的品质。

意志力不是一个人天生就有的，是可以培养和训练的。如何培养高中生的意志力呢？给大家几条建议：

1. 督促孩子从小事做起。培养孩子的意志力要从小事入手，从简单的事做起。可以是自己不愿意做的一件小事或是改变自己的一个坏习惯，如有的学生爱睡懒觉，早晨自己起不来，必须家长叫才行，那就让他制订作息时间，并严格按照执行。这期间父母不要插手，哪天他自己起不来要迟到了，父母也不要管，让他自己承担后果。意志力就是在这样失败了爬起来继续努力的过程中培养的。

也请家长们放开手，让孩子自己的事情自己做，除此外，让孩子做点儿家务，或者做点儿公益劳动，干点儿活儿，吃点儿苦。让孩子多参加体育活动，既锻炼了身体，也培养了意志力。千万不要小看这些小事，小事在培养孩子的意志力上，作用可不小。

2. 从学生感兴趣的事入手。兴趣是最好的老师，它是孩子努力的不竭之源，可以激发孩子的潜力。培养孩子的意志力时可以从孩子感兴趣的事情入手，比如体育活动。鼓励孩子抵制外界诱惑，和自己的惰性做斗争，克服遇到的困难，体验坚强的意志为自己带来的成功的快乐。

3. 帮助孩子制订奋斗目标。每一阶段（学期、学年开始）家长都要督促并帮助孩子制订出切实可行的学习目标和实施计划。制订目标时要让孩子权衡利弊，更直观点儿可以让孩子把利弊写出来做权衡。要让孩子明白，实现目标的路上困难是不可避免的，要有克服困难的思想准备，更要有克服困难的勇气，要把如何克服困难的措施制订在实施计划中。家长要经常监督孩子目标的完成情况，并随时帮助孩子修正错误，要鼓励他们持之以恒，决不能朝令夕改，随时降低标准，修改目标。我们要让孩子知道：有志者立长志，无志者常立志。

4. 鼓励孩子要坚持不懈。做任何事都不会一蹴而就，培养意志力也是如此。要让孩子明白滴水穿石的道理，鼓励孩子学会坚持，学会持之以恒。家长要经常为孩子选择有关培养意志力的名言、格言、警句来激励他们。要让他们感受到，意志坚强的人，无论干什么事情都会有始有终，并保证获得高质量的结果。

播放视频（东方卫视第一届达人秀刘伟的视频，或者其他体现意志力的视频），让家长感受榜样的力量。

5. 父母要做好榜样。孔子说："其身正，不令而行；其身不正，虽令不从。"无论家长的文化水平是高是低，不论从事什么职业，家长的刻苦好学、顽强拼搏、自强不息，永远是孩子最好的榜样，是孩子吸取不尽的力量源泉。

家长的榜样作用是任何人代替不了的，他比任何的说教都有说服力。希望各位家长能给孩子做好表率。可以和孩子相约一起减肥，或者一起读书，家长做孩子的榜样，在面对困难的时候，不轻言放弃，坚持到底，以顽强的意志力达成自己制订的目标。

（莱阳第九中学　刘　彦）

【相关链接】

一、关于高中生意志力的调查问卷

在学习中遇到困难，意志力强的人会想方设法去克服困难，把事情做好，而意志力弱的人则可能浅尝辄止。针对这个问题，本人想进行一下调查。麻烦大家填一下这份调查问卷。谢谢。

1. 你的性别是？

A. 男　　B. 女

2. 一般来说，你每天早上是自己按时起床还是让父母（或其他人）叫你起床？

A. 自己调好闹钟，按时起床　　B. 父母（或其他人）叫

3. 你给自己制订的计划常常因为主观原因而不能如期完成吗？

A. 非常符合　　B. 基本符合　　C. 一点儿都不符合

4. 在学习和娱乐发生冲突时，哪怕是这种娱乐很有吸引力，你是否也会马上去学习？

A. 是　　B. 不一定　　C. 否

5. 当你面临一件该做的事和一件不该做而有吸引力的事时，你是否经常经历激烈的思想斗争并让前者占上风？

A. 是　　B. 不一定　　C. 否

6. 你能长时间地做一件重要但枯燥无味的事情吗？

A. 非常符合　　B. 基本符合　　C. 一点儿都不符合

7. 你希望做一个意志坚强的人，因为你深信有志者事竟成吗？

A. 是　　B. 否　　C. 其他

8. 假如你喜欢长跑、长途旅行、爬山等体育活动，并不是因为符合自己的身体素质，而是因为这些运动可以锻炼自己的意志力吗？

A. 是　　B. 否　　C. 其他

9. 你遇到困难或要做决定时，常常想要别人帮你拿主意吗？

A. 总是这样　　B. 看情况而定　　C. 喜欢自己拿主意

10. 有时躺在床上下决心第二天要做一件很重要的事情，但到了第二天，这种劲头就消失了，于是就不了了之。

A. 总是　　B. 偶尔　　C. 从不

11. 在生活中遇到复杂的情况时，你是否常常优柔寡断、举棋不定？

A. 是　　B. 否　　C. 视情况而定

12. 在做一件事情之前，你是否常常想到做与不做的结果，有目的性地去做？

A. 总是考虑　　B. 偶尔考虑　　C. 总不考虑就去做

13. 你喜欢先做容易的事情，困难的能拖就拖，不能拖时就应付了事吗？

A. 非常符合　　B. 基本符合　　C. 一点儿都不符合

14. 你是否常常因为读一本妙趣横生的小说或看一个精彩的电视节目而忘记时间？

A. 总是　　B. 偶尔　　C. 从不

15. 你不怕做没做过的事情，不怕独立负责，你是否认为这是锻炼的机会？

A. 是　　B. 否

16. 你认为锻炼意志力最好的方法是什么或者你曾经用过什么锻炼意志力的方法？

二、推荐书籍

1.《意志力决定成败》

（美）哈多克著　薛杰译　　天津社会科学院出版社

2.《意志力的力量：最权威的意志力训练手册》

（美）弗兰科哈德克著　任剑、薛杰译　中国言实出版社

建设书香家庭

【活动背景】

李克强总理在《政府工作报告》中指出，倡导全民阅读，建设书香社会。倡导全民阅读，关键在于倡导家庭阅读；建设书香中国，核心在于建设书香校园、书香家庭。要让家长充分认识到阅读对孩子的重要性，建设书香家庭，首先家长要崇尚读书、重视读书。建设书香家庭，是培养孩子健康成长的一个重要内容。

【活动目标】

1. 引导家长认识阅读对孩子成长的重要性和必要性；

2. 指导家长掌握一些建设书香家庭的具体做法；

3. 鼓励家长多参与亲子阅读活动，促进家庭成员之间的相互学习与提高。

【活动准备】

1. 视频：CCTV 公益广告《读书 —— 感悟篇》；

2. 活动课件；

3. 家长经验交流稿。

【活动过程】

在开始今天的话题之前，我想先问我们家长几个问题：

一是你喜欢读书吗？你平时都读什么书？

二是你赞成孩子读课外书吗？你觉得高中的孩子读课外书是否耽误学习？

三是你希望孩子什么时间读书？读什么书？

请大家畅所欲言。

刚才我们家长谈了关于读书的几个问题，可以看出大家对读书的观点，也可以发现大家的顾虑，我们今天要和大家探讨的就是倡导阅读、建设书香家庭的问题。

环节一：打消顾虑，重视阅读

1. 网络时代也要重视阅读。先请大家看一段视频（播放 CCTV 公益广告《读书·感悟篇》）。从这个广告视频上我们可以看出，我们社会对阅读的重视。现在的人们都走进了互联网时代，在公交车上、高铁车厢里、机场、车站，甚至公交站点，到处看到的是人手一部手机在浏览，或看新闻，或聊天、游戏、娱乐，基本上看不到有人拿着一本书在读。

2. 犹太民族重视阅读人才辈出。我们古人说“最是书香能致远”。如果你觉得这句话有些空泛，那我给大家讲讲犹太人的故事。犹太民族重视阅读，人才辈出。有人做过一个统计，在美国，全美 200 名最有影响的名人中，犹太人占一半；全美 100 多名诺贝尔奖得主，犹太人占一半；全美名牌大学教授，犹太人占三分之一；全美律师中，犹太人占四分之一；《福布斯》美国富豪榜前 40 名中，犹太人占 18 名；全球最有钱的企业家，犹太人占一半；从诺贝尔奖设立以来，全世界的获奖者中大约有 22% 是犹太人。而且近代和现代史上就出现了诸如海涅、贝多芬、门德尔松、马克思、柴门霍夫、弗洛伊德、卓别林、爱伦堡、毕加索、爱因斯坦等一批伟人和名人。可是从人口总数来看，全世界犹太人最多的时候只有 1500 万。

这就是“犹太文化之谜”。据研究，犹太人非常重视教育，崇尚智慧、勤学。犹太人好读书，爱看报。以色列全国 500 万人口，平均每 5 人有一份耶路撒冷邮报。该报每日 48 版，年定价 180 美元，发行 100 万份。每个村镇都有优雅的图书馆和阅览室，人均占有图书馆和出版社居全球首位。犹太人的家教很重视读书。当孩子稍微懂事时，母亲就会翻开《圣经》，滴一点儿蜂蜜在上面，然后叫小孩去吻《圣经》上的蜂蜜，让孩子意识到书本是“甜”的，要从小爱书。

3. 消除顾虑，重视阅读。我们家长也都望子成龙、望女成凤，但是我们更多的是把希望寄托在学校教育和孩子自身的努力上，很多家长对孩子阅读不理解、不支持、不重视，多数家长顾虑重重。最大的顾虑就是耽误学习，当然这里的学习是指各个学科的学习。所以我们家长不赞成孩子读课外书，孩子看点习题集、作文选之类的可以，课外书不行，那是“闲书”，也就是无用的书。

其实阅读本身就是一项重要的学习。人还是应该多读点儿课外书的，读书是与智者的交流，自从有了文字以来，人类最伟大的智慧都是通过书来传承的。阅读可以丰富知识，陶冶情操，开启智慧。另外可以提高语感和阅读理解能力，这对学生的语文学习尤其重要。

前段时间微信群里有一个帖子，说是教育部进行高考改革，再不让你的孩子好好阅读，将来有可能高考时答不完语文卷。因为以前语文卷面大概是 7000 字，现在是 9000 字，将来要增加到 1 万字。这不仅需要孩子们有阅读速度，还要有很好的理解能力，否则你对题目理解不到位，答题就抓不住要点。现在语文高考试卷 150 分的题，60 分写作，75 分阅读，15 分词句考查，这 15 分也是放在一个个语段里考查，需要有阅读速度和理解能力。60 分的写作更是与阅读息息相关，孩子们缺乏生活的阅历，写作素材更多的还是来自书本，来自平日里对课外书的大量阅读。课外书还是闲书吗？你还说阅读课外书不重要吗？可见，限制孩子读课外书，是一种短视的行为。

我们还有一个顾虑就是，高中生学习时间那么紧张，什么时间课外阅读？寒、暑两假啊，大部头的书放在假期读，平时可以读点儿杂志，或者好的短点儿的文章。好好协调，还是会有很多读书时间的，尤其是高一和高二。

再一个顾虑就是读什么书。文学、历史、地理、哲学等，只要内容健康的书都可以读，当然最好是读经典。但是网络上的书不建议让孩子读，一是对眼睛不好，二是内容不好把控，孩子说是经典你怎么知道是不是，另外网络上的一些所谓小说，实在不具有文学性和可读性，提倡我们学生阅读纸质书籍。

我们老师会提供一些参考书目，殷切希望家长为孩子营造浓郁的书香氛围，用好书滋润孩子心灵，陪伴孩子生命的旅程，帮助孩子健康成长。

环节二：建设书香班级、书香校园，我们和孩子一起成长

1. 介绍“书香校园”“书香班级”相关活动开展情况，展示学生阅读成果。

2. 分享家庭读书故事。

现代社会，读书已成为学习型家庭的最好生活方式，家长应成为孩子读书的引导者、示范者。

请三位家长介绍自己的家庭读书故事，彼此交流切磋。

环节三：建设书香家庭的几点建议

1. 建设良好的家庭读书环境。有条件的，可以给孩子精心布置一间书房。没有条件的，也要给孩子准备一张书桌，准备一个小书柜，有一盏护眼台灯。要让书籍伸手可及。有些家长爱整洁，看到孩子在厕所里、床头、书桌等到处放书就受不了，随手就给整理到书柜里。不用整理，让书放在孩子触手可及的地方，便于孩子阅读。

另外要给孩子一个安静读书的环境。孩子读书时你也可以拿起书报静静阅读，有些家长说我实在没有时间阅读，那你在孩子阅读时别去打扰他，不要看电视、上网、玩游戏、玩儿手机，更不要呼朋唤友来家里聚餐、打麻将，你就静静地做自己的事就好。

2. 协助孩子拟订读书计划。对于有阅读习惯或者喜欢阅读的孩子来说，阅读是一件快乐和幸福的事，对于不喜欢阅读的孩子，就需要我们家长的督促了，尤其是假期。紧张学习了一个学期，孩子更喜欢在假期里好好玩儿玩儿，不喜欢阅读。需要我们家长协助他制订阅读计划，并督促执行。每天固定时间阅读，每天阅读多长时间，读完后可以适当做一下笔记。在学习功课与课外阅读之间，尽量协调好。譬如，在重要考试的冲刺阶段，就只能全力以赴备考。平时除了火烧眉毛的关键时刻，就可以鼓励孩子适当读一读自己喜欢的课外书。

3. 让书香弥漫家庭。家长可以以身作则，也参与阅读计划，成为孩子读书的榜样，和子女一起互相监督、勉励，共同进步。父母和孩子一起读书的时刻也是家庭生活中很幸福的时刻，父母和孩子一起读各种各样的书，可以交流读书的感受，增强彼此的交流，加深彼此的感情，对父母，对孩子，对家庭，都是一种享乐。书滋润着两代人的心田，也必然能提升两代人的素质。

环节四：家校联手，促进书香建设

1. 学校举行“假期家庭读书成果”评比。将家庭读书成果，如书写的读后感、游记，设计的精美书签、读书卡片，制作的读书剪贴本、精美的手抄报、妙笔评析美文等，组织展评，鼓励参与。

2. 鼓励开展“家庭好书交换看”活动。换一本书，交一个朋友，不仅读到好书，还加深了同学、家庭间的友谊。

3. 利用网络，为学生搭建“书香家庭”交流平台，做好线下、线上结合。也可以通过班级博客或 qq 等，建立班级交流平台，及时跟踪指导，宣传读书榜样学生和榜样家庭。

4. 利用家长会开展一次“家庭读书汇报会”，每个家庭成员集中汇报读书成果，互相分享读书与快乐，感受读书带来的幸福。

5. 教师列出课外阅读参考书目。

小结：本次家长会，目的在于促进书香家庭的建设，倡导家长更好地开展亲子阅读，让更多的孩子拥有一个书香浸润的阅读家庭，让更多的父母引领孩子走进好书，成为书籍的爱好者，成为文明的传承者。祝愿我们通过书香家庭的建设，真正提高每个家庭的生活品质，促进整个社会的文明进步。

（莱山第一中学　栾聪胜）

【相关链接】

一、读书的艺术

林语堂

我把有味或有兴趣认为是一切读书的钥匙。这一来，因而发生的就必然是那兴趣是自己选择的或个人的，正如对于食物的所嗜一样。最卫生的食法，终究是就一个人所嗜爱的东西吃，因为这样吃下去的东西就一定能够消化。读书也正与吃东西一样，甲的甘肥也许便是乙的毒药。在读书上，一个教员不能强迫他的学生爱其所爱，一个父母也不能期望他的子女与他有同样的志趣。如果一个对于他所读的书没有兴趣，那么一切东西都是白费的。正如袁中郎所说："若不快意，便置之，俟他人，或别有独契者自去读。"

所以，世界上是不会有什么书是绝对必须读的，因为我们的知识的兴趣是像一棵树一样的生长，像一条河一样的流的。只要有相当的树汁，那树木无论如何都会长起来的，只要有泉源的新流，河水是总会流动的。当那水打着一座石壁时，它自会绕之而行的；当那水流到了一所可爱的低谷去时，它自会在那里停留荡漾一下；当那水流到一所深深的山涧时，它便会经常留在那里；当那水流至激湍时，它便会直向前去。这样，一点儿也没有什么勉强或决定的目的，它一定有一天会流入大海的。这个世界上没有一本书是人人所必须阅读的，只有在某时某地、某个环境或某个年龄中一个人所必读的书。我颇以为读书，也正像婚姻一样，是也决定于命运或"姻缘"的。甚至有一本书是每个人必读的，如《圣经》也有一定的时期。当一个人的思想与阅历还够不到阅读一部杰作时，那杰作在他的嘴里只有一股坏滋味。孔子说，"五十而可以学易矣"，这便是说一个人在45岁时便不应该读《易经》。孔子在《论语》中所说极有醇味的话，以及他的成熟的智慧，一个人在自己年龄未到成熟阶段时是不能体味到的。

二、高中生课外阅读书目（推荐）

一、教育部推荐

1.《论语》

2.《三国演义》（罗贯中）

3.《红楼梦》（曹雪芹）

4.《呐喊》（鲁迅）

5.《女神》（郭沫若）

6.《子夜》（茅盾）

7.《家》（巴金）

8.《雷雨》（曹禺）

9.《围城》（钱钟书）

10.《谈美书简》（朱光潜）

11.《哈姆莱特》（莎士比亚）

12.《堂·吉诃德》（塞万提斯）

13.《歌德谈话录》（艾克曼）

14.《巴黎圣母院》（雨果）

15.《欧也妮·葛朗台》（巴尔扎克）

16.《匹克威克外传》（狄更斯）

17.《复活》（列夫·托尔斯泰）

18.《普希金诗选》（普希金）

19.《老人与海》（海明威）

20.《泰戈尔诗选》（泰戈尔）

二、省教育厅推荐高中读本

1.《论语》

2.《匹克威克外传》

3.《三国演义》

4.《老人与海》

5.《红楼梦》
6.《哈姆莱特》
7.《呐喊》
8.《堂吉诃德》
9.《史记》
10.《子夜》
11.《巴黎圣母院》
12.《女神》
13.《围城》
14.《歌德谈话录》
15.《欧也妮·葛朗台》
16.《家》
17.《普希金诗选》
18.《苏菲的世界》
19.《雷雨》
20.《复活》
21.《谈美书简》
22.《麦田里的守望者》
23.《傅雷家书》
24.《人类的故事》
25.《古文观止》
26.《飞鸟集》
27.《富兰克林自传》
28.《撒哈拉的故事》
29.《致加西亚的信》
30.《悲惨世界》
31.《昆虫记》
32.《文化苦旅》
33.《平凡的世界》

34.《杰出青少年的七个习惯》

35.《余光中诗选》

36.《果壳中的宇宙》

37.《病隙碎笔》

38.《蒙田随笔集》

39.《活着》

40.《我的心中每天开出一朵花》

建议高一家长会用

挫折是孩子成长的养分

【活动背景】

现在的高中生大多是在家长的呵护、关爱下，在一帆风顺的环境中成长起来的，他们个性十足，却又有经不起挫折和打击的脆弱的“蛋壳心理”。很多学生上了高中后遇到挫折，就深受打击，常常不知所措。挫折是人生的一部分，它不可避免；如果帮助孩子做出适当调整，挫折也可以成为磨炼孩子、促进孩子健康成长的一种养分。家长的教养方式、家长的正确引导是高中生增强抗挫能力的力量来源。

【活动目标】

1. 让家长意识到抗挫能力对孩子成长的意义；

2. 教给家长提升孩子抗挫能力的方法。

【活动准备】

1. 活动课件；

2. 与挫折相关的视频资料。

【活动过程】

第一环节：视频导入

播放新闻调查：《高中生自杀之痛》

国内外心理学专家一致认为，中学生心理健康的重要标准之一就是：面对挫折和失败具有较高的承受力，具有正常的自我防御机制，不因挫折而影响自己正常的学习生活。近年来，经常有一些青少年，因为无法承受突如其来的挫折、打击等，愤而离家出走，或做出一些傻事甚至自杀。其实促发此类悲剧的直接原因，很多是微不足道的小事。当今中学生心理承受能力差的问题，已经引起社会的广泛关注，培养和提高学生的心理承受力迫在眉睫，这不仅是学校教育的任务，我们家长更是责无旁贷。

设计意图：通过看视频，分享案例让家长们意识到培养孩子抗挫能力的紧迫性、重要性。

第二环节：造成孩子抗挫能力差的原因

我们来做一个现场小调查：孩子们都已经上高中了，您的孩子在家里做家务吗？一般都做什么家务活？您觉得自家孩子遇到的最大挫折是什么？他采取了哪些应对措施？

请家长们畅所欲言。

我们都知道，温室里的花是经受不了风雨的，在我们家长娇惯下的孩子又何尝不是这样？而我们家长的一些做法，无疑是给孩子制造了精神上的温室。

一、家长的溺爱和过度保护

现在的孩子很多都是独生子女，从小就是家庭的中心，受到父母、祖父母、外祖父母等家长的关心与呵护，大人们事事包办，不舍得让孩子吃一点儿苦，遭一点儿罪，受一点儿委屈，甚至在家里一点儿家务活都不做。使孩子缺乏苦难的磨炼和人生的砥砺，以至于遇到一点点小的挫折就灰心丧气、自暴自弃，失去前进的信心和动力。

二、家长的责备、抱怨

有些家长可能会说，家长训斥孩子不是很正常吗？而且也是刚好给孩子点儿挫折教育啊？需要纠正一下大家的观点，打骂孩子不是对孩子进行抗挫折训练，不合适的打骂、斥责会打击孩子的自信心，也是造成孩子抗挫折能力差的一个原因。如果孩子犯错了，狠狠批评，这没错。可是很多家长会责骂孩子“你怎么这么没用？”，甚至举出谁谁谁当例子，说自家孩子没有他能干，有时还会给予孩子消极否定的评价，如“不要再试了，没用的，算了”“别做了，做不好就别做了”“我怎么生了你这么个笨蛋”等，事实上这种话只会强化孩子的失败感，打击孩子的自信心。

三、家长们对孩子的过度表扬

家长要多表扬鼓励孩子，这没有错，现在都在讲赏识教育。但是家长的表扬要具体，并且真实，重点夸奖孩子努力的过程，而不是最终取得的结果。如果家长在孩子表现出色时，就人前人后夸耀不已，或因孩子的平淡无奇，就在眉宇间显露出失望的神情，都会让孩子觉得“失败了，爸妈就不爱我了”。因此，孩子会更加好好表现，只许成功不能失败，以博得父母的关爱。

四、父母对待挫折的态度、言行

孩子从小就会观察与模仿父母如何处理失败与挫折，如果父母在日常生活中，就是遇到困难就躲、就回避；或者父母较多地强调或者暗示凡事都要赢，孩子也会有争强好胜的特点。

五、家长错误的教育观念

不少家长认为现在条件好了，有能力、有条件给孩子提供更好的生活，何乐而不为呢？还有些家长工作太忙，照顾孩子的时间很少，总感觉欠着孩子太多，应给他补偿，干吗要无事找事地给孩子罪受？因此，不给他们任何经受挫折或者锻炼自己的机会，更不要说进行磨难教育。现在孩子上高中了，更是无微不至、全力以赴地来照顾孩子，好让孩子竭尽全力好好学习，考个好大学。

第三环节：如何指导孩子提升抗挫能力

一、学会正确面对挫折

给大家讲一个故事：有一天，一个小男孩在花园里玩儿，突然，他发现了一个蛹。小男孩非常兴奋，他把蛹带回了家。过了几天，小男孩发现蛹上出现了一些细小的裂缝，里面似乎有一个东西在动。又过了几天，裂缝更大了。小男孩仔细地观察这个蛹，发现里面竟然有一只蝴蝶！这个小蝴蝶在里面不断地挣扎躯体！整整好几个小时，小蝴蝶一直在努力挣扎。但是，它的身体似乎被什么东西卡住了，看上去非常痛苦。

小男孩有点儿着急了，他不忍心蝴蝶被卡在里面。于是，他拿来一把剪刀，轻轻地把蛹壳剪开，蝴蝶脱蛹而出了。看着躯体臃肿的蝴蝶，小男孩轻轻地松了口气。但是，蝴蝶却躺在地上无法动弹。原来，它的翅膀需要经过不断挣扎才会强健。尽管小男孩的帮助让蝴蝶提前从蛹中出来了，但是，由于蝴蝶的翅膀还没有成熟，它不具有生存能力，不久蝴蝶就死了。

生物学家说，飞蛾在由蛹变茧时，翅膀萎缩，十分柔软；在破茧而出时，必须要经过一番痛苦地挣扎，身体中的体液才能流到翅膀上去，翅膀才能结实、有力，才能支持它在空中飞翔。

同样道理，一个人的成长必须经历各种磨难和挫折，他的心灵、性格才足够柔韧、坚强，如果缺少必要的磨难和挫折，他就会像那只蝴蝶一样，无法面对生活中的风雨。

人生的道路，有平坦也有险阻，有鲜花也有荆棘……不可能一帆风顺，遭遇艰难困苦是不可避免的。《增广贤文》有言："成人不自在，自在不成人。"要想把握自己的命运，必须在磨难中坚强，于挫败后奋起。

其实，孩子受点儿挫折，对他今后的成长很有好处。孩子遭受挫折的经历，有利于培养他的良好品德，有利于发展他的非智力因素，有利于丰富知识，提高能力。因此，父母应正确看待挫折的教育价值，把它看成磨炼意志、提高适应力的好方法。

二、学会合理宣泄情绪

有些苦闷、压力甚至痛苦的情绪，鼓励孩子宣泄出来，别憋在心里。让孩子学会选择适合自己的方式，宣泄自己的情绪。有的孩子喜欢记日记，有什么心事"告诉"日记，这样也能达到释放的目的。有的孩子喜欢听音乐，遇到挫折后烦躁郁闷，这时候听一段轻音乐，让自己沸腾的心平静下来，心冷静下来，就可避免自己走向极端。有的孩子随便走走，散散步，到陌生的地方转转，回来后心情就会大变，这也不失为一种好方法。有的孩子喜欢剧烈运动，打一场酣畅淋漓的篮球，踢一场痛痛快快的足球，这样也会心里舒服点儿。还有的孩子到一个没人的地方大喊大叫，把自己内心最想说的话、最郁闷的事都喊出来。或者还可以找人倾诉，找父母或朋友好好说说，也许未必从他们身上得到什么建设性的建议，但却是一种很好的宣泄。

三、让孩子参加一些艰苦而有意义的活动

如参加体育比赛，使他们在竞争中体会成功与失败。也可以参加远足、野营、爬山、游泳或一些公益劳动等，让他们经受磨炼，在生活的风雨中去摔打，鼓励他们自己去战胜困难、磨炼意志。

出示案例：黄思路的妈妈说过这样一件事：15 岁那年，思路赴日本演出，在临行前一天，她的左手肘摔脱臼了，处理好了以后，她便吊着胳膊随团去了日本。她不仅克服了生活上的种种不便，还坚持练琴。临上台时，她往伤处喷上止痛药，跟另一位钢琴演员一起上台。在她演奏时，那个演员就跪在她身边，为她托着左臂，两个人就这样配合着完成了一场绝无仅有的钢琴独奏。当她大汗淋漓地弹奏完最后一个音符时，台下观众报以激动的掌声和喊声。

我们对孩子进行挫折教育的目的，是让孩子在体验中学会面对困难并战胜挫折，培养孩子的一种耐挫折能力。它不仅包括吃苦教育、生存教育、社会教育、心理教育，也包括独立、勇气、意志及心理承受力等方面的培养。也就是说，挫折教育的内容是多方面的，它的目的不只是让孩子吃点儿苦、受点儿挫折，而是时时地、潜移默化地从各方面着手，培养孩子的抗挫折能力和耐挫折能力。

如果父母一味地把挫折教育看成吃苦教育，专门让孩子参加一些以吃苦教育为主的夏令营，或参加一些探险、到边远穷山村去体验的活动等，这是片面的挫折教育，或只能说是挫折教育的一个方面。

四、家长要多鼓励孩子

对于孩子，以正确的态度面对成功与正视失败同样重要。在孩子成功时，表扬孩子“你很努力”，而不是“你最能干”，让孩子明白：成功意味着掌握一项技能，而不是显示一种天赋。

五、树立目标，让孩子一步一步走向目标

曾经有人做过这么一个实验：让 3 组人分别沿公路步行前往一个从未去过的村庄。

第 1 组：实验者不告诉实验对象距离目的地有多远，只要求他们跟着向导走就是。

第 2 组：实验者只让实验对象知道距离目的地有 50 公里。

第 3 组：实验者不仅让实验对象知道距离，还让他们知道路边每隔 1 公里就有一块里程碑。

实验的结果是：第 1 组人越走情绪越低落，绝大部分人没有坚持到底；第 2 组人走到一半后开始叫苦，最后只有很少一部分人到达终点；而第 3 组人一直充满信心，精神饱满，绝大多数走到了目的地。

一个简单的实验，把目标在成功中的重要性演绎得浅显易懂。在我们人生的漫漫征途中，有没有目标，目标是否明确，是至关重要的。

孩子的目标如果定得不切实际，过于遥远或者不太容易实现，这时，父母要教孩子把大目标分割成小目标，鼓励孩子分阶段去实现小目标，直到实现大目标。

六、学会自我激励

父母要教育孩子：既然失败无法避免，就要有勇气面对这一切。对那些担心失败的孩子，应鼓励他们对着镜子说："我尽了最大的努力！"无论结果如何，只要努力去做了，也是一种成功。

德国人力资源开发专家斯普林格在其所著的《激励的神话》一书中写道："强烈的自我激励是成功的先决条件。"

在 1972 年，墨西哥奥运会马拉松比赛中，出现了一个非常感人的场面：一位黑人选手在左膝盖受伤的情况下，凭着自己坚强的意志跑完了全程。当他到达终点时，其他选手早已回去休息了。对他来说，跑不跑到终点，都已经没有名次了。但是，他还是坚持跑完了全程。当他跑到终点时，一位记者问他："是什么力量让你坚持跑完全程的？"他回答："我只是不断地告诫自己，一定要跑完！"

这位选手积极的自我激励精神赢得了全场最热烈的掌声。

一个善于自我激励的人，总是能够发挥自身的潜能，创造出超越自己能力的神话；而一个不会自我激励的人，就算拥有良好的天赋，也无法挖掘自己的潜力，甚至会走上绝路。

对孩子来说，通过自我激励可以提高自我形象，从而能够拥有良好的心态；而良好的心态反过来又会使孩子充满信心，不断激励自己。孩子学会激励自己，可以让他获得前进的动力，也可以让他在面对挫折时有一颗能够重新崛起的心。

各位家长，高中生除了接受学校的正常抗挫教育外，还需要自我教育。高中生具备了自我教育的能力，要让他们自己的问题自己解决，学会自我安慰、自我劝解。还可以求助于好友、老师、父母，从他们那里得到宽慰，使因为遭遇挫折而引起的情绪波动得到抚慰，可避免生闷气、自闭而引起精神问题。

（莱州市第五中学　邱少萍）

【相关链接】

史铁生的故事

他曾是清华附中的全能男神，却跌下神坛沦为废人，三次自杀未遂…他用了整整38年，把悲惨活成了诗歌，再次如同神一般，救赎了自己，救赎了他人！

有人说，在中国，能读懂他的人，都不是一般人，你的阅历越广，越能读得懂他！倘若你觉得人生幸运，那么，你应该读读史铁生。倘若你觉得人生充满不幸，那么，你更一定要读读史铁生！你也许看过他写的《我与地坛》，却没有看过他被命运摁在轮椅上，也依然精神傲立！

他，就是史铁生。

一、从清华附中的全能男神，到被上帝按住的“废人”

1951年1月4日，史铁生出生于北京，中学就读于清华附中。他是千里挑一的顶尖学生。他不但作文写得好，还会朗诵，他喜欢物理，懂无线电。他还是个运动健将，乒乓球、排球、篮球样样精通，尤其擅长80米跨栏，他跑起来像刚出斗兽场的野牛，他只要参加比赛，一冲就是第一名。

身材健硕、风华正茂、才华出众的他，当年是全校女生崇拜的男神。他想上清华大学，读理工科。假如没有后来这么大的人生曲折，他也许会成为一个建筑设计师，或者物理学教授，或者工程师。

不过，命运历来不相信预测，更不兑现保票。命运跟他，开了个残酷的玩笑，而且是一个接着一个……

16 岁时，他初中毕业，却正逢“文革”而中断学业。18 岁那年，史铁生去陕北延川县关家庄插队。住在窑洞里，陕北的冬天，窑洞冷得像冰窟窿，史铁生就用大衣裹着脑袋，身体蜷成一团。碰到下雨下雪，就钻进牛棚，牛棚里尽是粪尿，连打盹的地方也没有。20 岁那年，史铁生在山里放牛，遭遇暴雨和冰雹，无处可躲。沟沟壑壑的黄土高原上，只剩下暴雨中的史铁生和一头老牛。雨停了，史铁生大病一场。他以为自己的身体强壮，扛一扛就过去了。结果，命运跟他开了一个巨大的玩笑，他站不起来了，他跟医生大吼：你不治好我，我拿菜刀劈了你。

一年多后，离开医院时，他已经下肢彻底瘫痪，只能由爸爸用轮椅推着回家。此时，他 21 岁，从 80 米跨栏冠军变成了一个轮椅上的人。

而命运给他的苦难才刚刚开始。1980 年，他又得了肾病，医生说：他一生只能插着尿管，带着尿壶，而且身上永远都会沾着尿味。这样的活不如死，他不想成为家庭的负担。

他曾三次自杀，但都未遂。

史铁生的妹妹史岚回忆道：“我亲眼看见他把一整瓶药一口吞下，然后疼得在床上打滚，看见他一把摸向电源，全院电灯瞬间熄灭，才知道什么是真正的恐惧和绝望。”

他早已放弃治愈的希望，可有一个人说什么都不肯放弃，那就是，他的母亲。

医院已经明确表示没救了，母亲却还到处找大夫，打听偏方，史铁生的脾气变得暴怒无常，望着天上北归的雁阵，他会突然砸碎面前的玻璃，听到李谷一甜美的歌声，会猛地把手边的东西摔向墙壁。而这时，他的母亲，就会悄悄地躲出去，在他看不到的地方偷偷听着动静，当一切恢复沉寂，她又悄悄地进来，眼边红红的，看着他……

他经常发了疯一样地离开家，独自去附近的地坛待上大半天，从园子回来又什么话都不说。他一心以为自己是世上最不幸的一个，却不知道儿子的不幸，在母亲那儿是要加倍的。母亲知道他心中苦闷，所以从来不拦着他去地坛。有一天，母亲带着央求般的神色说：北海的菊花开了，我推着你去看看吧？没想到，母亲走出屋子去准备，却再也没能回来……

他一直不知道，母亲患有严重的肝病，邻居把她抬上急救车时，她还在大口地吐着鲜血。母亲走的时候才 49 岁，还那么年轻，那么美……

母亲去世后，他的天又塌了一次，他也终于明白，要么好好活着，要么立马死，纵有一万种选择去死的理由，但史铁生懂得了，死是一件无须着急去做的事，是一件无论怎样耽搁，也不会错过了的事，一个必然会降临的节日。从此，他心中有了一个动力，那就是：让天堂的母亲感到骄傲。

二、他将对生活的恨，淬炼成轰轰烈烈的爱

史铁生，这个被命运一次次捉弄的年轻人，也和每个青年人一样，因不解而痛苦，因疯狂而沉沦，但最终，他将无法展翅的悲戚淬炼成对生活轰轰烈烈的热爱。他选择了活着，选择了走文学之路来救赎自己。

母亲走后，他更经常去地坛。史铁生说："在人口密聚的城市里，有这样一个宁静的去处，像是上帝的苦心安排。"

史铁生的车轮压过地坛的每一米草地。他带着书，读一段，摇一段，有想法了马上停下，摇着走时可能又有更好的想法。他渐渐带上了本子和笔，到园子的角落偷偷地写文章。他的《我与地坛》被公认为中国近 50 年来最优秀的散文之一。有人甚至说：到北京可以不去长城，不去十三陵，但一定要去看一看地坛。

他开始一边写作，一边找工作，在仿古家具上画画，每天就摇着轮椅到街道工厂去上班。每月挣十几元钱贴补家用。他住在北京一个大杂院的最里边，从院门到屋门，轮椅得走过几十米坑洼不平的土路，一不小心，轮椅就要翻车。轮椅翻了，史铁生也不喜欢喊人，就坐在地上先扶起轮椅，再用双臂把自己硬撑上去。

1979 年，在西北大学中文系办的刊物《希望》上，史铁生第一次发表小说《爱情的命运》，开始用纸笔在报刊上碰撞开一条路，也为自己的爱情，打开了一扇窗……

一把轮椅，让他度过了绝望狂躁的青年，也使他参悟透多变无常的人生。此后声色犬马的欲望人生，在他的面前变得苍白庸俗，也让这个有着火暴脾气的年轻人，安静了下来，愈发积极和乐观……

得了尿毒症之后，他甚至调侃自己："起落架（两条腿）和发动机（两个肾）一起失灵。"他很少闷闷不乐、敏感、古怪，他笑起来小眼睛眯成一条缝，有时还透着几分孩子般的狡猾，像是对某个恶作剧彼此心照不宣似的。你绝不可能在他那个年龄的其他作家的脸上看到那么单纯而又灿烂的笑。

他的小屋只有六七平方米，朋友们去看他，他异常开朗，聊起天来滔滔不绝。文学，体育，历史，旅游，天南海北，无所不聊。尤其爱聊吃的："羊肉还是牛街的好！酱牛肉还是白纸坊的地道！"只要好玩儿的事，好吃的东西，他都为之痴迷。

作家王安忆第一次去看他，以为他会讲述人生无常，结果他从头到尾聊的都是饺子。王安忆感叹道：他的乐观和率真，让我们这些身体健全的人都自愧不如。还有一次几个朋友去看他，赶上饭点，他拉着他们说："都别走，我给大家伙儿做饭。"然后就坐在轮椅上，撸起袖子开始炒菜。一边炒一边和大家有说有笑。那顿饭，几个朋友都吃得泪流满面。

原来，命运可摧残一切光鲜皮囊，却杀不死坚强乐观的灵魂。

真正的强者不是没有眼泪，而是能含着眼泪依然奔跑。

三、把疾病交给医生，把命运交给上帝，把快乐和勇气留给自己

他从未曾奢求过爱情，而爱情却悄然而至了。

她叫陈希米，比他小 10 岁，右腿有轻微的残疾，她还是西北大学中文系主办刊物《希望》编辑部骨干。在此后二十年的婚姻里，陈希米成了他的双腿。两人相濡以沫，日子清贫艰苦，却过得有滋有味。

陈希米推着史铁生去看电影，去找史铁生爱吃的小馆子，史铁生给陈希米念叶芝的《当你老了》。两人共读一本书，史铁生读得快一点儿，陈希米就要他讲，他还故意卖关子："那你给我做顿炸酱面，我就告诉你。"他们的生活真的很幸福，不是给别人看的那种幸福。生活的幸福美满，让他有了源源不尽的创作灵感。

在史铁生刚刚得到幸福的爱情时，命运又给了他重重一击。他尿毒症越发严重，肾干得像核桃。史铁生一个星期三天都在医院透析，每次透析 4 个半小时，他躺在病床上，看殷红的血在体外循环过滤，再循环，再过滤，血

一圈一圈又重新回到身体里。

这样的日常，他整整过了12年！

直到动脉、静脉点隆起成蚯蚓状……熟悉他的护士都说："你的名字真没取错，你的命比铁都硬。"

他的身体，被上帝的手摁着坐了下来，但他的精神，却超乎常人地坚强站立起来！

在病痛折磨的"间隙"里，史铁生创作了20部短篇小说、6部中篇小说、2部长篇小说、18部随笔散文、2部电影剧本……

四、今天不用流泪，不用悲伤！这是他的节日

他的每一张照片上都是灿烂的笑，仿佛苦难从未降临在他的身上。然而，那样的一天终究是来了！

那是2010年的最后一天，12月31日，他做完透析回家，突然感觉头部剧痛，等被送到医院时，突发脑出血，他已经昏迷了。

晚上九点多，他的老朋友、医生凌锋赶来，轻轻翻开史铁生的眼皮，发现瞳孔已经渐渐放大。陈希米签了停止治疗的同意书，还要签一叠器官捐献同意书。史铁生的遗愿是：把能用的器官都捐了。

2010年12月31日3时46分，史铁生在武警总医院停止了心跳呼吸，表情轻柔而安详，"像睡着了一样"。

还有4天，他就60岁了。

所有医护人员走向他，三鞠躬。开始肝脏移植手术，肝脏被飞驰运往天津。9个小时后，史铁生的肝脏在另一人的身体里苏醒。根据其生前遗愿，他的脊椎、大脑捐给医学研究……

他留有遗嘱，身后不送花圈，他曾不止一次说过，死亡，是他的节日！

四天后，在他六十岁生日那天，几百人来到798艺术区，召开了追思会。

发给朋友的邀请短信上，陈希米要求大家：一不带花圈、挽联，二可带漂亮鲜花，三要穿漂亮衣服。

张海迪穿着漂亮的大衣和靴子来了，带着60朵红玫瑰扎成的心型花束。铁凝带着一大篮红透的樱桃，还有人带来了超大的生日蛋糕，上面用奶

油画着大大的“60”和“铁生走好”。

所有的人都带着微笑，就像他还在，与他畅谈着，与他一起大笑着……屏幕上放起了史铁生自己拍的视频：陈希米在院子里拄着单拐，史铁生说：“往上走，一直往上走。”陈希米转回头，眼睛笑得弯弯的……

史铁生最喜欢的外甥小水走上台说：不用悲伤，他已经说过很多次，这个是他的节日……

五、38 年，他救赎了自己，更救赎了太多太多的人

他一生只活了 59 岁，在残疾病痛中过了 38 年，就是这样一个几乎一生坐在轮椅上的人，却比很多站立的人身影更长，灵魂更高。

史铁生，他一定是当代中国最值得敬佩的作家之一。

他的写作与生命完全连在了一起，用残缺的身体，说出了最为健全而丰满的思想。他体验到的是生命的苦难，表达出的却是存在的明朗和欢乐，他睿智的言辞，照亮的是我们日益幽暗的内心……史铁生用他短暂却炙热的一生，告诉我们所有人：现实是残酷的，生活是艰难的，但是却可以用微笑，努力让它们变得柔软。史铁生虽然走了，但早已化作天上的星辰，照亮人间之路。

今天，是他 66 岁的生日，他一定看着他最爱的妻子，微笑着、奔跑着……

读史铁生，阅历越广，越懂他的旷达；挫折越多，越懂得他的坚强；苦难越深，越懂得他的乐观……相信每一位读到史铁生故事的人，都是一次心灵的救赎！

建议高一家长会用

家校凝聚合力　从有效沟通开始

【活动背景】

沟通是一门艺术，有效的沟通能产生和谐的人际关系。高中阶段是学生的人生观、价值观全面发展的阶段，学生面临着高考这一人生大事，在这个重要阶段，家长与教师、与学校有效沟通，及时了解孩子在校情况，采取有效的教育对策，有助于凝聚家校的合力，促进孩子身心健康成长。但在平时的教育中，我们发现，由于每个人的禀性不同，每个家庭的教育方式不同，教师的应对方式不同，因此有些家长在与教师沟通时会存在一些小麻烦，导致沟通不顺畅。现代教育是家长、学校与社会三位一体，只有家校沟通顺畅，才能形成教育合力。为促进家长有效与教师沟通，设计了本次家长会。

【活动目标】

1. 引导家长认识家校沟通的重要性；
2. 指导家长掌握有效沟通的方法；
3. 促进家长学会与教师有效沟通。

【活动准备】

1. 活动课件；
2. 案例或视频。

【活动过程】

第一环节：假如你是班主任

各位家长，我们经常与老师进行沟通，打电话、微信、QQ 等都是沟通的方式，有时候我们还会面对面地与老师沟通，像今天开完家长会后，可能不少家长还会单独找我沟通一下。可是我却常常感觉沟通的效果不好，起到的作用不大。问题出在了哪里呢？

一、电话沟通

请家长以班主任的角色接听家长来电，现场模拟以下四种电话交流情景：

1. 情境模拟

情景一：

唉，他一点儿也不听我的！唉，这个孩子我是一点儿办法都没有。唉，你说怎么办好？唉，真是愁人。唉，老师你多费费心吧！唉，老师你该打打，该骂骂，就当是自己的孩子。

情景二：

家长：老师，这孩子不是不愿意写作业，周末他去爷爷家里，时间不够了。

家长：他上课不专心听讲，可能这与他感冒了有关吧？

情景三：

家长：孩子从来没住过校，希望老师多多关照。

家长：老师，孩子就喜欢收集 ** 的 **，正好今天有现场限购，必须要带孩子去，你看我能不能领他去？

情景四：

（孩子违反宿舍纪律，根据规定回家反省一周）

家长：（质问老师）他要是回来交到坏朋友怎么办？

（老师让中午回家）

家长：我给孩子找宾馆休息，要是下次考试退步了，我就怨学校。

2. 思考与交流

各位家长，如果您是班主任，听到上面的几种电话，您会有什么感受？您会做出怎样的应答？

您觉得这样的沟通有利于教育孩子吗？为什么？

您是否喜欢与这样的学生家长交流、沟通？

家长交流，鼓励大家畅所欲言。

3. 教师小结

我们把没有效果的电话沟通总结了几种类型：

第一种：家长束手无策，唉声叹气型的。

第二种：语言啰唆，说话无重点型的。

第三种：宠溺孩子，向老师求情型的。

第四种：语气强硬，推卸责任型的。

二、家长群里的沟通

现在我们家长与任课教师或者班主任经常在网上交流，是否所有的沟通都是有效的呢？让我们一起进家长群看一看。

1. QQ 再现

QQ 聊天一：

> 老师有集体活动或回答问题时多叫他。谢谢。

QQ 聊天二：

> 老师，[redacted]这时间在校状态是不是不太积极，问不问老师

QQ 聊天三：

> 王老师，您好！麻烦您了，不知[redacted]最近表现怎么样！上课注意力集中吗？以前的毛病有改正吗？老师您费心了，谢谢！

QQ 聊天四：

> 王老师，请问[redacted]在学校表现怎么样？他的主要问题在哪里？这周末回来我跟他好好沟通😊

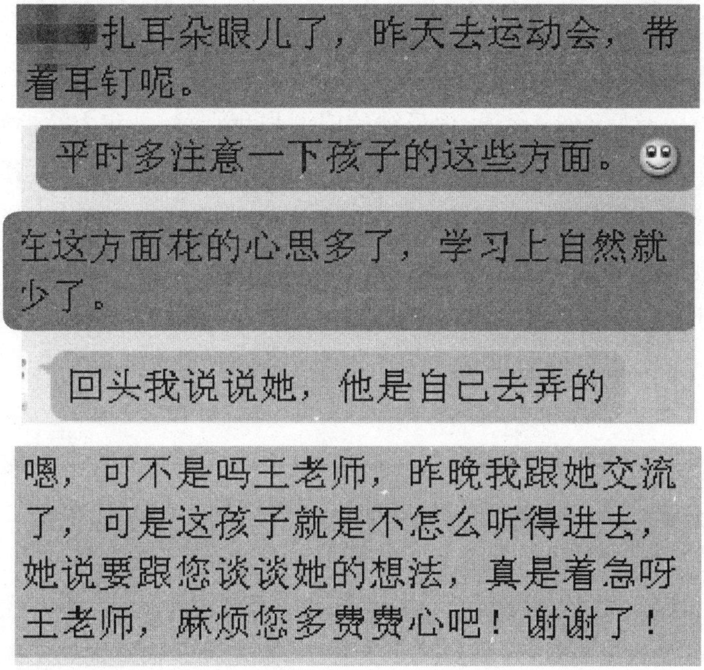

2. 思考与交流

这些聊天信息，您喜欢哪些内容？您觉得哪些是有效沟通？哪些是无效沟通？为什么？

3. 教师小结

有效的沟通能够促进教师与家长间思想的交流，家长通过沟通能够给教师教育学生提供有价值的信息，也能通过交流从老师那里获取帮助孩子的有效信息和线索。

沟通一定是双方面的，家长单方面的倾诉，甚至情绪的发泄，都不是沟通，更谈不上对教育孩子的效果。

那怎样的沟通才是有效的呢？怎样做到有效沟通呢？

第二环节：什么才是有效沟通？

案例回放：

某女生学习不够投入，具体表现为爱打扮，学习上有时要小聪明，默写时有作弊行为，做事慢吞吞，自习课偶尔有说话现象，不爱问老师问题，老师多次与之沟通后效果不明显，因此与家长电话沟通，想了解孩子在家的表现。

录音回放：

家长：老师，不瞒你说，你反映的问题与我有关。是我太娇惯她了。她初一时扁桃体发炎，一上火就肿，就说不出话来，所以弄得全家人都不敢管她，慢慢就养成了听不进去话的毛病，上高一时脾气大得不行，稍微一说她，她就把门一摔到自己房间去了，怎么叫都不出来。

爱打扮这个事儿跟她妈妈有关，她妈妈爱穿，所以孩子有点儿像她了。

耍小聪明这个毛病不是一天两天了，她初中的老师就跟我说她这个问题，我也不知怎么办好。

教师：这说明她要强，但是又不吃苦，所以就想一些她认为聪明的办法，实际上她这样做心里并不舒服，所以情绪就不好，也是上火的。

家长：她不爱问问题这个毛病我觉得跟我有很大关系，老师不瞒你说，虽然我没上过大学，我家里兄弟姐妹多，那时上不起学，所以我就下来打工了，可我脑子不笨，一直到孩子上初中，都是我在辅导她的功课，所以，她从小学到初中，只要有不会的问题就回来问我，后来老师也向我反映她不爱问问题这个事儿，所以我就想，我不能教她了，就撵着她去问老师，但她已经养成了不爱问的习惯，又怨我不管她，所以就跟我特别逆反，我都愁得要命。

王老师？你知道吗？你之前开家长会跟 ** 家长开玩笑，说孩子进步了该高兴呀，哭什么。其实我当时真跟这位家长一样，我就是个男家长不好意思表现。我真是特别感激你，自从上了你的班，我觉得转变特别大的一点在哪儿呢，就是她不跟我逆反了，以前我去接她，都不跟我说话，现在都知道主动提东西了，我说我给她提，她说爸爸不用，我自己提着就行，你也挺累的。以前回家有好吃的都是只顾自己吃，现在也知道问问我们吃了没有，我真是特别高兴这一点。

思考与交流：大家听了这段录音后，有什么感受？这次通话的有效性体现在哪些方面？我们平时沟通应注意哪些问题？

一、什么是有效沟通

用一位心理学老师的话说，“沟通不是讲道理，不是辩解，不是说服对方，沟通就是讲清楚自己的需求，在此基础上，问明白对方的需求”。

所以说沟通是有目的的说话，是双方借助语言或文字进行的互动交流，使双方的思想、感情等能够通联，使一些问题能达成一致意见，达成共识，或者求大同存小异。

二、如何做到有效沟通

1.明确沟通目的

身为家长，无论是和老师沟通还是和孩子沟通，应当首先明确：你与老师或老师与你通话的目的是什么，要探讨、要解决的问题是什么。

2.围绕目的沟通

在沟通过程中，要围绕老师提到的孩子的问题进行沟通，要给予老师尽可能多的信息，比如你观察到的孩子的问题，孩子近段时间的突出表现，平时家庭的教育方式，孩子有无这方面的类似经历，你为此所做的努力，你希望获得老师哪方面的帮助等，表达要清晰明确。

有些家长特别容易跑题，你和他谈孩子某方面的问题，他就东一下西一下地说，老师需要不停地把他往话题上带，感觉特别累。

3. 要注意倾听

无论你与孩子沟通，还是与老师沟通，倾听都是一个基本前提。说出你的观点后，一定要对方说出自己的需要、看法、观点等，这时候一定要认真倾听。有些家长与孩子或老师沟通，就是给孩子或老师下命令，安排任务，讲道理，辩解，说服自己的孩子，这都不是真正意义上的沟通。还有的家长有打断别人说话的习惯，这也会造成沟通不畅。

4. 要尊重对方

有些家长在与孩子沟通时，摆出老子的派头，居高临下，不尊重孩子，这种情况很难有沟通的效果。

家长和老师沟通也是这样，沟通的双方一定要互相尊重，在一个平等的平台上，才能互相交流，才能有思想的碰撞。否则，这种沟通很难有效果，甚至可能会不欢而散。

三、与老师沟通中要注意的问题

1. 不要曲解老师意图。应正确理解老师的时间有限，所以交流往往只是针对孩子的某个具体问题进行交流，而不是否定孩子，不要对老师的话反应过度，认为老师是在指责孩子，而急着为孩子辩解、开脱。如，老师说发现孩子在与同学交往方式上存在一定不足，自我意识过度，家长的回答为：她小时候不这样，小时候跟个男孩子似的，可爱说话了，我也不知道她怎么长大变成这样了。

2. 别对老师提过分的要求。正常情况下，不要请老师单独照顾自己的孩子，不要把自己对孩子的过度关爱转移给老师和学校。比如，孩子从小在家都是我们给她干这干那，什么也不会，所以到了宿舍有些不适应，要是犯了错的话，还请老师多担待。

3. 选择合适的时间。在与老师沟通前，请提前了解老师的上课安排，避开老师在上课时给老师打电话，或者进行 QQ、微信联系，请选择一个合适时间和老师沟通。

环节四：现场模拟，学习有效沟通

现场对刚开始的电话场景重新模拟，做到有效沟通。

环节五：活动总结

教育是相互协调、三力合一的结果，所以要做一个善于沟通的家长，和孩子做好沟通，可以和谐亲子关系；和老师做好沟通，可以凝聚家校合力，共同培养好我们的孩子。

再强调一下沟通时需注意的事项：

1. 沟通前明确本次沟通的重点（针对何种问题与老师沟通）；

2. 相互提供具体的有效信息（要集中于一个话题去谈，不要漫无目的式地聊天）；

3. 注意时间（提前约定沟通时间，注意沟通过程的时间长短）；

4. 见面沟通时视情况决定孩子是否参与；

5. 视效果决定反馈与否。

（烟台第三中学　王丽萍）

【相关链接】

孩子，我为什么打你？

毕淑敏

有一天与朋友聊天，我说，就是在“文化大革命”中当红卫兵，我也没打过人。我还说，我这一辈子，从没打过人……

你突然插嘴说：妈妈，你经常打一个人，那就是我……

那一瞬屋里很静很静。那一天我继续同客人谈了很多的话，但说所有的话我都心不在焉。孩子，你那固执的一句话，仿佛爬山虎无数细小的卷须，攀满我的整个心灵。

面对你纯正无瑕的眼睛，我要承认：在这个世界上，我只打过一个人。不是偶然，而是经常，不是轻描淡写，而是刻骨铭心。这个人就是你。

在你最小最小的时候，我不曾打你。你那么幼嫩，好像一粒包在菜中的青豌豆。我生怕任何一点儿轻微的碰撞将你稚弱的生命擦伤。我为你无日无夜地操劳，无怨无悔。面对你熟睡中像合欢一样静谧的额头，我向上苍发誓：我要尽一个母亲所有的力量保护你，直到我从这颗星球上离开的那一天。

你像竹笋一样开始长大。你开始淘气，开始恶作剧……对你摔破盆碗、拆毁玩具、遗失钱币、污脏衣着……我都不曾打过你。我想这对于一个正常而活泼的儿童，都像走路会跌跤一样应该原谅。

第一次打你的起因，已经记不清了。人们对于痛苦的记忆，总是趋向于忘记。总而言之那时你已渐渐懂事，初步具备童年人的智慧：它混沌天真又我行我素，它狡黠异常又漏洞百出。你像一匹顽皮的小兽，放任无羁地奔向你向往中的草原，而我则要你接受人类社会公认的法则……为了让你记住并终生遵守它们，在所有的苦口婆心都宣告失败，在所有的夸奖、批评、恐吓以及奖赏都无以奏效之后，我被迫拿出最后一件武器——这就是殴打。

打人是个重体力活儿，它使人肩酸腕痛，好像徒手将一千块蜂窝煤搬上5楼。于是人们便发明了打人的工具：戒尺、鞋底、鸡毛掸子……

我从不用那些工具。打人的人用了多大的力，便要遭受到同样的反作用力，这是一条力学定律。我愿在打你的同时，我的手指亲自承受力的反弹，遭受与你相等的苦痛。这样我才可以精确地掌握力量，不致于失手将你打得太重。

我几乎毫不犹豫地认为：每打你一次，我感到的痛楚都要比你更为久远、更为悠长。因为，重要的不是身累，而是心累……

孩子，我多么不愿打你，可是我不得不打你！我多么不想打你，可是我一定得打你！这一切，只因为我是你的母亲！

孩子，听了你的话，我终于决定不再打你了。因为你已经长大，因为你已经懂了很多的道理。毫不懂道理的婴孩和已经很懂道理的成人，我以为都不必打，因为打是没有用的。唯有对半懂不懂、自以为懂其实不甚懂道理的孩童，才可以打，以助他们快快长大。

孩子，打与不打都是爱，你可懂吗？